은혜에 녹고 사랑에 젖어 사는 예수님의 사람들

예수님 중심으로 펴는
신앙의 일곱 가지 본질

지은이	이병균
초판발행	2012. 12. 4
펴낸이	배용하
책임편집	박민서
등록	제364-2008-000013호
펴낸곳	**도서출판 대장간**
	www.daejanggan.org
	대전광역시 동구 삼성동 285-16
	전화 (042) 673-7424 전송 (042) 623-1424
ISBN	978-89-7071-276-5

※ 이 책의 내용 전부나 일부를 출판사의 허락 없이 복사하거나 복제를 금합니다.

값 15,000원

예수님 중심으로 펴는
신앙의 일곱 가지 본질

이 병 균 지음

성경의 본질

복음의 본질

믿음의 본질

신앙생활의 본질

구원의 본질

제자도의 본질

교회의 본질

차 례
CONTENTS

추천의 글 방지일 목사 ● 7

김영길 총장 ● 9

머리글 ● 11

제1부 예수님을 증거하는 성경 ●성경의 본질 ● 15

제2부 예수님의 은혜에 녹아 사는 사람들 ●복음의 본질 ● 35

제3부 예수님의 사랑에 젖어 사는 사람들 ●믿음의 본질 ● 81

제4부 예수님의 심장으로 채워 사는 사람들 ●신앙생활의 본질 ● 139

제5부 예수님의 보혈에 잠겨 사는 사람들 ●구원의 본질 ● 201

제6부 예수님의 사명에 불타오른 사람들 ●제자도의 본질 ● 253

제7부 예수님의 사람들, 하나님 역사의 현장 ●교회의 본질 ● 307

후주·참고문헌 ● 367

시공을 초월하는 문서

방지일 목사

(영등포장로교회 원로목사, 전 예장통합 총회장)

"신앙의 본질"은 신앙의 근본 내용이라, 그 근본을 언급함은 철학입니다. 이 철학을 젊은이들에게 또 많은 신앙인에게 또 초신자들과 믿음을 받을 자들을 위하여 쉽게 평범하게 적었다는 말을 듣고 읽기 시작하였는데 그렇게 하였음이 분명하게 보입니다. 주님께서 하신 말씀 중 "나는 어디서 왔으며 어디로 가는 줄 알거니와" 요8:14 라고 하신 것은 기본을 알라는 말씀입니다. 이 책은 신앙의 본질들을 그렇게 자세하게 말씀으로 소개하였습니다. 성경은 하나님의 말씀입니다. 하나님 말씀의 그 권위를, 사도 요한의 쓴 요한복음을 중심으로 본질들을 이 책에서는 소상하게 펴나갑니다.

"태초에 말씀이 계시니라 이 말씀 하나님과 함께 계셨으니 이 말씀이 곧 하나님이시라" 요1:1

이 말씀은 요한복음 1장을 대표하는 말씀이요, 이 한 절은 요한복음이 전편의 주석이기도 한바 요한복음을 샅샅이 파헤치며 신앙의 본질들을 소상하게 지적하였습니다. 성경 전서는 다 요한복음의 주석이 되는데 성경 전서를 더듬으며 신앙의 본질을 설명하였습니다. 위대한 역작으로 성경을 이해하는 신앙의 입문에 해당한 내용입니다. 많은 독자가 이 책을 읽으며 복음이 무엇인지를 밝히 알기를 바랍니다. 우리는 주신 복음을 받을 뿐입니다. 성령으로 주셨고 성령으로 받았습니다. 이 성삼위의 역사도 그렇게 바로 지적하신 바입니다. 복음신앙의 진수입니다. 한국 교회의 소중한 보물로 역사하심을 기대합니다.

이 책은 목사님의 두터운 신앙의 표현입니다. 젊어서 주님의 사람이 되시고 복음사명을 젊은이들에게 전할 포부로 교수로 일하다가 이제 귀국하여 교회를 전임하면서 그 젊을 때의 포부를 실천하니 그 노고를 찬하讚賀하면서 시공을 초월하는 문서로 큰 각광을 드러낼 것을 기대합니다. 이 복음의 진수를 손에 드는 이들과 읽는 이들에게 큰 은혜가 임할 것도 기대합니다. 주께 돌아오는 이들이 많을 것을 확신합니다. 우리 구주 예수님께, 보혜사 성령님께, 또 우리의 창조주 하나님 아버지 성부님 삼위일체 되신 성삼위에게 영광을 돌립니다.

* 저자 소고: 우크라이나 복음신학교 졸업식 설교와 한 주간의 강의가 있어서 출발하기 전에 방지일 목사님께 원고를 보내드렸습니다. 그리고 일주일 후에 귀국하여 인천공항에서 리무진 버스를 타고 대전으로 내려오면서 방목사님께서 메일로 위의 글을 보내주신 것을 확인했습니다. 아득한 선배이신 분이 저의 졸고를 일주일 만에 완독하셨다는 글을 읽고 몸 둘 바를 모르도록 깊은 감사와 더불어 눈물이 나도록 감동을 받았습니다. 추천해주신 글이 저에겐 너무 과분하지만 적어주신 그대로 옮겼습니다.

신앙의 본질을 추구하는 예수님의 사람들

김영길 총장

(한동대학교 총장)

추천사를 위해 원고를 읽다가 그냥 읽어 내려갈 수가 없었습니다. 페이지마다 수없이 밑줄을 그었습니다.

이 책은 비본질적인 것을 본질적인 것으로 오해하고 신앙생활 하는 우리의 모습을 비춰 줍니다. 우리의 속사람이 무엇을 채우고 사느냐에 따라 우리 삶의 모든 것이 시작된다고 말하고 있습니다. 무엇이 신앙생활의 본질이냐는 질문에 대한 답은 오직 예수님에게서 찾아야 하고, 또 예수님으로부터 찾아진다고 강력하고도 뜨겁게, 순전하고도 철저하게 복음에 대해 외치고 있습니다. 페이지마다 글의 행간을 뛰어넘어 하나님의 심정을 절절하고도 분명하게 드러내고 있습니다. 우리를 향하여 심장이 터져 버리실 듯한 예수님의 그 사랑 때문에 제 심장도 녹아내리는 듯했습니다. 제가 예수님을 구주로 영접했을 그때의 감격과 감동을 다시 한번 경험할 수 있었습니다.

미국 기독교 대학 중에서 공학교육 중심의 탁월한 대학인 텍사스 러투너 대학의 기계공학과 교수였던 저자는 성령의 감동으로 신앙의 본질에 대해 쉽고도 감동적으로 누구나 이해하기 쉽게 서술하였습니다. 과학적 논리와 신학적인 영역을 통합하여 예수님이 창조주이심을 거시적 관점과 미시적 관점에서 잘 이해 할 수 있도록 설명하고 있습니다. 거시적으로는 예수님이 온 우주의 창조주이신 것을, 미시적 관점으로는 예수님이 개인의 구주, 우리의 구세주인 것을 차근차근 유추하며 과학자답게 논리적으로 잘 설명하고 있습니다.

요한복음서, 특히 1장 1-18까지를 통해 복음의 진수를 명쾌하게 서술하고 있습니다. 창세기 1장 1절과 요한복음 1장 1절을 연계하면서 영적인 세계와 물질세계를 통합하고 있습니다. 특히 요한복음 1장 1절을 통해 사람들을 예수님께 마음의 눈을 뜨게 하는 가장 강력한 초대장인 것을 쉽고도 진지하게 설명하고 있습니다.

이 책을 읽는 독자들은 성경·복음·믿음·신앙생활·구원·제자도·교회의 본질에 대해 새로운 차원의 눈을 뜨게 될 것입니다.

신앙생활의 진정한 본질이 무엇인지 모른 채, 습관과 타성에 젖어 본질에서 벗어나서 신앙생활을 하기 쉬운 우리에게 이 책은 큰 도전이 되고 전환점이 될 것입니다. 또한, 우리 자신의 신앙을 진단해 보는 기회가 될 것입니다. 이 책이 제게 축복이 된 것처럼, 여러분께도 하나님의 크신 은혜가 임하게 될 것이므로 강력하게 추천합니다.

저 또한 저자의 소원처럼 하나님께 기도드립니다.

"주님! 한국 교회가 말씀으로 돌아가게 하옵소서! 우리 모두 구원의 본질을 놓치지 않고 매일의 삶이 말씀 묵상과 기도 가운데 예수님의 은혜에 녹고 예수님의 사랑에 젖어 살게 하소서!"

머리글

죄악에 대한 분투로의 초대

본질이란 말은 많이 들어도 본질을 제대로 말하는 것은 듣기 어려운 시대입니다. 근래에 교회 내에서도 많이 듣는 말이 본질로 돌아가자는 표현입니다. 그러나 우리를 슬프게 만드는 것은 본질을 외치면서도 비본질적인 것을 본질인 것처럼 알고 있다는 사실입니다. 본질을 말하면 그것은 당연한 것이 아니냐고 반문합니다. 그러나 본질을 본질화하지 않으면 본질을 제대로 안다고 할 수 없습니다.

그리스도인의 신앙의 본질은 하나입니다. 오직 예수 그리스도 한 분뿐입니다. 그 외에 어떤 것이라도 예수님보다 더 강조하는 것은 예수님 모독죄라고 하겠습니다.

그러므로 이 책의 첫째 특징은 우리의 모든 것의 핵심이 되시는 예수님과 예수님께 속한 사람, 즉 예수님의 사람에 대해 집중하는 것입니다. 성경의 본질, 복음의 본질, 믿음의 본질, 신앙생활의 본질, 구원의 본질, 제자도의 본질, 교회의 본질 등 일곱 가지의 본질들을 예수님을 중심으로 정리합니다.

둘째 특징은 어려운 신학적인 용어는 되도록 피하고 쉬운 표현을 사용하도록 하였습니다. 현대인들은 어려운 용어들을 사용하면 무슨 깊이 있는 내용으로 여기는 경향이 있습니다. 그러나 이 책은 어린 청소년들이 들어도 이해할 수 있는 표현들을 사용하는 반면 그 의미의 깊이들을 담았습니다. 사복음서에서 예수님의 가르침을 연구해보면 예수님은 어려운 용어들을 사용하지 않으시고 일상생활에서 쓰는 쉬운 단어들을 사용하면서도 깊은 의미들을 전달하셨습니다. 그러므로 우리도 일상생활의 용어로 얼마든지 성경의 의미들을 설명할 수 있습니다. 그래서 이 책도 계시나 칭의, 성화나 영화와 같은 어려운 신학적인 용어들은 될 수 있으면 피하고 대신 평범한 언어들을 사용하여 신앙생활을 오래 했던 분들이나 새신자, 성인들에게 유익할 뿐만 아니라 청소년들도 이해할 수 있도록 하였습니다.

저의 경험으로 대개 신앙생활을 오래하신 분들이나 신학을 공부하고 목회를 제법 오래 하신 분들도 이 책의 내용을 공부하면서 처음에는 다 아는 것처럼 느낍니다. 그러다가 2과 3과 4과가 진행되면서 얼마나 본질을 모른 체 신앙생활을 해 왔는지 그분들이 깨닫게 되고 처음부터 다시 공부하기 원하는 것을 자주 보았습니다.

또한, 신앙을 가지지 않으신 분들과 심지어는 기독교에 대하여 부정적인 생각을 하는 분들이라도 대개 3과에 이르면 예수님을 영접하는 경우가 많았습니다.

한번은 제가 한동대학교 게스트 하우스에 며칠 동안 머물게 되면서 목회자 평신도 등 12명에게 강의하였습니다. 2박 3일 동안 이 책의 내용을 핵심으로 하여 만든 제자 훈련 교재인 "예수님의 사람들: 생명의 빛을 발하는 사람들"줄여서 예람반으로 부릅니다을 집중적으로 강의하였습니다. 그중에 한 분은 은퇴 목사로 신학교 강의도 하시고 총회장도 하셨던 분입니다. 제4과를 공부하는 중에 목사님이 갑자기 탁자에 머리를 부딪치시며 공부하던 탁상이 흔들릴 정도로 격렬하게 흐느끼시는 것이었습니다. 뇌졸중으로 쓰러진 경험이 있었던 분이라 119를 불러야 하는가라는 생각도 들었습니다. 저희 모두가 놀라서 침묵하며 보고만 있었습니다. 한참 흐느끼시더니 얼굴을 들고 말씀하였습니다.

저는 이 본질들을 몰라서 엉터리 설교를 하며 40년 목회를 했습니다. 예수님께 너무나 죄송합니다. 이제 남은 인생은 철저하게 예수님의 사람들을 길러내는 일을 하며 살겠습니다.

노 선배의 솔직한 고백과 눈물 앞에서 모두가 숙연한 마음으로 공부를 계속하였습니다.

저는 이 책이 중요한 신앙의 본질들을 알아가는 데에 유익한 자료가 될 것을 확신합니다. 예를 들면 복음의 본질을 한 문장으로 표현하라고 하면 어떻게 정리하시겠습니까? 믿음의 본질은 무엇인지 적어보실 수 있으십니까? 신앙생활의 본질은 어떻게 표현하시겠습니까? 구원의 본질은 무엇이며 제자도의 본질은 어떻게 표현하시겠습니까? 마지막으로 교회의 본질은 무엇입니까? 우리 인간의 한정된 언어로 완벽한 표현이나 절대적 의미를 정리한다는 것은 불가능하지만 그럼에도 핵심적인 의미가 담겨 있는 본질의 표현은 가능하다고 봅니다.

예수님 중심 되는 것은 좋은 것입니다.
예수님 중심 되지 않은 것은 좋은 것이 아닙니다.
예수님 빠진 것은 아무것도 아닙니다.

오늘날 교회가 본질을 잃어가고 뿐만 아니라 비본질적인 것들을 본질화함으로써 정체성을 잃고 세속화되어가고 있습니다. 부족한 저의 글이지만, 이 책이 현대교회의 본질성 회복에 유익한 자료가 되기를 바라는 마음 간절합니다.

은혜에 녹고 사랑에 젖어 사는 자, 이병균

제1부. 예수님의 증거로 채워진 책

성경의 본질

무엇이든지 본질을 잃어버리면 모양만 남습니다. 사람이 사람의 본질을 잃어버리면 동물보다 더 악한 존재로 변합니다. 교회가 본질을 잃어버리면 냄새가 나고, 성도가 본질을 잃어버리면 추하게 변합니다. 저마다 본질이라는 말을 많이 하지만 정작 본질적인 것을 듣기 어려운 시대입니다. 교회도 마찬가지입니다. 90점짜리 교회가 백 점짜리 교회인 줄 착각하고 자랑하는 교회보다, 50점짜리 교회지만 백 점짜리 교회의 본질을 바로 알고 그런 백 점짜리 교회 되려고 애쓰는 교회에 차라리 더 소망이 있습니다. 교회는 교회의 본질을 세워야 하며, 성도는 예수님의 사람의 본질을 회복해야 합니다.

성경의 본질●복음의 본질●믿음의 본질●신앙생활의 본질●구원의 본질●제자도의 본질●교회의 본질

이 일곱 가지 본질을 회복한다면 진정한 예수님의 사람들을 볼 것이며 예수님의 자랑이 되는 교회들이 생명의 빛을 발하게 될 것입니다.

하나님께서 인간에게 모르게 하신 것들이 있습니다. 우리의 미래를 모르게 하셨습니다. 사람은 하나님만 믿고 살라 하신 뜻일 것입니다. 우리의 죽는 날도 모르게 하셨습니다. 그 이유도 죽는 날까지 온 힘을 다해 살라는 뜻일 것입니다. 모르게 하신 것이 더 있습니다. 사람이 사람의 마음을 모르도록 하셨습니다. 이것은 우리에게 유익하기 때문입니다. 내 마음을 다른 사람들이 다 알게 된다면, 또 내가 다른 사람의 마음을 다 알고 산다면 세상은 참 복잡할 것입니다. 그러므로 사람이 사람의 마음을 모르게 하신 것은 하나님의 따뜻하신 배려라고 생각합니다.

그런데 사람이 사람의 마음을 아는 방법이 있습니다. 사람이 다른 사람의 마음을 어떻게 알 수 있습니까? 사람들의 눈빛이나 행동과 표정을 보면 알 수 있다고 합니다. 그렇게 아는 것은 짐작하여 아는 것이므로 맞을 수도 있고 틀릴 수도 있습니다. 사람이 사람의 마음을 짐작하여 안다고 착각하기 때문에 많은 오해가 일어나는 것입니다. 짐작하는 것만으로는 사람의 마음을 정확하게 알 수 없습니다. 반면에 사람의 마음을 정확하게 아는 방법 한 가지가 있습니다. 간단하면서도 분명한 방법입니다. 그것은 사람이 마음에 있는 것을 정직하게 말해주면 오해 없이 그 사람의 마음을 알 수 있습니다. 사람이 사람의 마음을 나눌 수 있도록 하신 것도 하나님의 세심하신 배려입니다.

그렇다면, 사람이 하나님은 어떻게 알 수 있습니까? 눈앞에 보이는 사람의 마음도 모르는데, 보이지 않는 하나님을 어떻게 알 수 있습니까? 사람의 마음을 짐작하듯이 종족마다 하나님을 여러 모양으로 짐작하여 신의 모양을 만들기도 하며 섬기기도 하지만 짐작하여서는 하나님을 바로 알 수 없습니다. 어떻게 하면 우리가 하나님과 하나님의 마음을 정확하게 알 수 있습니까? 오직 한 길밖에 없습니다. 하나님이 어떠하신 분이며 인간을 향한 하나님의 마음이 어떠한지를 하나님께서 인간들에게 보여 주시면 정확하게 알 수 있을 것입니다.

하나님은 하나님의 마음을 여러 가지 모양으로 우리에게 보여주셨습니다. 우주 만물을 통해서 보여주시기도 하고 성경을 통해서 알려주시고 알려주신 것을 더 명확하게 하나님을 우리에게 보여주신 길을 택하셨습니다. 그래서 하나님이 인간이 되셔서 우리가 알 수 있는 언어로 말해 주시고 우리가 볼 수 있는 행동으로 보여주셨습니다. 바로 그분이 예수 그리스도이십니다. 예수님은 외치셨습니다.

> 나를 보는 자는 나를 보내신 이를 보는 것이니라. 요12:45
> "너희가 나를 알았더면 내 아버지도 알았으리로다. 이제부터는 너희가 그를 알았고 또 보았느니라" 요14:7
> "빌립아 … 나를 본 자는 아버지를 보았거늘 어찌하여 아버지를 보이라 하느냐?" 요14:9

예수님은 우리에게 하나님을 정확하게 보여주신 분이십니다. 그러므로 예수님의 사람들은 예수님의 사람의 본질을 예수님에게서 찾아야 합니다.

> 예수님 빠진 교인은 성도 아닙니다.
> 예수님 빠진 신학은 신학 아닙니다.

예수님 빠진 목사는 목사 아닙니다.

예수님 빠진 설교는 설교 아닙니다.

예수님 빠진 예배는 예배 아닙니다.

예수님 빠진 교회는 교회 아닙니다.

예수님 빠진 "나"는 "나" 아닙니다.

그리고

예수님 중심되지 않는 성도는 좋은 성도 아닙니다.

예수님 중심되지 않는 신학은 좋은 신학 아닙니다.

예수님 중심되지 않는 목사는 좋은 목사 아닙니다.

예수님 중심되지 않는 설교는 좋은 설교 아닙니다.

예수님 중심되지 않는 예배는 좋은 예배 아닙니다.

예수님 중심되지 않는 교회는 좋은 교회 아닙니다.

예수님 중심되지 않는 "나"는 좋은 "나" 아닙니다.

반면에 부족하여도

예수님 중심된 성도는 좋은 성도입니다.

예수님 중심된 신학은 좋은 신학입니다.

예수님 중심된 목사는 좋은 목사입니다.

예수님 중심된 설교는 좋은 설교입니다.

예수님 중심된 예배는 좋은 예배입니다.

예수님 중심된 교회는 좋은 교회입니다.

예수님 중심된 "나"는 좋은 "나"입니다.

설교의 본질도 예수님에게서 찾아야 합니다. 본질이 살아있는 설교는 어떤 설교일까요? 멋지게 회중을 웃기고 울리며 설교를 마쳤을 때 예수님께서 "너는 사람이 되어서 어떻게 설교를 그렇게 잘하냐? 그러나 너는 내가 사랑하는 내 자녀들에게 내가 전하기 원하는 말을 전해주지 않았다" 하시면 엉터리 설교를 한 것입니다. 반대로 "너는 목사가 되어서 설교를 어떻게 그렇게도 못하냐? 그러나 너는 내가 사랑하는 이들에게 내가 원하는 말을 전해 주었다"라고 해주시는 설교가 저는 더 좋겠습니다. 설교자는 예수님 앞에서 설교하는 자세로 설교해야 합니다. 그래야 본질이 살아있는 말씀이 선포될 것입니다. 예수님이 중심이 된 설교가 많이 들려지기를 소망합니다.

앞으로 일곱 가지의 본질들, 성경의 본질, 복음의 본질, 믿음의 본질, 신앙생활의 본질, 제자도의 본질, 교회의 본질을 살펴보며 예수님의 자랑이 되는 성도들, 예수님의 기쁨이 되는 교회들이 곳곳에서 일어나기를 소망합니다.

저는 믿음의 선배이며 귀중한 신앙의 자취를 남겨주신 고 안이숙 선생을 뵌 적이 있었습니다. 치료를 받고 계시던 중이라 연약하신 중에도 예수님을 사랑하는 마음이 대화 중에 흘렀습니다.

"이 목사, 나는 휴거 받기 전에 죽어야 해."

"아니 왜 그렇습니까?"

"휴거 받으면 단체로 예수님을 만나야 하잖아?"

"그러면요?"

"휴거되기 전에 죽으면 예수님은 나를 일대 일로 맞이해 주실 거니까. 나는 예수님을 그렇게 만나고 싶어."

그러면서 하신 말씀입니다.

"나는 요즘 목사들이 미워."

"그건 또 왜 그렇습니까?"

"길 가다가 초등학교 선생을 만나도 스승님 하면서 존경하고 중학교 담임선생님을 만나도 은사님 하며 절을 하고 심지어는 길에서 낯선 사람을 보고도 선생님, 선생님 하잖아. 그런데 목사들은 예수님 이름을 뒷집 똥개 부르듯이 '님' 자도 붙이지 않고 막 부르면서 설교하면 나는 막 화가 나. 왜 예수님을 그렇게 막 불러대며 설교해?"

예수님을 이렇게 사랑하는 믿음의 선배를 만나 뵌 것은 저에게는 잊을 수 없는 선물이었습니다. 그렇습니다. '님' 자만 붙이면 된다는 것은 아닙니다. 그러나 사람의 이름을 어떻게 대하는지 보면 그 사람에 대해 어떤 마음을 품고 있는지 알 수 있습니다. 예수님을 바로 알며 예수님이 구주이심을 진정으로 믿고 사랑하는 자는 누구 앞에서든지 어디서든지 예수님의 이름을 함부로 부르지 않습니다.

왜 예수님이 모든 것의 중심이어야 합니까? 예수님께서 직접 가르치신 말씀에서 그 답을 찾아볼 수 있습니다. 누가복음 24:13절 이하에 예수님이 부활하신 날, 엠마오로 가고 있던 두 제자에게 부활하신 예수님이 나타나셔서 "너희가 길 가면서 서로 주고받고 하는 이야기가 무엇이냐?" 물으셨습니다. 그들은 자신들이 메시아로 알았던 예수님이 십자가에 못 박혀 비참하게 죽으신 것을 보았는데, 자기들이 잘 아는 자매들이 예수님이 부활하셨다고 전하는 것을 믿을 수 없어 혼란스럽다고 대답하였습니다. 그때 예수님은 말씀하셨습니다.

미련하고 선지자들의 말한 모든 것을 마음에 더디 믿는 자들이여 그리스도가 이런 고난을 받고 자기의 영광에 들어가야 할 것이 아니냐눅24:25~

더욱 중요한 것은 27절의 내용입니다.

이에 모세와 및 모든 선지자의 글로 시작하여 모든 성경에 쓴바 자기에 관한 것을 자세히 설명하니라고딕은 추가한 것임

예수님은 모세의 글, 모세오경창세기, 출애굽기, 레위기, 민수기, 신명기을 비롯하여 모든 성경에서 예수님 자신에 관한 것을 자세히 설명하셨습니다. 또 예수님은 문을 닫아걸고 두려워하던 제자들에게 나타나셔서 말씀하셨습니다.

내가 너희와 함께 있을 때에 너희에게 말한바 곧 모세의 율법과 선지자의 글과 시편에 나를 가리켜 기록된 모든 것이 이루어져야 하리라 한 말이 이것이라눅24:44

"내가 너희와 함께 있을 때"는 예수님이 제자들과 함께 보낸 3년여의 공생애 기간을 의미합니다. 그 기간에 예수님은 제자들에게 모세오경과 모든 선지자의 글과 시편까지도 예수님을 가리켜 기록된 것이라고 가르치신 것입니다. 부활하신 예수님은 그 사실을 다시 반

복하시는 것입니다. 그리고 45절에 제자들의 마음을 열게 하시고 성경을 깨닫게 하셨습니다. 이 내용이 얼마나 중요하였으면 부활하신 예수님께서 제자들에게 성경은 예수님 자신을 증거하는 것이라며 성경을 또다시 가르치셨겠습니까? 또 예수님은 자신을 비난하는 유대인들에게 이렇게 말씀하셨습니다.

> 너희가 성경에서 영생을 얻는 줄 생각하고 성경을 상고하거니와 이 성경이 곧 내게 대하여 증거하는 것이로다. 요5:39

이것은 어느 신학자의 말이 아닙니다. 예수님께서 직접 창세기부터 말라기까지 구약성경은 전부 예수님 자신에 대하여 증거한다고 말씀하셨습니다. 성경의 핵심을 예수님 이외의 것이라고 주장한다면 예수님을 모독하는 일입니다.

예수님에게서 찾는 CEO 경영법, 예수님에게서 찾는 다이어트, 예수님에게서 찾는 리더십, 다 매력적인 주제들이지만 사실은 예수님을 CEO 경영을 배우는 대상, 다이어트를 배우는 대상, 리더십을 배우는 대상으로 삼으면서 예수님을 그런 수준으로 끌어내리는 것은 예수님을 모욕하는 일입니다. 성경은 철저하게 예수님 중심으로 이해하고, 철저하게 예수님 중심으로 해석해야 합니다. 구약성경은 오실 메시아에 관한 것이라면, 신약성경은 오신 예수님에 관한 것입니다. 요한계시록도 마찬가지입니다. 요한계시록은 종말론에 관한 책이 아닙니다. 종말은 물론 요한계시록의 중요한 주제 중의 하나이기는 하지만 요한계시록의 핵심은 아닙니다. 요한계시록의 핵심은 반

다시 그리고 틀림없이 다시 오실 예수님에 관한 책입니다.

예수님께서 3년 동안 행하신 사역의 핵심은 가르침Teaching, 선포 Proclamation, 치유Healing 세 가지입니다. 그러나 예수님 사역의 핵심적인 내용을 알아야 합니다. 예수님은 무엇을 가르치셨고 무엇을 선포하셨으며, 예수님의 치유사역은 무엇을 의미하는 것인지 모른 체 모양만 흉내 내어서는 본질을 살려낼 수 없습니다. 예수님이 가르치신 것은 예수님 자신에 관한 것입니다. 예수님은 예수님 자신이 메시아이심을 선포하셨습니다. 예수님의 치유 사역은 예수님이 과연 어떤 분이신 것을 보여주신 것이었습니다. 예수님 사역의 핵심은 예수님 자신이었습니다. 왜 그렇게 하셔야 했습니까? 예수님을 바로 알아야 하나님을 바로 알 수 있고, 예수님을 바로 만나야 하나님을 만날 수 있기 때문입니다.

우리가 배울 것은 예수님이며, 가르칠 것도 예수님입니다. 전할 것도 예수님이며, 설교할 것도 예수님이어야 합니다. 예수님을 중심이 되게 하지 못하는 성경공부와 설교는 예수님의 마음을 슬프게 합니다.

목회 목적과 부흥의 개념, 예배학과 전도학도, 선교론과 성령론도 예수님 중심이 아니면 본질을 벗어나는 것이 되고 맙니다. 예수님께서도 자신에 대한 것을 가르치시고 선포하셨다면 우리는 더욱 예수님을 가르치고 예수님을 전하며 예수님을 선포해야 합니다.

초대교회 성도들은 예수님에 관하여 분명하고 명쾌한 신학을 고백하였습니다. 바울은 예수님은 만물 위에 계셔서 세세에 찬양을 받으실 하나님이라고 고백합니다.

> 조상들도 저희 것이요 육신으로 하면 그리스도가 저희에게서 나셨으니 저는 만물 위에 계셔 세세에 찬양을 받으실 하나님이시니라 아멘 롬9:5

디도서에서도 예수님은 우리의 크신 하나님이라고 선언합니다.

> 복스러운 소망과 우리의 크신 하나님 구주 예수 그리스도의 영광이 나타나심을 기다리게 하셨으니딛2:13

요한일서에서도 예수님을 참 하나님이시며 영생이라고 고백하였습니다.

> … 또한, 우리가 참된 자 곧 그의 아들 예수 그리스도 안에 있는 것이니 그는 참 하나님이시오 영생이시라요일2:20

도마도 예수님을 자신의 하나님이시라고 고백합니다.

> 나의 주시며 나의 하나님이시니이다요20:28

성부 하나님도 침례 받으시던 성자 예수님을 "너는 내 사랑하는 아들이라 내가 너를 기뻐하노라"막1:11고 하셨습니다.

예수님을 만난 자는 하나님을 만난 자이며, 예수님께서 알아주시는 자는 하나님께서 알아주시는 자이며, 예수님께서 동행하여 주시는 자는 성령께서 동행하여 주시는 자입니다. 그러므로 예수님의 사람들은 끊임없이 예수님을 모든 것의 중심에 모셔야 합니다.

예수님 빠진 교인은 성도 아니며, 예수님 중심되지 않는 성도는 좋은 성도일 수 없습니다. 그러나 아무리 보잘 것 없는 자라도 예수님이 중심된 성도는 좋은 성도입니다.

예수님 빠진 목사는 목사 아니며, 예수님 중심되지 않는 목사는 좋은 목사일 수 없습니다. 그러나 아무리 무명한 목사라고 하여도 예수님 중심된 목사는 좋은 목사입니다.

예수님 빠진 설교는 설교 아니며, 예수님 중심되지 않는 설교는 좋은 설교일 수 없습니다. 그러나 아무리 기교가 부족한 설교라도 예수님 중심된 설교는 좋은 설교입니다.

예수님 빠진 교회는 교회 아니며, 예수님 중심되지 않는 교회는 좋은 교회일 수 없습니다. 그러나 아무리 연약한 교회라도 예수님 중심된 교회는 좋은 교회입니다.

예수님 빠진 "나"는 "나" 아니며, 예수님 중심되지 않는 "나"는 좋은 "나"일 수 없습니다. 그러나 아무리 부족하여도 예수님 중심된

"나"는 좋은 "나"입니다.

    예수님 중심 된 설교를 강조하였더니 어느 목사님이 "예수님 중심 된 설교는 한 일 년 정도 하면 더 설교할 것이 없을 것 같은데요?"라고 물었습니다. "많이 사랑하는 자에 관하여는 할 말이 많고 적게 사랑하는 자에 관하여는 할 말이 적습니다"라고 대답했습니다. 예수님의 사랑을 깊이 깨닫고 예수님을 깊이 만난 자는 예수님에 관한 설교는 아무리 하여도 끝이 없을 것입니다. 예수님을 깊이 사랑하는 자는 예수님 이외의 설교는 하지 못합니다. 베드로처럼, 바울처럼, 요한처럼. 우리의 믿음의 선배들처럼, 안이숙 선생님처럼, 그리고 예수님처럼!

2. 성경을 대하는 다섯 가지 원리

예수님은 모든 성경이 예수님을 증거 한다고 친히 말씀하셨습니다.눅24:37,44; 요5:39 그러므로 창세기부터 요한계시록까지 예수님을 중심으로 해석할 때, 성경은 엄청난 진리들로 우리를 놀라게 합니다. 예를 들겠습니다.

창세기 3장에서는 행복해야 할 에덴동산에 암흑이 무겁게 드리워집니다. 인간이 선택한 죄로 말미암은 어둠입니다. 하나님은 그런 인간을 에덴동산에서 쫓아내십니다. 이 하나님은 엄하신 분으로 보이지만 예수님을 중심으로 살펴보면 하나님의 놀라운 사랑이 우리를 전율하게 합니다.

하나님은 왜 인간을 에덴동산에서 쫓아내시고 접근하지 못하도록 하셨습니까? 에덴동산이 필요하셔서 그랬을까요? 그렇지 않습니다. 에덴동산은 인간을 위한 것이지 하나님께 필요한 것이 아닙니다. 그러므로 인간을 쫓아내고 다시 돌아오지 못하게 하실 계획이라면 에덴동산을 처리하는 가장 쉬운 방법은 무엇일까요? 없애버리는 것입니다. 그런데 왜 하나님은 에덴동산과 생명나무를 지키게 하셨을까요? 이야기로 풀어보겠습니다.

부모의 속을 푹푹 썩이는 불효자가 있습니다. 밤마다 술에 취해 집에 오면 그 술 깰 때까지 부모를 괴롭힙니다. 부모들에게 이 방탕한 아들은 근심의 이유가 되었습니다. 어느 날 아들이 소리치고 짐을 챙

겨들고 집을 나가버렸다 하십시다.

"오늘부터 당신들은 내 부모 아니니 내 이름을 이 집 호적에서 지워버리시오."

어머니는 어떻게 할까요?

"여보, 그놈 방 물건 다 버리세요. 오늘부터 두 다리 쭉 펴고 편히 살게 되었어요"라고 아버지에게 말하는 어머니가 혹 있을 수 있겠지만, 아들을 진정으로 사랑하는 어머니는

"내 아들 쓰던 방은 아무도 손대지 못합니다"라며 아들의 방을 아침마다 쓸고, 밤마다 닦으며, 집 나간 아들이 돌아오기를 눈물 뿌려 기다리지 않겠습니까?

이처럼 하나님께서 에덴동산을 지키신 것은 죄인이 되어 쫓겨난 인간을 다시 회복시켜서 돌아오게 하실 것을 마음에 두신 것입니다. 동산을 떠나가는 아담과 하와의 뒷모습을 바라보시며 눈물을 흘리시는 하나님의 마음을 알게 하는 구절입니다. 어떻게 압니까? 예수님을 보면 압니다. 하나님은 죄인들이 돌아올 길을 계획하셨으니 그 길이 예수님이십니다. 요14:6 에덴동산 밖의 인간, 생명나무 과실을 먹을 수 없게 된 죄인이 그 행복의 동산으로 돌아올 길 되어주신 분이 예수님이십니다. 하나님께서는 인간을 에덴동산에서 쫓아내실 그때에 이미 성자 예수님의 십자가의 죽음을 계획하신 것입니다. 창세기 3장 24절도 예수님을 중심으로 이해하면 에덴을 떠나는 인간의 뒷모습을 바라보시며 눈물 흘리시는 하나님의 마음을 볼 수 있습니다. 깨어져 내리는 하나님의 심장 소리를 들을 수 있습니다.

십자가에서 *"나의 하나님, 나의 하나님, 어찌하여 나를 버리셨나이까?"* 마27:46 라고 부르짖는 성자 예수님의 부르짖음에 성부 하나님은 눈도 감고 귀도 막고 침묵하시며 죽음에 내버리셨습니다. 성자 예수님의 십자가 고통은 성부 하나님의 고통이며, 성자 예수님의 십자가 죽음은 성부 하나님의 죽음이었습니다.

아, 성자 예수님의 피로 적신 이 깊은 하나님 사랑이여!

예수님을 중심으로 성경을 조명할 때에 성경은 이토록 깊은 하나님의 심정을 밝혀 줍니다.

예수님을 중심으로 성경을 대하는 원리를 다음과 같이 정리할 수 있습니다.

첫째, 해석의 원리입니다. 모든 성경은 예수님을 중심으로 해석해야 합니다. *"너희가 성경에서 영생을 얻는 줄 생각하고 성경을 상고하거니와 이 성경이 곧 내게 대하여 증거하는 것이로다"* 요5:39 라고 하신 예수님의 말씀대로 우리는 모든 성경을 예수님 중심으로 해석해야 합니다. 창세기부터 요한계시록까지 오실 예수님, 오신 예수님, 반드시 다시 오실 예수님을 증거한다는 것을 안다면 우리는 성경을 그렇게 해석하는 것이 옳습니다. 예수님의 피 묻은 십자가를 통과할 수 없는 성경 해석은 바른 해석이라 할 수 없습니다. 그렇습니다. 성경을 예수님을 중심으로 해석하면 놀라운 진리와 은혜의 보화들을 새롭게 캐 내게 됩니다.

둘째, 적용의 원리입니다. 먼저 행하시는 하나님(선행先行하시는 하나님)을 기준으로 성경을 적용할 것입니다. 선행하시는 하나님을 기준으로 성경을 우리 삶에 적용하면 새로운 차원에서 성경 적용이 가능해집니다. "그는 너희 앞서 행하시며 장막 칠 곳을 찾으시고 밤에는 불로, 낮에는 구름으로 너희의 행할 길을 지시하신 자니라"신 1:33 하신 하나님은 우리에게 무엇을 명령하시기 전에 먼저 행하시는 분이십니다. 예수님은 선행하시는 하나님을 삶과 십자가와 부활로서 보여주셨습니다. 사랑도 하나님이 먼저 하십니다.요일4:19 "힘을 다하고 마음을 다하고 목숨을 다하고 뜻을 다하여 하나님을 사랑하라"라고 명령하시기 전에 하나님은, 하나님의 힘을 다하고 하나님의 마음을 다하고 하나님의 목숨을 다하고 하나님의 뜻을 다하여, 먼저 우리를 사랑하시는 분이십니다.

이 적용의 원리는 십계명의 제일 계명도 새로운 차원에서 이해하게 하고 적용하게 합니다. "하나님 외에 다른 신을 두지 말고 하나님께 향한 정절을 지키라"라고 명령하시기 전에 하나님은 우리에게 향하신 하나님의 사랑의 절개와 정절을 먼저 지켜 주시는 분이십니다. "베드로야 네가 날 사랑하느냐?"라고 물으시기 전에 예수님은 십자가에서 죽기까지 먼저 베드로를 사랑하셨습니다. 마태복음 13장 44-46절에 나오는 비유도 우리에게 "모든 소유를 다 팔아 천국을 사라"라고 하시기 전에 예수님은 자신의 생명까지 팔아서 먼저 우리를 사셨습니다. 그러므로 먼저 행하시는 하나님을 깨닫는다면 성경 말씀을 삶의 현장에서 적용하지 못할 것이 없습니다. 성경 말씀대로 살아드리지 못하는 것이 부담될지언정, 성경 말씀을 삶에 적용하는 그 자체가 결코 부담될 수 없을 것입니다.

　셋째, 영감의 원리입니다. 모든 성경은 성령의 감동으로 해석해야 합니다. 성경은 기발한 해석을 깨달았다며 사사로이 풀 것이 아닙니다. 성경은 성령의 영감으로 기록된 책이므로 성령의 영감으로 해석해야 합니다. 성령의 영감을 받은 해석은 정확해야 합니다. 근간에 예언한다는 이들이 많지만 정말 성령에 의한 예언인지 살펴보는 일은 어렵지 않습니다. 성령에 의한 예언이라면 몇 퍼센트가 맞아야 합니까? 백 퍼센트100%입니다. 성경에서 어떤 깨달음이 왔으면 그 해석이 내 생각대로 내린 해석인지 성령의 감동에 의한 해석인지 자세히 살피고 거듭 확인해야 합니다. 내 생각대로 사사로이 해석하는 것은 절대로 피해야 합니다. 성령께서 하시는 가장 중요한 일이 예수님을 증거하며,요15:26 예수님의 영광을 나타내고, 예수님의 것을 알리는 일요16:14-15입니다. 그러므로 성령의 감동에 따른 해석은 예수님 중심일 수밖에 없으며 성령 영감에 의한 성경 해석은 백 퍼센트 정확하여서 나의 생명과 나의 인생 전체를 걸 수 있는 해석일 수밖에 없습니다. 그뿐만 아니라 다른 사람들에게도 자신 있게 전할 수 있는 해석일 것입니다.

　넷째, 기도의 원리입니다. 성경을 해석하는 자는 깊은 기도로 성경의 본래의 뜻을 알게 하여 달라고 간구해야 합니다. 바른 기도는 내 마음이 예수님 마음을 따라가게 하며, 바른 기도는 내 영이 성령의 감동에 민감하게 합니다. 또한, 바른 기도는 내 심장을 예수님의 심장으로 채우게 하며, 기도는 내 귀 열어 주님의 음성을 듣게 합니다. 바른 기도는 예수님 안으로 깊이 잠기도록 도우며, 바른 기도는 마음을 열어 주의 심정을 깨닫게 합니다. 예수님의 사람은 성경을 읽으면서 드리는 기도도 예수님 중심으로 드리게 됩니다.

예수님을 보내주신 하나님의 심정을 더 깊이 알도록 도와주십시오. 예수님 안으로 더 깊이 들어가도록 성경을 깨닫게 하여 주십시오. 성령님의 감동 따라 성경을 통하여 예수님을 더 깊이 만나도록 도와주십시오.

이런 기도는 성령님께서 크게 기뻐하십니다. 반드시 응답해 주십니다.

다섯째, 성숙의 원리입니다. 성경 말씀을 통해서 영적으로 성숙하기 위한 몇 가지 단계가 있습니다.

첫째는 개인화Individualization 단계입니다. 마치 뷔페식당에 가면 그 식당에 차려진 음식들이 다 내가 먹을 수 있는 음식들이지만 아직 내 것은 아닙니다. 내가 사용할 접시에 담아서 내가 먹을 탁자에 가져다 놓을 때에 내 음식으로 개별화되는 것입니다. 성경을 읽을 때에 감동이 임하면 "아, 그렇구나!"라는 보편적인 반응이 아니라 "아, 내게 주시는 말씀이구나!"라며 나 자신을 위한 말씀으로 개인화를 해야 합니다.

둘째는 내면화Internalization 단계입니다. 내 식탁에 가져다 놓은 음식은 내 것이기는 하지만 먹고 소화시켜야 내 몸의 영양으로 변합니다. 성경 말씀을 내게 주신 말씀으로 삼은 후에는 깊이 묵상하고 연구하여서 내 생각이 되게 하고 나의 내면이 되게 함으로써 영적인 양식이 되도록 하여야 합니다.

셋째는 현실화Realization 단계입니다. 내 삶에서 성경 말씀을 실체화시키는 단계입니다. 성경 말씀을 삶의 현장에서 적용함으로써 삶 속에서 말씀이 배어나도록 하는 단계입니다.

넷째는 영성화Spiritualization 단계입니다. 성경 말씀을 내 생각과 마음과 삶의 모든 영역에 채워서 모든 순간, 모든 장소에서 예수님을 드러내는 예수님의 향기가 되는 단계에 이르기까지 자라가는 것입니다.

성경이 이러하므로

예수님의 은혜에 녹게 하는 복음의 본질,
예수님의 사랑에 젖어 살게 하는 믿음의 본질,
예수님의 심장 채우게 하는 신앙생활의 본질,
예수님의 보혈에 잠겨 살게 하는 구원의 본질,
예수님의 사명에 불타오르게 하는 제자도의 본질,
하나님의 역사 현장 되게 하는 교회의 본질

이 중요한 신앙의 본질들을 예수님을 중심으로 살펴서 정리하는 것은 우리에게 반드시 필요합니다.

제2부 예수님의 은혜에 녹아 사는 사람들

복음의 본질

교회의 문제는 복음의 본질이 오염되면서 시작됩니다. 복음이라는 말은 많이 들어도 복음의 본질을 알지 못하면 소용없습니다. 본질이 오염되면 교인이 성도답지 못하고 교회가 하나님의 사람들답지 않은 모습들을 보이게 됩니다. 그러므로 오염된 것을 털어 내고 신앙의 본질을 찾아내야 합니다.

"예수님의 은혜에 녹아 사는 사람들"에서 신앙생활에서 가장 중요한 복음의 본질을 나누게 됩니다. 열 명의 그리스도인들에게 복음의 본질이 무엇이냐고 물으면 열 가지 다른 대답이 나올 것입니다. 복음의 본질이 무엇입니까? 복음의 본질을 바로 깨닫는 것이 은혜의 시작입니다.

복음을 바로 깨닫고 예수님을 바로 만나면 예수님의 은혜에 녹는 감격이 있을 것입니다. 이런 감격을 체험하지 못하면 신앙생활이 냉랭하며 쉽게 주저앉게 됩니다. "예수님의 은혜에 녹아 사는 사람들"을 살펴보면서 복음의 본질을 바로 정리하고 나면 예수님의 은혜를 깊이 체험하게 될 것입니다.

1. 요한이 증거하는 예수님 요1:1-18

1. 말씀으로 오신 예수님

모든 복음서는 예수님을 증거합니다. 시작도 끝도 예수님입니다. 마태복음은 "아브라함과 다윗의 자손 예수 그리스도의 세계라" 시작하며, 마가복음은 "하나님의 아들 예수 그리스도의 복음의 시작이라" 합니다. 누가복음도 뱃속에서부터 예수님을 증거한 침례세례 요한의 탄생과 예수님의 탄생 이야기로 시작하며 요한복음도 "태초부터 계셨던 예수님"으로 시작합니다. 논문을 쓰면 반드시 요구하는 것이 있습니다. 요약입니다. 요약만 읽어보면 그 논문의 핵심이 무엇이며 어떤 문제를 어떻게 다루는지 한눈에 알아볼 수 있습니다. 이처럼 요한복음 1장 1-8절은 요한복음의 요약이며 모든 복음서의 요약이라고 할 만합니다. 요한복음의 나머지 부분은 이 요약에 대한 설명이라고 할 만큼 중요한 내용을 담은 구절입니다. 이 구절을 절마다 살펴보지는 않겠지만, 요한이 증명하려는 중요하고 핵심이 되는 내용을 살펴보겠습니다. 요한이 증거하는 예수님을 깊이 아는 것은 은혜입니다.

> 태초에 말씀이 계시니라 이 말씀은 하나님과 함께 계셨으니 이 말씀은 곧 하나님이시라요1:1

이 구절에서 말씀은 누구를 의미합니까? 14절에 "말씀이 육신이 되어 우리 가운데 거하시매"라고 한 예수님을 의미합니다. 요한복음 1장 1절은 짧으면서도 엄청난 무게를 안은 구절입니다.

첫째 요한은 예수님은 하나님이시라 합니다. 말씀으로 번역된 로고스요1:1,14; 요일1:1; 계19:13는 우리말로는 "말씀"으로, 영어로는 "Word"로, 중국어 성경에는 "태초유도太初有道"라 하여 "도道"로 번역되었습니다. 헬라 철학자들은 로고스라는 단어에 신과 인간세계를 연계시키는 존재와 같은 의미를 부여하였습니다. 요한복음을 기록할 당시에 로고스는 철학적 의미를 넘어서 신적 의미가 부여된 단어였습니다. 당시 사람들에게 익숙한 단어였을 것입니다.

헬라 철학자들은 사람이 같은 강물에 절대 두 번 들어가지 못한다고 하였습니다. 이유는 강물이 변했기 때문이라고 설명하면서 세상에서 보고 만지며 느끼는 것은 다 변한다고 합니다. 변한다는 것은 완전하지 못하다는 증거라고 설명합니다. 인간도 변하는 것은 완전하지 못하기 때문이라고 설명합니다. 완전하지 못한 것이 존재한다는 것은 완전한 존재가 있다는 증거이며 그 완전한 존재를 어떤 철학자는 "형상Form" 어떤 철학자는 "원리Principle"라고 불렀습니다. 인간은 불완전하기 때문에 원리에 이르는 그 길을 알 수 없다고 하였습니다. 그러나 로고스가 오면 원리를 계시할 것이라고 제시하면서 로고스라는 단어에 신적인 존재의 의미를 부여하였습니다. 성경 신학과 아주 가까운 결론을 내렸습니다. 헬라 철학자들이 제시한 로고스와 요한복음이 증거하는 로고스와는 분명한 차이가 있습니다. 헬라 철학자들의 로고스는 인격체가 아니지만, 요한복음의 로고스는 인격자이십니다. 로고스는 이렇게 당시 사람들에게 보편적으로 신적인 존재로 인식되었던 단어입니다.

요한이 요한복음의 첫 구절에 로고스라는 단어를 사용하여 예수님을 증거한 것은 사람들에게 익숙한 단어를 사용하여 예수님을 강력하게 소개하려는 의도였던 것 같습니다. 요한의 이러한 의도를 쉽게 표현한다면 이런 내용이 될 것 같습니다.

당신들이 로고스에 대해서 연구하고, 로고스가 당신들을 불변의 세계를 알려 줄 것이며, 로고스가 당신들을 행복하게 해 줄 것이라고 기대하십니까? 나는 진짜 로고스를 압니다. 나는 참 로고스를 직접 만났습니다. 나는 로고스와 함께 살아 보았습니다. 나는 당신들에게 진정한 로고스를 소개하려고 합니다. 참 로고스는 예수 그리스도이십니다.

이 내용을 한국적 배경으로 표현하면 이런 내용으로 풀어볼 수 있겠습니다.

"여러분이 하늘님(또는 하느님, 우리나라 사람이면 누구나 아는)을 찾습니까? 그 하늘님이 복 주어야 행복하게 살 수 있다 하십니까? 나는 참 하늘님을 압니다. 내 눈으로 직접 보았고 직접 들었으며 함께 살아 보았습니다. 나는 당신들에게 참 하늘님을 소개하고 그분을 만날 수 있도록 해 드리려고 합니다. 그분은 예수 그리스도이십니다."

요한복음 1장 1절은 사람들을 예수님에게로 초대하는, 강력하면서도 마음의 눈을 뜨게 만드는, 초대장이라고 하겠습니다. 참 로고스는 태초부터 계신 분, 하나님과 함께 계신 분, 하나님이신 분으로 "육신이 되어 우리 가운데" 살아주셨던 예수 그리스도시라고 증거합니다. "당신들이 바라던 참 로고스를 내가 만났습니다. 그분이 예수님입니다"라고 증거하는 요한은 이 구절을 적으면서도 감회가 깊었을 것입니다.

> 태초에 말씀이 계시니라 이 말씀은 하나님과 함께 계셨으니 이 말씀은 곧 하나님이시라!

자신에게 생명을 주신 예수님을 증거하며 평생을 보내던 백세가 된 백발의 노 사도가 이 한 구절을 기록하며 눈물을 글썽거리며 감격해 하던 심정의 무게를 조금이라도 느낄 수 있으면 좋겠습니다. 그 가슴에 채워진 예수님을 우리도 가득히 채우면 좋겠습니다.

오늘 우리는 독특한 시대에 살고 있습니다. 예수님을 몰라서 믿지 못하고, 교회가 없어서 가지 못하는 시대가 아닙니다. 너무 많이 듣고, 너무 많이 알아서 "예수 이름과 교회 이야기는 내 앞에서는 꺼내지도 말라"라고 거부하는 시대입니다. 이런 어둠의 시대에서 우리는 예수님을 어떻게 그들의 가슴 속에 꽃 피게 할 수 있을까? 이것은 우리 모두의 중요한 숙제입니다.

세 살이 된 아들이 아버지와 레슬링 놀이를 하며 놀던 중에 아버지가 아들의 가슴을 치는 흉내를 내었습니다. 그러자 아버지와 뒹굴던 아이가 갑자기 정색을 하고 벌떡 일어서서 아버지를 똑바로 쳐다보고 말했습니다.

"아빠, 다른 데는 쳐도 괜찮지만 내 가슴은 아니야!"

갑작스러운 아이의 행동에 놀란 아버지가 물었습니다.

"왜 그러냐? 아들아?"

"내 가슴에는 예수님이 계시니까 아빠가 내 가슴 치면 예수님 치는 거야!"

누가 이 어린 가슴에 예수님이 그의 심장에 함께 계심을 가르쳐 주었습니까? 누가 우리에게 예수님을 꽃피게 하였습니까? 누가 저들을 예수님에게로 초대할 것입니까? 누가 그들의 가슴에 예수님을 꽃피게 할 것입니까?

둘째, 요한은 예수님은 창조주시라 합니다. 요한복음 1장 2-3절입니다. "그가 태초에 하나님과 함께 계셨고 만물이 그로 말미암아 지은 바 되었으니 지은 것이 하나도 그가 없이는 된 것이 없느니라." 요한 시대에는 로마 황제를 신적 존재로 인정하였으며 많은 우상을 경배하던 때였으므로 이것은 엄청난 선언입니다. 모든 우상과 로마 황제조차도 피조물에 불과하다는 선언은 엄청난 무게를 지닌 선포입니다.

우리나라 기독교 역사에도 이 무게로 살았던 분들이 빛나는 별 같이 많은 믿음의 선배들을 배출하였습니다. 특히 일본 강점기 때에 신사참배를 거부하고 "오직 예수로 살고 예수로 죽자"라고 외치며 일사각오로 예수님을 향한 믿음을 지키다가 49세 나이에 장렬하게 순교했던 주기철 목사님이 그 대표적인 인물입니다. 주목사님이 순교 직전에 "오종목의 나의 기원"이라는 설교를 보면 예수님을 향한 주목사의 굳은 절개를 보게 됩니다.

"… 사람이 이 세상에서 태어나서 사람으로서 마땅히 행하여야 할 의가 있습니다. 나라의 신민이 되어서는 충절의 의가 있고 여자가 되어서는 정절의 의가 있고 그리스도인이 되어서는 그리스도인의 의가 있습니다.

…

못합니다. 못합니다. 그리스도의 신부는 다른 신에게 정절을 깨뜨리지 못합니다. 이 몸이 어려서 예수 안에서 자랐고 예수께 헌신하기로 열 번 백번 맹세했습니다. 예수의 이름으로 밥 얻어먹고 영광을 받다가 하나님의 계명이 깨어지고 예수의 이름이 땅에 떨어지게 되는 오늘 이 몸이 어찌 구구도생구차하게, 생명을 도둑질하듯이 피할 줄이 있으랴!

…

나의 사랑하는 교우 여러분 의에 죽고 의에 살으사이다. 의를 버리고 더구나 예수께 향한 의를 버리고 산다는 것은 개 짐승의 삶만 같지 못합니다. 여러분 예수는 살아 계십니다. 예수로 죽고 예수로 살으사이다."[1]

그 설교 후에 주목사는 다시 수감되어서 평양감옥에서 1944년 4월 21일 오후 9시에 순교하셨습니다. 운명하실 때 "내 영혼의 하나님이시여 나를 붙드시옵소서!"라는 외침 소리에 방안이 진동하고 가까이에서 듣는 모든 사람들이 놀랐다고 합니다.2)

왜 이렇게 믿음을 지킨 것입니까? 예수님이 창조주라는 선언은 이렇게 우리의 인생을 걸 수 있는 분이시기 때문입니다.

예수님이 창조주라는 고백은 거시적 관점과 미시적 관점에서 이해할 수 있습니다.

첫째로 거시적 관점에서 볼 수 있습니다. 예수님이 모든 것을 창조하셨다면 우주가 예수님 것이며 온 세상의 현재와 미래도 예수님 손에 달렸습니다. 사람들이 저마다 역사의 주인이 되려고 독재도 하고 대통령도 되려고 합니다. 세계 역사를 로마 황제나 정치적 거물들이 결정하는 것 같지만, 사실은 예수님 손에 달렸습니다.

둘째로 미시적 관점 입니다. 모든 것이 예수님이 만드셨다면 이 넓은 우주에서 지극히 작은 공간을 차지하는 나도 예수님에 의해 존재하며 나의 모든 것도 예수님에게 달렸다는 사실을 의미합니다.

세상도, 우주도, 인류 역사도, 나도 예수님에게 달렸다면 중요한 질문이 하나 있습니다. 반드시 답을 찾아야만 하는 중요한 질문입니다. 그것은 '나는 왜 존재하는가?' '나의 존재 목적이 무엇인가?' 와 같은 질문들은 다 이차적인 질문들입니다. 더 근본적인 질문이 있습니다. 그것은 "모든 것이 세상을 창조하신 그분에게 달렸다면 그분은 어떤 분이신가?"라는 질문입니다. 이 질문은 반드시 답을 찾아야만 하는, 우리에게는 매우 중요한 질문입니다. 이야기로 풀어보겠습니다.

회사에 새 사장이 부임한다면 사원들에게 제일 중요한 사실은 "새 사장은 어떤 분인가?"라는 것입니다. 교회에 새 목사님이 부임한다면 교인들에게 제일 중요한 질문은 "새 목사님은 어떤 분인가?"라는 것입니다. 마찬가지로 예수님이 창조주시라면 "우리를 창조한 그분은 어떤 분이며, 우리를 어떻게 대하는가?"라는 것보다 더 중요한 질문은 없을 것입니다. 과연 "예수님은 어떤 분입니까?"

중국 선교지에서 목격한 장면입니다. 중국은 도시에 공원들이 있어서 저녁이 되면 사람들이 모여들어서 고전 무용도 하며 댄스도 하며 운동들도 합니다. 어느 저녁에 공원에서 이상한 장면을 목격했습니다. 40대 후반으로 보이는 중년 남자가 잠옷을 입고 한 손으로 담배를 뻑뻑 피우며 다른 손으로 하얗고 자그마한 복슬강아지 목에 줄을 걸고 끌고 가고 있었습니다. 이상한 것은 이 개가 주인이 끄는 줄에 끌려가지 않으려고 자꾸 버티는 것입니다. 이상한 생각이 들어 지켜보았습니다.

아니나 다를까 갑자기 주인이 손에 들고 있던 담배를 입에 물더니 개를 끌고 가던 줄을 마구 잡아당깁니다. 개는 더 끌려가지 않으려고 버티지만 작은 몸집이라 끌려가고 맙니다. 개를 가까이 끌어당긴 주인은 이유도 없이 개를 마구 때리는 것입니다. 이 개는 맞는 데 얼마나 익숙했던지 주인이 때리니까 배를 땅에 대고 납작 엎드리고 소리 하나 내지 않습니다. 그러고 나서 주인은 아무 일도 없었다는 듯이 다시 담배를 뻑뻑 피우며 걷기 시작하니 개는 또 끌려가지 않으려고 버팁니다. 이 일이 반복되는 것을 보면서 개가 너무나 불쌍하다는 생각이 들었고 그 장면을 지금도 잊을 수가 없습니다.

그러면 이 개의 문제가 무엇입니까? 강도질을 했습니까? 사기를 쳤습니까? 이 개의 문제는 하나입니다. 주인을 잘못 만났다는 것입니다. 우리도 우리를 만든 창조주가 악한 신이라면 우리는 참으로 불쌍하고 허무한 인생에 불과할 것입니다. 그런데 요한은 우리를 만드신 예수님은 어떤 분이라 합니까?

그 안에 생명이 있었으니 이 생명은 사람들의 빛이라! 요1:4

이것은 놀라운 소식입니다. 우리가 펄쩍 뛰며 기뻐해야 할 소식입니다. 창조주 예수님은 우리에게 생명을 주시는 분이며 우리의 빛이라 합니다. 신학에 관념적으로 익숙해진 우리는 "예수님은 좋으신 분"이라는 것을 당연하게 여기기 쉽습니다. 그러나 만약 창조주가 인간을 장난감으로 취급한다면, 착하게 살려는 우리의 모든 수고가 헛되고 말 것입니다. 창조주가 우리를 지나칠 때마다 쥐어박고 볼 때마다 걷어찬다면, 아무리 열심히 살려고 수고하여도 우리는 불쌍할 뿐입니다. 그러므로 "창조주 예수님이 우리에게 생명 주시는 분, 빛이 되시는 분"이라는 사실이 얼마나 축복인지 그 무게를 깊이 인식하고 깨달아야 합니다. 이 예수님을 만난 자는 고백할 수 있습니다.

사랑합니다. 나의 예수님! 사랑합니다. 아주 많이요!
사랑합니다. 나의 예수님! 사랑합니다. 이것 뿐예요!

흑암과 죽음은 에덴동산의 타락 이후의 인간의 모습입니다. 질병, 아픔, 슬픔, 고난, 그리고 죽음, 이 모두가 흑암입니다. 예수님 밖의 인생은 어둠과 죽음, 혼돈과 공허 아래 있을 뿐입니다. 예수님은 사망에서 허덕이는 우리에게 생명 주시며 흑암에서 방황하는 우리에게 빛 되어주신다 하니 이 얼마나 반가운 소식입니까? 그래서 요한은 세상을 향하여 외치는 것입니다.

생명 없어 죽어가는 세상 사람들아! 생명을 받아야 삽니다.
내가 소개하는 생명이신 예수님을 만나십시오!
인생의 흑암에서 신음하는 인생들아! 빛을 받아야 삽니다.
내가 소개하는 빛이신 예수님을 만나십시오!

우리도 이 예수님을 만나야 삽니다. 깊이 아주 깊이 만나야 합니다. 생명이요 빛이신 예수님을 만나면 삽니다.

셋째, 요한은 예수님 안에 생명이 있다고 합니다. 요한복음 1장 4절과 9절입니다.

그 안에 생명이 있었으니 이 생명은 사람들의 빛이라. 4절

> 참 빛 곧 세상에 와서 각 사람에게 비치는 빛이 있었나니. 9절

　세상에는 죽음 가운데 존재하는 것이 있고, 생명 가운데 존재하는 것도 있습니다. 생명 있어야 할 것은 생명 있어야 존재하는 의미가 있습니다. 사람은 생명 가진 존재입니다. 생명은 사람이 가지고 싶다고 마음대로 가질 수 있는 것이 아닙니다. 요한은 예수님 안에 있는 생명에 대해서 증언을 이어갑니다.

　첫 번째로 생명이 예수님 안에 있다는 것은 예수님은 생명의 근원이라는 것을 의미합니다. 생명의 근원은 생명을 만든 분에게 있습니다. 사람의 생명은 생명의 근원이신 예수님으로부터 받는 것입니다.

　두 번째로 예수님의 생명은 사람들의 빛이라 한 것은 예수님은 생명의 힘이라는 것을 의미합니다. 태양빛이 땅 위의 생명을 이어가게 하는 힘을 제공하듯이 예수님이 주시는 생명은 사람을 살리는 권세라는 것을 의미합니다.

　세 번째로 예수님은 참 빛이라고 한 것은 예수님은 생명의 실체이심을 의미합니다. 거짓과 어둠이 없는 참 빛은 존재합니다. 거짓 빛을 따르면 생명을 얻지 못합니다. 참 빛은 어둠을 몰아냅니다. 참 빛은 생명의 길로 안내합니다. 참 빛은 생명을 전달합니다. 참 빛을 따르면 생명을 얻습니다. 참 빛은 어둠을 밝힙니다. 요한은 그 참 빛이 예수님이라 합니다.

2. 사랑으로 오신 분

생명은 생명을 만드신 분만이 줄 수 있습니다. 예수님은 생명을 만드신 분이시며 생명을 주시는 분이십니다. 세상에 참 빛이 비취었는데도 세상은 어떻게 반응하였다고 합니까?

> 그(참 빛)가 세상에 계셨으며 세상은 그로 말미암아 지은 바 되었으되 세상이 그를 알지 못하였고 자기 땅에 오매 자기 백성이 영접지 아니하였으나. 요1:10-11

빛이 비쳤는데도 왜 사람들이 알아보지 못합니까? 소경이 되면 아무리 강한 빛을 그 앞에 비추어도 깨닫지 못합니다. 왜 사람들은 세상을 만드시고 자신을 지으신 분이 오셨는데도 알아보지도 못하고 영접하지도 않습니까? 영이 죽어 영적 소경이 되었으니 자기를 만드신 분, 참 빛을 알아보지 못합니다. 예수님을 알아보지 못할 뿐만 아니라 자기들 마음에 들지 않는다고 미워하여 예수님을 십자가에 못 박아 죽이기까지 하였습니다.

그런데도 예수님은 세상에 오셨습니다. 그러면 예수님은 세상에 오실 때에 그런 일을 당할 줄을 모르고 세상에 오셨습니까? 자신의 운명도 책임지지 못하는 하나님이라면 우리가 어떻게 믿을 수가 있겠습니까? 예수님은 다 아시면서도 오셨습니다. 세상이 자신을 알아보지도 못하며 영접하지도 않을 것이며 자신을 십자가에 못 박을 것까지도 다 아시면서 오셨습니다.

왜 그러셨습니까? 왜 이런 대접을 받을 줄 아시면서 세상에 오셨습니까? 이유는 인간을 살리려고 오셨습니다. 영이 죽어 생명 없는 인간을 살려주시려고 천하고 추한 세상에 오신 것입니다.

미국에서 살다가 잠시 한국에서 살 때였습니다. 둘째 아이를 초등학교 5학년에 다니게 하였습니다. 미국에서 태어나고 미국에서 자라서 한국말도 제대로 못 하였던 터라 많이 고생하는 모습에 마음 아파할 때였습니다. 하루는 아이가 학교를 마치고 집에 오는 길에 엄마가 주는 용돈을 모아서 메추라기 새끼 한 마리를 사서 집으로 돌아왔습니다. 예쁘기도 하고 안쓰럽기도 하여 상자로 집을 만들고 담요를 잘라서 둥지도 만들고 먹이와 물도 넣어주었습니다. 귀엽게 삐악삐악 소리를 내며 상자 속을 돌아다니는 모습에 모든 식구가 즐거워했습니다. 그런데 이상한 것을 느꼈습니다. 메추라기 새끼가 살려면 물도 마시고 먹이도 먹어야 할 텐데 전혀 먹지도 않고 마시지도 않고 하늘만 쳐다보고 삐악 거리며 상자 속을 돌아다니는 것입니다. 먹이를 먹여도 보고 물을 입에 갖다 주기도 하였으나 소용없었습니다. 밤이 늦어서 아이들을 잠자리로 들여보내고 나서 삐악 거리며 상자 안을 돌아다니는 메추라기 새끼를 혼자서 내려다보며 아이가 슬퍼할 것을 생각하니 어떻게 하든지 살려주고 싶었습니다. 여기저기 전화를 걸어 보았더니 어느 형제가 둘려주었습니다.

"목사님, 그것은 사면 안 됩니다. 건강한 것들은 기르고 학교 앞에서는 병들어 죽을 것들만 골라서 내다 팝니다."

그 형제의 이야기를 듣고 나서 어린아이들의 마음을 도둑질하는 어른들이라는 생각이 들어 가슴이 아팠습니다. 이제는 죽어가는 메추라기 새끼를 내려다보며 문득 이런 생각이 들었습니다.

'만약 내가 메추라기 어미가 될 수 있다면 메추라기 새끼의 문제가 무엇인지, 먹고 마시게 할 수도 있지 않을까?'

그러다가 '정말 내가 메추라기 어미가 될 수 있으면 메추라기 어미가 될까?' 질문해 보았습니다. 결론은 금방 내렸습니다. '돌았지, 내가 왜 메추라기 어미가 돼?'

첫째 이유는 나는 메추라기 어미가 되어줄 만큼 메추라기 새끼를 사랑하지 않으며, 둘째 이유는 메추라기 어미가 된다고 한들 병든 새끼를 살려낼 능력도 없으며, 셋째 이유는 인간이기를 포기하고 메추라기 어미가 되었다가 메추라기로 죽을 정도로 희생하고 싶은 마음이 없기 때문입니다.

그러면서 예수님을 생각해 보았습니다.

첫째, 예수님은 천한 인간을 위해 사람이 되어 주셨습니다.

둘째, 예수님은 생명 없는 인간을 살리는 능력이 있으셨습니다.

셋째, 예수님은 인간을 살려주시려고 인간이 되어 오시고 인간을 위해 죽어주실 만큼 인간을 사랑하셨습니다.

나 같은 것을 위해 참 빛을 주시려고 창조주께서 세상에 오시었다니 이해할 수 없는 희생입니다. 나 같은 것을 위해 참 생명을 주시려고 창조주께서 사랑을 베푸시다니 이해할 수 없는 은혜입니다. 나 같은 것을 하나님의 자녀로 만들어 주시려고 창조주께서 죽임을 당하시다니 이해할 수 없는 사랑입니다.

예수님의 희생에서 빛을 찾으며,
예수님의 은혜에 내가 녹으며,
예수님의 사랑에 내 가슴 젖어 사는 것이
나의 참 생명이 되었습니다.

3. 은혜와 진리가 충만하신 예수님 요1:14

말씀이 육신이 되어 우리 가운데 거하시매 우리가 그 영광을 보니 아버지의 독생자의 영광이요 은혜와 진리가 충만하더라. 요1:14

요한복음을 기록한 사도 요한은 이 구절에서 가장 중요하게 여겨서 강조하려고 한 단어들은 무엇일까 생각해 보아야 합니다. 이 구절의 한 단어 한 어절마다 중요한 의미들이 포함되어 있지만, 그중에서 특별히 강조하려고 한 단어들이 있습니다.

말씀이 육신이 되어 우리 가운데 거하셨다는 것은, 하나님의 아들이신 분이 인간이 되셨다는, 성자의 성육신을 의미하는 중요한 내용입니다. 그러나 예수님이 우리를 정죄하고 심판하려고 인간이 되어 우리 가운데 계신다면 말씀이 육신이 된 것이 우리에게는 축복이 되지 못합니다. 또한, 예수님이 하나님의 영광을 보여주신다고 해도 우리를 비판과 책망으로 대하시면 성육신은 우리에게 복음이 아닙니다. 그러나 요한은 성육신하신 예수님은 "은혜와 진리가 충만하시다"라고 외칩니다. 14절에서 가장 중요한 내용은 바로 예수님은 "은혜와 진리로 충만하더라"라는 것입니다. 성육신 하신 하나님이 우리를 은혜와 진리로 대해 주신다는 것입니다.

첫째, 예수님은 은혜로 충만하시다 합니다. "은혜로 충만하다"라는 것은 100%가 은혜라는 뜻입니다. 만약 어떤 사람이 우리에게 99% 선하게 대한다면 이 사람은 우리에게 대단히 좋은 분입니다. 그러면 하나님이 우리를 99% 선하게 대해 주시면 우리는 안심할 수 있을까요? 그렇지 못합니다. 99% 선하심 보다 1%의 선하지 아니하심이 우리에게는 큰 문제가 될 것입니다. 99일을 잘 대해주시다가도 100일째 하나님이 "나는 더는 널 사랑하지 않기로 했다"라며 마음을 바꾸어 버리시면 99일의 축복이 아무 소용이 없습니다. 그러나 예수님은 은혜가 충만하시다 합니다. 하나님이신 예수님, 창조주이신 예수님, 독생자의 영광을 가지신 예수님은 우리를 100% 은혜로 대해주신다고 선언합니다. 은혜가 충만하신 예수님이기 때문에 아무리 큰 죄인도 예수님께 나오면 생명을 얻습니다.

둘째, 예수님은 진리로 충만하시다 합니다. "진리가 충만하다"라는 것은 100%가 진리라는 뜻입니다. 만약 어떤 사람이 우리에게 매일 백만 원짜리 수표를 아무 조건 없이 끊어준다면 그분은 말할 수 없이 좋은 분이겠지요. 그런데 문제가 있을 수 있습니다. 이분이 발행하는 수표가 가짜이면 무슨 소용이 있겠습니까? 마찬가지로 예수님이 우리를 100% 선하게 대해주셔도 그 은혜가 전부 가짜라면 무슨 소용이 있겠습니까? 그러나 요한은 예수님은 진리가 충만하다고 합니다. 하나님이신 예수님, 창조주이신 예수님, 독생자의 영광을 가지신 예수님은 우리를 100% 진리로 대해주신다 합니다. 예수님은 진리로 충만하다는 것은 예수님은 영원히 믿을 수 있는 분이라는 것을 의미합니다.

은혜와 진리는 같이 가야 합니다. 예수님은 은혜와 진리가 충만하다는 것은 예수님이 베푸시는 모든 은혜는 진짜라는 것인 동시에 예수님이 행하시는 모든 진리는 은혜라는 것을 의미합니다. 이러므로 하나님의 아들이 인간이 되어 세상으로 오신 것은 우리에게는 굉장한 축복이요 복음이 되었습니다.

그러면 요한은 예수님이 이러하신 분인 것을 어떻게 알았을까요? 연구해서 알았을까요? 신학 공부를 해서 알았을까요? 요한은 예수님과 함께 살아보고 알게 되었습니다. 삼 년 동안 살아보면서 직접 체험하였습니다.

사람이 아주 좋아서 모든 사람의 칭찬을 받는 분이 있었습니다. 한번은 여러 가정이 모여 식사를 하면서 부인들끼리 하는 이야기였습니다. 어느 자매가 그분의 부인에게 말했습니다.

"OO엄마는 좋겠다." "왜요?"

"아니 저렇게 좋은 남편과 사는 데 얼마나 좋을까?"

그 말에 그분 부인의 대답이 재미있었습니다.

"치, 자기도 한 번 살아 보라지!"

아무리 좋은 사람도 살아보면 문제가 생깁니다. 그런데 요한과 제자들은 예수님과 매일 24시간, 일주일에 7일이라는 세월을, 3년 동안 함께 먹고 자며 살았습니다. 이 3년이 긴 시간일까요? 짧은 시간일까요? 대학교를 졸업하려고 해도 4년은 보내야 하는 데 삼 년은 짧은 시간이라고 생각하기 쉽습니다. 계산해보겠습니다.

우리는 하루에 몇 시간이나 예수님과 보낼까요? 이 질문을 어느 분에게 했더니 "24시간"이라고 했습니다. "어떻게 형제는 24시간을 예수님과 보낼 수 있습니까?" 물었더니 "예수님은 24시간 우리와 함께 하시잖아요." 그것은 예수님이 우리와 함께 보내주시는 시간이지 우리가 예수님과 보내는 시간이 아닙니다. 하루는 24시간입니다. 잠자는 시간 8시간을 빼면 16시간이 남습니다. 만약 우리가 제자들이 예수님과 함께 보낸 깊이로 하루 2시간을 예수님과 함께 보낸다면 제자들의 하루를 채우려면 우리는 8일을 보내야 합니다. 제자들은 예수님과 3년을 살았습니다. 우리가 하루도 빠짐없이 매일 2시간을 온전히 예수님과 보낸다면, 제자들의 3년을 채우려면 우리는 24년을 보내야 합니다. 제자들이 예수님과 보낸 3년은 그렇게 긴 세월이었습니다. 예수님도 요한복음 14장 9절에서 제자들과 보낸 3년은 긴 시간이라고 하셨습니다.

요한은 3년이라는 긴 시간을 예수님과 함께 살면서 예수님이 어떤 분인지를 직접 체험하였습니다. 그리고 예수님은 은혜와 진리로 충만하신 분이라 합니다. 요한복음 1장 16절에서 거듭 강조합니다.

우리가 다 그의 충만한 데서 받으니 은혜 위에 은혜로다

은혜 위에 은혜라는 것은 예수님으로부터 받은 것은 전부 은혜였

고, 다시 받는 것도 전부 은혜이며, 또 받을 것도 전부 은혜라는 뜻입니다. 요한은 이 예수님의 은혜에 녹아 예수님의 제자가 되었습니다. 예수님의 사랑에 젖어 생명을 누렸습니다. 예수님의 심장을 채우고 일생을 주님께 드린 멋진 삶을 살았습니다. 그리고 세상을 향하여 이렇게 외치는 것 같습니다.

> 우리가 예수님으로부터 받은 것이 전부 은혜였습니다. 받은 것이 은혜였고, 또 받아보니 그것도 은혜이며, 또 받을 것도 은혜입니다. 예수님이 주시는 것은 전부 은혜입니다. 그리고 예수님이 주신 모든 은혜는 전부 진짜였습니다. 진짜 아닌 것은 하나도 없었습니다. 은혜가 진리가 충만하신 예수님! 이 예수님을 만나야 삽니다.

요한복음은 이후 2장에서 21장까지는 예수님이 어떻게 은혜와 진리로 충만하신 분이신지를 예수님이 행하신 일들을 통하여 전해 줍니다.

은혜와 진리가 충만하신 예수님!

우리는 날마다 예수님의 은혜로 삽니다. 은혜와 진리로 나 같은 자를 대해 주시는 예수님께 무한 감사를 드립니다.

2. 은혜와 진리가 충만하신 예수님 (요8:1-11)

요한은 은혜와 진리가 충만하신 예수님을 만나 뵙고 하나님의 영광을 보았다고 증거합니다. 요한복음 8장에서 한 여인을 구원하여 주시는 사건에서 예수님은 어떻게 은혜와 진리가 충만하신 분이신지 살펴보겠습니다.

1. 바리새인들의 하나님

아침에 다시 성전으로 들어오시니 백성이 다 나아오는지라 앉으사 저희를 가르치시더니 서기관들과 바리새인들이 간음 중에 잡힌 여자를 끌고 와서 가운데 세우고 예수께 말하되 선생이여 이 여자가 간음하다가 현장에서 잡혔나이다. 모세는 율법에 이러한 여자를 돌로 치라 명하였거니와 선생은 어떻게 말하겠나이까? 요8:2-5

이 구절에서 서기관들과 바리새인들의 행위로 보면 '그들이 믿는 하나님은 어떤 분이실까?' 라고 질문해 보아야 합니다. 이들의 행위를 볼 때 하나님은 심판하고 정죄하는 하나님, 무서운 하나님으로 비칩니다. 만약 하나님이 인간들이 죄를 지을 때마다 심판하시고 정죄하신다면 우리에게는 뼈 한 조각도 남아있지 않을 것입니다. 눈으로 보지 말아야 할 것을 보고 즐길 때 하나님이 "너는 내가 만들어 준 눈으로 무엇하느냐? 눈 가질 자격 없다"라며 눈을 빼 버리고, 손으로 하지 말아야 할 짓을 하며 즐길 때 하나님이 "너는 내가 만들어 준 귀한 손으로 무엇을 만지느냐? 손 가질 자격 없다"라며 손을 잘라 버리고, 발도 혀도 죄를 범할 때마다 잘라 버리면 우리는 벌써 망해야 할 자들입니다. 사업이 망할까 봐 십일조를 한다거나 주일 예배를 드리지 않고 다른 곳을 가면 차 사고가 나던지, 아이 다리가 부러지던지 사고가 날까 두려워한다면 하나님을 바로 알지 못한다 할 수 있을 것입니다.

만약 하나님께서 우리를 죄지을 때마다 정죄하신다면 우리는 하나님 앞에 설 자리가 전혀 없습니다. 행위대로 우리를 벌하시는 하나님이시라면 우리는 벌써 망했을 사람들입니다. 예수님께서 망해버린 한 여인을 구해주시는 사건을 통해서 은혜와 진리로 충만하신 예수님이 어떻게 우리에게 생명이 되어 주시는지 알아보겠습니다.

2. 바리새인들의 관심

서기관들과 바리새인들이 음행 중에 잡힌 여자를 끌고 와서 가운데 세우고 예수께 말하되 선생이여 이 여자가 간음하다가 현장에서 잡혔나이다. 모세는 율법에 이러한 여자를 돌로 치라 명하였거니와 선생은 어떻게 말하겠나이까? 요8:3-5

간음의 현장에서 붙잡힌 여인을 예수님에게 끌고 왔던 서기관들과 바리새인들의 관심은 무엇이었습니까?

이들이 이렇게 말함은 고발할 조건을 얻고자 하여 예수를 시험함

> 이러라 예수께서 몸을 굽히사 손가락으로 땅에 쓰시니 요8:6

그들의 저의는 예수님을 함정에 빠뜨려서 제거하려는 것입니다. 당시 로마제국의 속국으로 있었던 유대는 로마법을 따라야 합니다. 로마법에 의하면 사형 집행은 유대 총독만이 할 수 있었습니다. 그러므로 만약 예수님이 이 여인에게 돌을 던지라 하면 이들은 돌을 던져서 여인을 죽이고 그 시체를 빌라도 총독에게 가지고 가서 보고했을 것입니다.

"우리가 이 여인에게 사형을 집행했습니다"

"누구의 명령으로 사형을 집행했느냐?"

"저 나사렛 예수라는 자가 돌 던지라고 해서 죽였습니다."

그러면 예수님은 로마법에 따라 살인과 법을 어기는 큰 죄인이 되어 끌려갈 것입니다.

만약 예수님께서 돌 던지지 말라 하면 하나님의 법을 어기므로 유대법에 따라 예수님을 출교시킬 이유가 됩니다. 당시에는 출교를 당하면 유대 땅에서 발붙이고 살기가 곤란해집니다. 가르치는 것은 더욱 불가능합니다. 그러므로 이들은 예수님이 어떻게 대답하든지 예수님을 제거할 수 있는 함정을 준비한 것입니다. 이들은 예수님을 제거할 목적으로 간음의 현장에서 이 여인을 끌고 온 것입니다. 이들은 이 여인의 구원에 대해서는 조금의 관심도 없습니다. 이 여인을 그들의 종교적 야욕을 이루기 위한 도구로만 삼은 것입니다. 아무도 이 여인에게 관심을 두지 않습니다.

이 사건의 메시지를 바로 들으려면 아무도 관심을 두지 않는 이 여인에게 눈을 돌려야 합니다. 만약 이 여인이 바리새인의 딸이었다면 이 여인을 어떻게 대했을까요? 이렇게 끌고 오지 않았을 것입니다. 가로막아 서서 날 대신 죽이라고 하든지, 아니면 함께 죽자며 품에 안 든지 할 것입니다. 그러나 성경을 가르치며 백성에게 살 길로 인도해야 할 이들의 심장에는 여인을 불쌍하게 여길 공간은 없었습니다.

3. 죄가 노출된 죄인

이 현장에서 간음의 현장에서 끌려온 이 여인은 어떤 여인입니까? 단순하게 죄인이라 하지 못합니다. 어제까지만 해도 이 여인은 다른 사람과 같이 지냈습니다. 이웃 사람들과 인사도 나누었습니다. 그러나 이 날은 달랐습니다. 죄가 드러났기 때문입니다. 이 여인의 심정이 어떠했을까요? 얼마나 비참하였을까요? 얼마나 수치스러웠을까요? 얼마나 후회스러웠을까요? 더는 낮아질 수 없는 바닥으로 팽개쳐졌습니다. 이 이상 어두울 수 없습니다. 소망의 빛이 보이지 않는 깊은 암흑의 나락에 떨어져 버렸습니다. 더는 소망이 없습니다.

이 여인의 정체는 누구입니까? 이 여인은 죄가 드러난 죄인입니다. 만약 이 여인을 향하여 "더러운 여자!"라고 한다면 "당신은 숨겨 놓은 죄 없습니까?" 라고 묻고 싶습니다. 깊이 숨겨 놓은 죄악들, 생각조차 하고 싶지 않은 죄악의 흔적들이 있지 않습니까? 우리의 죄를 사람에게서는 숨길 수 있어도 하나님으로부터는 숨길 수 없습니다. 하나님 앞에 설 때에 숨겨놓은 모든 죄악이 다 드러날 것입니다. 이 여인의 모습은 하나님 앞에 설 때에 우리 모두의 모습입니다. 우리 안에 있는 이 여인의 모습을 어떻게 해야 합니까?

은혜를 깨닫는 길은 이 여인의 자리에 있는 나를 볼 때입니다. 내 안에 있는 추한 여인의 모습이 보일 때입니다. 이 여인 안에 있는 나의 추한 모습이 보일 때입니다. 우리 자신 안에 있는 죄를 보지 못한다면 우리는 우리를 바로 알지 못합니다.

본회퍼는 "만약 내 죄가 내게 다른 사람의 죄보다 적게 보이거나 덜 혐오스럽게 보인다면 나는 여전히 나 자신의 죄를 전혀 인식하지 못하는 것이다"라고 했습니다.

"오호라 나는 곤고한 사람이로다. 이 사망의 몸에서 누가 나를 건져내랴!" 롬7:24

바울의 절규에 내 영혼이 통곡한 적이 있습니까?

4. 예수님의 은혜에 녹아 사는 사람

간음의 현장에서 끌려온 여인! 그 여인을 예수님과 군중 앞에 세운 바리새인들! 어떻게 될 것인지 구경하며 둘러선 군중! 이들의 질문에 대답도 없이 몸을 구부려 손가락으로 무엇인가 땅에 쓰시고 계신 예수님! 바리새인들의 목적은 이 여인을 이용하여 자신들을 불편하게 하던 청년 예수를 영원히 제거하는 것입니다. 저들은 목적을 달성한 듯이 거세게 예수님을 몰아붙입니다.

> 저희가 묻기를 마지아니하는지라 요8:7

"묻기를 마지아니하였다"는 것은 진행형으로 계속 다그쳐 물었다는 뜻입니다. 이들은 사악한 미소를 주고받으며 눈으로 말하였을 것입니다. "오늘로 이 친구는 끝났어!!" 그리고는 예수님을 몰아붙이고 있습니다. 이때 예수님은 일어나셔서 말씀하십니다.

> 너희 중에 죄 없는 자가 먼저 돌로 치라 하시고

이 말씀은 무슨 뜻일까요? "너희는 죄 없냐?" "돌 던질 자격 있는 사람 나와 봐?" "죄 없는 자 있으면 돌 던져!"라는 뜻일까요?" 우리말은 단수와 복수가 분명하지 않을 때가 잦습니다. "야 저기 사람 많네!"라고 할 때 사람은 단수지만 복수를 의미하듯이 분명하지 않을 때가 있습니다. 그러나 이 구절에서 헬라어로 "너희"는 복수이고 "죄 없는 자"는 단수입니다. 단수는 한 사람을 의미합니다. 예수님의 말씀은 군중에게 단체로 말씀하신 것이 아닙니다. 예수님은 너희 중에 죄 없는 한 사람을 찾으라고 하십니다. 예수님의 말씀에 한 사람 한 사람 각자가 대답해야 하는 말씀입니다. "너희 중에 죄 없는 자가 먼저 돌로 치라" 하신 예수님의 말씀을 풀어서 표현한다면 이런 의미가 될 것입니다.

> 돌 맞을 죄를 범했으니 돌 맞아야지. 그러나 오늘은 내가 순서를 정한다. 너희 중에 죄 없는 자, 한 사람, 그 한 사람을 찾아라. 그 한

사람이 먼저 돌 던지면 너희(죄 있든지 없든지 상관없이)도 돌 던져라. 먼저 돌 던질 죄 없는 자 그 한 사람 찾아라!"

이 예수님의 말씀에 한 사람 한 사람이 대답해야 합니다. 어쩌면 예수님은 이 말씀을 하시고 자기를 가장 모질게 몰아치는 그 사람을 바라보시며 이런 눈빛으로 바라보셨을 것입니다.

네가 죄 없어서 먼저 돌 던질 그 한 사람이냐?

머리를 가로 저으며 말했을 것입니다.

저요? 저는 아닙니다. 제 옆에 있는 이 친구에게 물어보십시오.

어떻게 이런 해석이 가능합니까? 예수님의 말씀을 들은 사람들의 반응이 말해 줍니다. 9절입니다.

저희가 이 말씀을 듣고 양심의 가책을 받아 어른으로 시작하여 젊은이까지 하나씩 하나씩 나가고 오직 예수와 가운데 섰던 여자만 남았더라

이 말씀에서 두 가지 인상 깊은 현상을 볼 수 있습니다.
첫째, 예수님의 말씀에 양심의 가책을 받고 하나씩 하나씩 떠나갔습니다. 예수님은 가장 모질게 자신을 스스로 다그쳤던 자를 "네가

먼저 돌 던질? 그 사람이겠느냐?"라는 눈빛으로 바라보셨을 때 그는 고개를 저으며 "나는 먼저 돌 던질 자가 되지 못합니다. 옆 사람에게 물어보시지요"라며 돌을 놓고 떠나갔을 것입니다. 그 옆 사람도 머리를 숙이며 "다음 사람에게 물어보시지요"라며 돌을 놓고 부끄러워서 고개를 숙인 채 떠났을 것입니다. 그렇게 한 사람씩 한 사람씩 현장을 떠나갔습니다.

둘째, 어른부터 떠났습니다. 우리나라 관습으로는 장가만 가면 어른이라 부릅니다. 본문에서 어른은 그런 관념으로 어른이라는 뜻이 아닙니다. 나이 많은 사람부터 떠났다는 의미입니다. 왜 나이 많은 사람부터 먼저 떠났을까요? 답은 간단합니다. 사람은 오래 살수록 죄를 많이 쌓는 것입니다. 오래 산 사람이 죄 많은 사람입니다. 왜냐하면, 사람이 한 번 지은 죄는 지울 수가 없기 때문입니다. 벌금이나 감옥에 들어갔다고 나와도 지은 죄는 하나님 앞에 그대로 남아 있습니다. 아무리 선한 일을 많이 하여도 지은 죄를 지을 수 없다는 것이 인간의 또 하나의 비극입니다.

누가 제일 먼저 떠났을까? 어쩌면 며칠 전에 이 여인과 잠자리를 같이했던 사람일 수 있습니다. 그래서 돌을 놓고 통곡하며 그 자리를 떠나갔을 것입니다. 아니면 이 여인보다 더 무서운 죄를 숨기고 살며 괴로워하다가 예수님의 말씀에 양심의 가책을 받은 자일 수도 있을 것입니다. 당신이 그 자리에 있었다면 어떻게 하시겠습니까? 먼저 돌을 던질 그 한 사람이겠습니까? 당신도 돌을 놓아야 할 사람 중의 한 사람입니까?

아! 나도 그들 중의 하나일 뿐이구나!
이 여인의 모습이 내 안에도 있구나!

이런 고백이 통곡이 되어 예수님의 말씀 앞에 심령에서부터 쏟아져 흐를 때에 은혜와 진리가 충만하신 예수님의 절대적 필요를 인식하게 될 것입니다. 어거스틴은 "천사들을 마귀로 만드는 것이 교만이며 인간을 천사로 만드는 것이 겸손이다"라고 했습니다. 나의 교만과 의롭게 여김이 나로 하여금 나도 그들 중의 하나라는 고백을 하지 못하게 한다면 주님을 만나지 못합니다.

오, 주님! 나도 그들 중 하나 일 뿐입니다. 나는 어떻게 해야 합니까? 라는 자기 인식을 고백하게 될 때에 비로소 은혜의 공간이 열리기 시작합니다.

예수께서 일어나사 여자 외에 아무도 없는 것을 보시고 이르시되 여자여 너를 고소하던 그들이 어디 있느냐 너를 정죄한 자가 없느냐? 대답하되 없나이다. 가라사대 나도 너를 정죄하지 아니하노니 가서 다시는 죄를 범치 말라 하시니라. 요8:10

"너희 중에 죄 없는 자가 먼저 돌로 치라" 하신 예수님의 말씀에 간음의 현장에서 끌려온 여인을 이용하여 예수님을 제거하려고 했던 바리새인들도 떠나고 군중도 다 떠나갔습니다. 오직 여인과 예수님만 남았습니다. 여인에게 예수님은 "여자여 너를 고소하던 그들이 어디 있느냐? 너를 정죄한 자가 없느냐?" 질문하셨을 때 여인은 "없나이다!" 하였습니다. 과연 이 현장에 여인을 정죄할 자가 없었습니까? 두 사람이 있었습니다.

첫째는 여인 자신입니다. "아 나는 벌 받아야 할 죄인이야. 살 자격이 없는 자야! 나는 죽어야 해"라며 자신을 스스로 정죄할 수 있을 것입니다. 그러나 인간이 아무리 스스로 죄를 인정하고 울부짖으며 자신을 정죄하여도 죄 문제를 해결하지 못합니다. 이것이 인간의 비극입니다. 인간의 비극은 우리가 아무리 죄를 인정하고 후회하며 자신을 정죄하여도 죄의 문제를 해결하지 못한다는 사실입니다.

둘째는 예수님이십니다. 예수님은 여인을 영원히 정죄할 수 있는 권세를 가진 심판주이십니다. 그 예수님은 이 여인을 어떻게 대하셨습니까? "나도 너를 정죄하지 아니하노니 가서 다시는 죄를 범치 말라!" 예수님이 정죄하지 않으시겠다고 하신 것은 죄 용서를 의미합니다. 심판주이신 예수님께서 이 여인을 정죄하지 않는다고 하신 것은 영원한 용서를 의미합니다. 예수님의 심판은 최종판결입니다. 예수님의 판결은 누구도 번복 못 합니다. 예수님이 용서하신 자를 아무도 정죄하지 못합니다. 여인은 예수님의 말씀으로 영원히 죄 용서함을 받은 자가 되었습니다.

이때 여인의 심정은 어떠했을까요? 얼마나 놀랐을까요? 얼마나 감사했을까요? 얼마나 기뻤을까요? 예수님의 은혜에 녹는 순간입니다. 예수님의 은혜에 옛 사람이 녹는 순간, 새 생명이 살아나는 순간입니다. 예수님의 은혜에 녹아 사는, 예수님의 사람으로 첫 걸음을 시작하는 것입니다.

어느 전도자가 길거리에서 전도했더니 거지가 다가와 말합니다.

"당신 성경책을 나에게 줄 수 있겠소?"

전도자는 성경책으로 무엇 할 것인가 라고 물었습니다. 그 사람은 대답합니다.

"성경책 종이는 얇아서 담배 말아 피기에 좋소."

어이없어하던 전도자는 순간적인 지혜의 감동으로 말했습니다.

"담배 말아 피기 전에 찢은 성경책 종이를 반드시 읽겠다고 약속하면 드리겠습니다."

약속을 받고 전도자는 성경책을 주었습니다. 후일 전도자는 같은 거리에서 다시 전도하고 있었는데 말끔하게 차려입은 신사가 다가와서 자신을 기억하느냐고 물었습니다. 전도자는 처음 뵙는 분이라 하였더니 신사는 말했습니다.

"바로 이 자리에서 당신의 성경책을 내게 주었소."

전도자는 그 일을 기억하고 물었습니다.

"그때 그 거지가 선생님이었다니 어떻게 된 일이오?"

"나는 당신이 준 성경책으로 마태를 태웠고 마가도 태웠소. 누가도 태웠더니 나중에는 요한이 나를 태웠습니다."

그도 요한이 증거 한 예수님의 은혜에 녹아 새 사람이 되었습니다.

예수님의 은혜에 녹아야 합니다. 예수님의 은혜는 죄에 매인 어둠의 옛 사람을 녹게 하고 예수님의 빛 안에서 새 사람 되게 합니다. 예수님께서 여인에게

"가서 다시는 죄를 범치 말라!" 하신 것은

"다시 죄지으면 용서 없다!"라는 뜻이 아닙니다.

"내 딸아! 깨끗한 새 인생을 네게 주었으니 다시 시작해 보자!" 하신 것입니다. 예수님은 우리에게 몇 번이나 새롭게 시작하게 하실까요? 하루에 일곱 번 용서하면 되느냐고 묻는 베드로에게 일흔 번씩 일곱 번이라도 용서하라 하신 예수님은 우리에게 하루에 일흔 번씩 일곱 번이라도 기회를 주십니다. 우리 계산기로 두드리면 70 곱하기 7을 하면 490번이 나오지만, 예수님의 계산기로는 70 곱하기 7을 하면 무한대가 나옵니다. 끊임없이 새로운 기회를 주시는 예수님의 은혜에 녹아야 합니다.

예수님의 용서의 말씀을 듣고 여인은 어떻게 반응하였을까요? 이에 대해 성경은 침묵하고 있습니다. 그러나 성경의 침묵은 침묵이 아닙니다. 만약 누가 "이 여인은 예수님의 말씀에 어떻게 반응하였을까요?"라고 묻는다면 "만약 당신이 이 여인이었다면 어떻게 하겠느냐?"라며 우리에게 메아리처럼 되돌아오는 질문입니다. 예수님의 은혜 앞에서 당신은 어떻게 하시겠습니까? 예수님의 은혜에 녹아 사는 사람은 진정 복 있는 자입니다.

4. 세 종류의 죄인들

모든 사람이 떠났습니다. 여인을 끌고 왔던 바리새인들도 떠났습니다. 그리고 예수님은 여인을 용서해 주셨습니다. 세상의 혼돈과 긴장이 예수님의 말씀으로 고요해졌습니다. 새 소망의 빛이 비취며 새 생명의 힘이 운동하기 시작합니다.

이 장면에서 예수님 앞에 세 종류의 죄인들이 있습니다. 김동명 목사는 세 종류의 죄인들을 다음과 같이 정리하였습니다.

첫째는 죄가 드러난 죄인입니다. 간음의 현장에서 끌려온 여인을 의미합니다. 만천하 앞에서 추한 죄가 다 드러난 죄인입니다. 죄가 감추어졌을 때는 아무 일 없는 것처럼 지내다가 죄가 드러나면 여인처럼 절망과 어둠에 내동댕이쳐지는 인간의 모습입니다.

둘째는 가면 쓴 죄인들입니다. 바리새인들입니다. 자기 의의 가면을 쓴 죄인들입니다. 여인보다 더 무서운 죄를 의의 가면 뒤에 감추고 다른 사람을 판단하고 정죄하는 죄인들입니다. 자신들은 죄 없는 줄 착각하는 종교지도자들의 위선 된 모습일 수도 있습니다. 인간이 인간을 도구로 삼는 죄인들이었습니다. 그러나 의의 가면 뒤에는 추악한 죄의 모습들을 숨기는 가면 쓴 죄인의 모습입니다.

셋째는 숨은 죄인들입니다. 군중 속에 숨어 있는 비겁한 죄인들입니다. 여인을 둘러선 군중입니다. 자신은 죄의 문제는 상관이 없는 듯이 군중 속에 숨어 있는 죄인들입니다. 마치 예배드릴 때는 회중 속에 섞여서 아무 일 없는 듯 찬양도 부르고 할렐루야도 외치며 아멘도 외치다가 소리 없이 군중의 물결 속에 섞여서 숨어버리는 숨은 죄인들입니다.

예수님 앞에서 죄인 아닌 자 없습니다. 이것은 인류의 절망적 모습입니다. 가장 의로운 자도 죄인 아니지 못합니다. **당신은 어느 종류의 죄인입니까?** 드러난 죄인입니까? 가면 쓴 죄인입니까? 숨은 죄인입니까? 슬픈 사실은 우리 속에는 이 세 종류의 죄인들의 모습들이 다 도사리고 있다는 것입니다. 멀쩡하다가도 죄가 드러나면 여인처럼 절망으로 침몰해가는 모습이 우리 속에도 있습니다. 죄 없는 듯 의로움의 가면 뒤로 자신의 추함은 가린 체 다른 사람을 죄인이라고 사정없이 몰아대는 가면 쓴 바리새인도 우리 안에 있습니다. 비겁하게 대중 속에 숨어서 죄와는 상관없는 것처럼 숨은 군중도 내 안에 도사리고 있습니다.

우리 안에 도사린 죄의 문제를 어떻게 해야 합니까? 돌을 놓고 가슴을 치며 살 수 있습니다. 말없이 눈물을 감추며 살 수도 있었을 것입니다. 지은 죄의 무게 때문에 머리를 떨어뜨린 채로 애통하며 살아갈 수도 있습니다. 우리의 죄 문제는 어떻게 해야 합니까?

5. 예수님의 은혜를 입는 자

본문요8:1-11에서 "누가 은혜를 입었습니까?"라고 물었더니 어떤 분은 모두 은혜를 입었다고 합니다. 어떻게 그런가 물었더니 "모든 사람이 죄를 깨달았으니 모든 사람이 은혜를 받은 것 아닙니까?"라고 하였습니다. 과연 그렇습니까? 본문에서 은혜 입은 사람은 죽음의 골짜기로 끌려왔던 여인 한 사람뿐이었습니다. 다른 이들은 은혜의 문턱에서 돌아서서 떠나 가버렸습니다. 그들은 죄를 깨닫기도 하고 인정도 하였지만 가버렸습니다. 은혜의 문턱까지 왔다가 돌아서 버린 사람들입니다. 감동도 받았으나 아무 일 없었던 것처럼 가 버리는 사람과 같습니다. 예수님을 배웠지만 아무 결단 없이 삶의 현장 속으로 파묻혀버리는 사람과 같습니다.

이 여인은 어떻게 하여 은혜를 입었습니까? 죄가 드러났기 때문이라고 합니다. 죄가 드러나기만 하면 은혜를 받을까요? 다른 사람들도 죄인 됨을 인정하지 않았던가요? 죄가 드러난 것만으로는 은혜 받지 못합니다. 그러면 이 여인은 어떻게 은혜를 입었습니까? 한 가지 이유밖에 없습니다.

예수님 앞에 남아있었기 때문입니다.

사람들이 떠나갈 때 이 여인도 도망쳐버렸을 수 있었습니다. 그러나 여인은 예수님 앞에 끝까지 남아있었기 때문에 은혜를 입었습니다. 예수님 아니면 자신의 죄의 문제를 해결할 길이 없는 것, 그리고 예수님만이 자신의 무서운 죄 문제를 해결해 주실 수 있는 분인 줄 알고 남들처럼 떠나가지 않고 예수님 앞에 남아 있는 것은 믿음입니다. 그렇습니다. 예수님 앞에 남는 자가 은혜를 입습니다. 나머지가 아닙니다. 남는 자입니다. 예수님 앞에 남아 엎드리는 자는 누구든지 예수님의 은혜를 입습니다.

"이 여인이 지은 죄는 어떻게 됩니까?" 예수님에게 묻는다면 주님은 이렇게 대답하실 것입니다.

"나는 그의 죄를 대신 지고 십자가에서 죽어주었다."

예수님은 은혜가 충만하셔서 어떤 죄인도 예수님 앞에 남아 엎드리면 죄 용서함의 은혜를 입습니다. 또한, 진리가 충만하신 예수님이 선포하시는 죄용서도 진리가 되어서 영원한 생명을 주는 효력을 가집니다. 만약 예수님과 여인을 거칠게 몰아치던 바리새인도 예수님 앞에 남아서 이렇게 간구하였다면 그도 은혜를 입었을 것입니다.

"예수님 내 죄는 어떻게 합니까? 나를 도와주십시오."

만약 군중도 여인과 함께 끝까지 같은 은혜를 구했다면 예수님은 그들에게도 같은 은혜를 베풀어 주셨을 것입니다. 우리도 은혜 입는 길은 끝까지 예수님 앞에 남는 것입니다. 죄가 드러난 죄인도 예수님 앞에 남아야 합니다. 가면 쓴 죄인도 예수님 앞에 남아야 합니다. 숨은 죄인도 예수님 앞에 남아있으면 됩니다. 끝까지 예수님 앞에 남는 자 되어야 합니다. 은혜와 진리가 충만하신 예수님 앞에 엎드려 보셨습니까? 그러면 은혜를 입습니다.

3. 예수님의 은혜에 녹아 사는 사람들

1. 예수님의 은혜에 변화된 사람들 눅7:36-50

성경에 예수님의 은혜에 녹아 사는 사람들이 많습니다. 누가복음 7장 36-50절에 나오는 여인도 그 중 하나입니다. 예수님이 시몬이라는 바리새인의 집에 초대를 받았더니 그 마을에서 죄인으로 소문난 한 여인이 초대받지 않았음에도 시몬의 집으로 들어갑니다. 그리고 예수님 곁에 서서 울며 향유를 예수님의 몸에 붓고 발에 입맞추기를 쉬지 않습니다.

시몬은 속으로 '이 사람이 만일 선지자라면 자기를 만지는 이 여자가 누구며 어떠한 자 곧 죄인인 줄을 알았으리라' 라고 생각하였습니다. "이 사람은 가짜 선지자다"라는 뜻입니다. 그는 예수님이 그의 마음까지도 아시는 분이신 것을 몰랐습니다. 예수님은 시몬에게 비유로 가르치십니다. 오백 데나리온을 탕감 받은 자와 오십 데나리온을 탕감 받은 자 중에 누가 탕감해 준 자를 더 많이 사랑하겠느냐고 물으십니다. 시몬은 많이 탕감 받은 자라고 대답합니다. 그때 예수님은 시몬에게 충격적인 말씀을 하십니다. 시몬은 예수님을 자기 집으로 초대하였으면서도 지금까지도 발 씻을 물도 예수님에게 드리지 않았으며, 지금까지도 가장 기본적인 인사인 입맞추지도 않고 있으며, 지금까지도 예수님 머리에 감람유도 붓지 않았다고 하십니다.

그러나 여인은 지금도 주님의 발에 입맞추며, 지금도 주님의 몸에 향유를 부으며, 지금까지 울고 있다고 합니다. 이유는 저의 많은 죄를 사함을 받았기 때문입니다. 여인은 많은 죄 사함을 받았기 때문에 시몬과는 비교되지 않는 사랑을 예수님에게 표현한 것입니다.

 48절에서 예수님은 여인에게 말씀하십니다. "네 죄 사함을 받았느니라." 여인이 죄 사함을 받은 것은 여인의 지금의 행위 이전 어느 시점에서 이미 죄 사함을 받았다는 것을 의미합니다. 모리스Leon Morris도 이 여인의 사랑은 이미 용서함을 받은 증거라고 하였고,2) 스테그Frank Stagg도 여인의 사랑의 행위는 여인의 용서받은 감사에서 나온 것3) 이라 하였습니다. 여인의 행위는 이미 무서운 죄를 예수님께서 사해 주셨기 때문에 그 은혜를 감사하여 드러낸 사랑의 표현입니다. 여인은 진정으로 예수님의 은혜에 녹은 사람이었습니다. 이것이 진정한 예배입니다. 망할까 봐 십일조 하는 것이 아니라 주님께서 모든 것을 주셨기 때문에 감사함으로 드리는 것입니다. 예배드리지 않고 놀러다니면 사고가 날까 봐 예배 참석하는 것이 아닙니다. 진정으로 예수님의 은혜에 녹은 자는 십일조도 감사하여 기쁨으로 드리며 예배도 감격하여 드리는 것입니다.

2. 예수님의 은혜에 녹은 변화의 증거

 예수님의 은혜에 녹아 사는 사람들에게는 변화의 증거들이 있습니다. 첫째 내면의 변화입니다. 예수님의 은혜에 녹은 사람에게는 내면에서부터 변화가 시작됩니다. 예수님의 은혜에 녹은 마음에서부터 변화가 시작되어 밖으로의 변화로 이어집니다. 예수님의 은혜에 녹아서 변화되는 마음에서 새 생명이 시작되는 것입니다. 둘째 관계의 변화입니다. 예수님의 은혜에 녹으면 그때부터 예수님이 좋아지기 시작합니다. 전에는 관심 밖에 있었던 예수님이 좋아지기 시작합니다. 졸다가도 예수님 이야기가 들리면 벌떡 일어납니다. 예수님이 좋아서! 셋째 자세의 변화입니다. 전에는 듣기도 싫어하던 예수님이었으나 예수님의 은혜에 녹게 되면 그때부터는 내가 만난 예수님을 남들에게 전하고 싶어 합니다. 죽을병을 앓다가 어떤 분의 도움으로 낫게 되면 같은 병으로 죽어가는 사람을 보고 가만히 있지 못합니다. 자기의 병을 고쳐준 사람을 적극적으로 소개합니다. 요한복음 4장 29절에 예수님을 만난 여인이 물동이도 버려두고 마을 사람들에게 달려가서 "나의 행한 모든 일을 내게 말한 사람을 와 보라. 이는 그리스도가 아니냐?"라고 외치던 여인처럼!

3. 예수님의 은혜에 녹으려면

우리가 어떻게 하면 예수님의 은혜에 녹을 수 있습니까?

첫째는 처절한 자기 인식이 있어야 합니다. 앞서 살펴본 것처럼 예수님 앞에서는 죄인들만이 있을 뿐입니다. 자신이 의롭다는 자에게는 은혜가 채워질 공간이 없습니다. 죄가 드러난 죄인이던지, 자신의 의로 가면 쓴 죄인이던지, 아니면 군중 속에 숨은 죄인이던지, 구별 없이 "나도 그들 중의 하나일 뿐"이라는 슬픈 사실을 인식하는 데서 은혜의 첫걸음이 시작됩니다. 그때부터 비로소 은혜의 공간이 생겨납니다.

둘째는 은혜와 진리로 충만하신 예수님을 만나야 합니다. 여인과 같이 무서운 죄를 지은 자라도 "은혜와 진리가 충만하신 예수님"은 용서하시고 새 생명 주시는 분이신 것을 깨달아야 합니다. 그러나 예수님이 그런 분이신 것을 깨닫는 것만으로는 부족합니다.

셋째는 예수님 앞에 끝까지 남아 엎드려야 합니다. 예수님의 피 묻은 십자가 앞에 남아 엎드려야 합니다. 예수님을 만났으면 끝까지 예수님께 남아 있어야 합니다. 예수님 앞에 남아 엎드려서 여인에게 베풀어 주셨던 예수님의 은혜를 내게도 베풀어 주실 것을 구하여야 합니다.

4. 복음의 본질

이제까지 내용에서 복음의 본질을 정리할 수 있을 것입니다. 신학적인 용어 대신 지금까지 살펴본 사건으로 복음의 본질을 정리할 수 있겠습니다.

찬송가 중에 "나 같은 죄인 살리신Amazing Grace"을 우리에게 남겨 준 존 뉴톤John Newton의 고백입니다.

나는 나여야 할 내가 아니다.I am not what I ought to be.

나는 나이기를 원하는 내가 아니다. I am not what I want to be.
나는 나이기를 기대하는 내가 아니다. I am not what I hope to be.
그러나 나는 나였던 나도 아니다. But still, I am not what I used to be.
하나님의 은혜로 지금 나 된 것이다. And by the grace of God, I am what I am.

그도 예수님의 은혜에 녹은 사람입니다. 우리가 할 일은 예수님 앞으로 자꾸 나가며 사는 것입니다. 그러면 은혜와 진리가 풍성하신 주님은 우리를 사랑의 품으로 꽉 품어 주실 것입니다.

복음의 본질을 바로 깨닫는 것은 대단히 중요합니다. 설교자이든 성도이든 복음의 본질은 반드시 정리해야 합니다. 복음의 본질을 어려운 신학적인 용어를 사용하여야만 깊이 있게 정리할 수 있다고 보지 않습니다. 예수님의 가르침을 보면 놀라운 사실을 발견하게 됩니다. 예수님은 어려운 단어를 사용하지 않으셨다는 사실입니다. 사람들이 일상생활에서 사용하는 단어들로서 천국의 비밀들을 누구라도 듣고 쉽게 그러면서도 깊이 있게 깨달을 수 있도록 가르쳐 주셨습니다. 일상생활에 사용하는 언어를 가지고도 깊이 있는 의미를 전달해 주셔서 아이라도 깨달을 수 있고 학식이 적은 자도 알 수 있도록 가르쳐 주셨고 또한 그 가르침의 깊이가 깊어서 많은 학식을 갖춘 자라도 천시할 내용은 전혀 없습니다. 그런 의미에서 우리 신앙의 본질이 되는 내용도 쉬운 표현으로 나눌 수 있어야 합니다. 그러면서도 그 본질이 살아서 숨 쉬는 표현으로 정리할 수 있어야 합니다.

그러므로 복음의 본질도 복잡한 신학적 용어를 사용하지 않고도 얼마든지 표현될 수 있습니다. 지금까지 공부한 내용을 기초로 하여

복음의 본질을 다음과 같이 정리할 수 있겠습니다.

요한복음 8장 1-11절에 나오는 간음의 현장에서 붙잡혀 끌려온 여인과 같이 무서운 죄인 된 나도, 은혜와 진리가 충만하신 예수님 앞에 남아 엎드리면, 여인에게 베푸신 은혜를 나도 받는다는 사실입니다. 다시 정리하면

이 여인과 같이 무서운 죄인 된 나도 은혜와 진리로 충만하신 예수님께 남아 엎드리면 여인에게 베푸신 은혜를 나도 받는다.

이 고백에는 세 가지의 중요한 내용이 담겨 있습니다.

첫째 내용은 나 자신도, 이 여인보다 조금도 나을 바가 없는, 이 여인과 같은 무서운 죄인이라는 사실을 인식하는 것입니다. 이 여인처럼 죄를 즐기다가 발각되면 여지없이 무너지는 죄가 드러난 죄인의 모습, 바리새인들처럼 의의 가면을 쓰고 잔인하게 손가락질해대는 가면 쓴 죄인의 모습, 군중 속에 섞여 죄를 숨기고 살아가는 군중처럼 숨은 죄인의 모습이 내 안에도 우글거리고 있다는 것을 인식하는 것입니다.

음란의 욕망에 끌려 다니다가 죄가 드러나면 여지없이 무너져 내리고 마는 추한 여인이 내 안에 도사리고 있다가 기회만 되면 머리를 들고 내 안에서 꿈틀거리며 일어나려고 합니다.

자신의 악함에 대하여는 한없이 관대하면서 남의 악함은 정죄하며 돌로 쳐서 죽이려고 달려드는 바리새인이 내 안에도 도사리고 있어서 틈만 나면 이글거리며 머리를 쳐들고 나를 몰아가려고 합니다.

비겁하게 군중 속에 숨어 죄와 악을 숨기고 죄 없는 자처럼 행동하는 죄인과 나의 죄를 침묵과 외면으로 감추려는 비열한 군중도 내 안에 있어 할 수만 있으면 숨기려 하고 뻔뻔하게 행동하게 합니다. 이 여인과 같이 추한 내면의 모습을 깊이 인식하는 것이 예수님의 은혜 안으로 들어가는 대문입니다. 이렇게 처절하게 자기 인식을 깨닫는 공간만큼 은혜가 채워집니다.

둘째 내용은 은혜와 진리가 충만하신 예수님을 만나는 것입니다. 이 여인이 은혜를 입게 된 것은 예수님 앞으로 끌려왔다는 사실입니다. 다른 사람에게 끌려갔으면 은혜는 없습니다. 인간의 비극은 자신의 악함을 아무리 절감하고 통회하여도 그런 자기 인식만으로는 죄의 문제를 해결하지 못한다는 사실입니다. 아무리 산속에 들어가서 밤새도록 울고 통회하며 소나무를 수십 그루를 뽑는다 해도 예수님 앞이 아니면 아무 소용없습니다. 예수님만이 인간의 무섭고 무거운 죄의 문제를 해결해 주십니다. 예수님은 창조주이시며, 하나님과 동등하신 하나님의 아들이시며, 성부로부터 모든 권세를 받으신 심판주이십니다. 그러하신 예수님은 이 여인의 추한 죄의 짐을 말씀으로 해결해주셨습니다. 예수님은 은혜가 충만하셔서 어떤 죄인의 죄라도 용서해 주시는 분이며 진리가 충만하셔서 예수님이 용서하시면 영원히 용서받는 것입니다. 이 예수님을 알아야 합니다.

셋째 내용은 예수님께 남아 엎드려 은혜를 입은 여인처럼 예수님께 끝까지 남아있어야 합니다. "내게 오는 자는 내가 결코 내어 쫓지 아니하리라"요6:37 하신 은혜와 진리가 충만하신 예수님 앞에 나오면 아무리 추한 죄인이라도 은혜를 베풀어 주십니다. 진리가 충만하신 예수님께 끝까지 남으면 영원한 은혜를 베풀어 주십니다. 예수님께 끝까지 남는 자 되어야 합니다. 언제까지 예수님께 남아있어야 합니까? 죽을 때까지 예수님께 남아야 합니다. 추한 여인에게 은혜 베풀어 거듭나게 하신 예수님은 예수님께 끝까지 남는 자를 끝까지 돌보아 주십니다. 영원히!

복음의 본질을 바로 깨닫고 나면 신앙생활의 자세가 달라집니다. 주일 아침에 가장 큰 갈등과 아픔을 체험하는 자 중에 설교자를 빼놓을 수 없을 것입니다. 주일 아침 설교준비를 정리하고 예배를 참석하려고 준비할 때에 사단이 속삭입니다. "너는 지난 주간에 행한 네 꼴을 알지 아니하냐? 너는 죄인이야. 그런데도 교회 가서 뻔뻔스럽게 설교하려는 너는 위선자야. 사람들 앞에 서서 설교할 자격 없어." 이럴 때에 어떻게 할 것인가? 또는 주일 아침에 예배 참석하려고 옷을 챙겨 입을 데 배우자가 "아내또는 남편를 이렇게 대하고서도 교회에서 미소 지으며 천사같이 선한 체하는 당신은 위선자야!"라고 아픈 부분을 걸고 우리를 좌절시킬 때에 복음의 본질을 모른다면 "그래, 나는 자격 없어. 포기해버리자"라고 하겠지만, 복음의 본질을 바로 깨닫고 나면 자세가 달라집니다. "그래, 나는 죄인이야. 그러기 때문에 나는 더 예수님께 나가야 해"라며 더 낮아진 심정을 안고 나가서 예배드릴 것입니다. 이때의 심정은 애절할 것입니다.

우리의 잘못을 인정하는 것은 고통스럽습니다. 그러나 복음의 본질을 깨달은 자는 아플수록 추할수록 더욱 예수님을 찾는 자가 됩니다. 복음의 본질을 깨달은 자는 "죽어도 예수님, 살아도 예수님" 그저 예수님만 붙잡고 늘어집니다. 열두 해 혈루병 앓던 여인이 예수님의 옷자락만이라도 잡으려고 예수님을 따라가는 심정이 되어야 합니다. 그러면 예수님의 은혜에 녹고 또 녹으며 옛 나는 녹아가며 새로운 내가 살아납니다. 예수님의 은혜에 녹아 사는 자는 그래서 행복합니다.

사단이 "이 자는 죄인이요"라고 정죄할 것입니다. 예수님은 변호하여 주십니다. "그의 죄는 내가 사하여 주었노라." 사단은 도전합니다. "그러나 그가 지은 죄는 그대로 있소." 그때 예수님은 "그의 죄는 내가 대신 지고 십자가에서 죽어주었노라." 사단은 끈질기게 도전합니다. "그가 지은 죄의 흔적들이 제단 뿔렘17:1에 철필로 적혀 있지 않습니까?" 주님은 대답하십니다. "제단 뿔에 새겨진 그의 모든 죄의 기록은 나의 보혈로 흔적도 없이 지워버렸노라" 하시며 죄 사함이 진짜진리임을 보증하여주십니다. 이 은혜의 예수님을 찬양하지 않을 수 없고 사랑하지 아니할 수 없어 예수님의 사람 되었습니다.

아멘! 주여 예수님의 은혜에 녹게 하소서.
아멘! 주여 예수님의 은혜에 또 녹게 하소서.
아멘! 주여 예수님의 은혜에 자꾸 녹게 하소서.
아멘! 주여 예수님의 은혜에 완전히 녹게 하소서.

제3부. 예수님의 사랑에 젖어 사는 사람들

믿음의 본질

깨끗한 수건이라도 흙탕물에 담갔다가 꺼내어 짜면 흙탕물이 흐릅니다. 그러나 맑은 물에 담갔다가 꺼내면 맑은 물이 흐릅니다. 우리도 이와 같습니다. 흙탕물 같은 것에 젖어 있는 마음을 짜면 흙탕물 같은 것이 나옵니다. 그러나 예수님의 사랑에 젖은 사람들의 마음에는 예수님의 사랑이 흐릅니다.

예수님은 한번 죄용서만 하시고 우리를 내버려두시는 분이 아닙니다. 계속해서 우리 안에 살아주십니다. 우리를 사랑하시되 쉬지도 변하지도 않는 사랑으로 사랑하십니다. 이런 사랑에 젖어 사는 사람의 마음을 짜면 사랑이 쏟아집니다. 예수님의 사랑과 믿음은 같이 갑니다. 우리는 예수님의 사랑의 풍성함을 체험하면서 예수님의 사랑에 젖어 사는 환희를 누려야 합니다.

I. 선한 목자 예수님

1. 목자와 양의 관계

양은 언제 행복합니까? 푸른 초장에 있을 때라고 하겠습니까? 맑은 물가에 있을 때라고 하겠습니까? 이것은 마치 "인간은 언제 행복합니까?"라는 질문에 "은행에 잔고가 많이 있으면, 좋은 집 사서 살 수 있으면, 좋은 차를 몰고 다닐 수 있으면 행복합니다"라는 것과 같습니다. 과연 그런 것을 소유한다고 해서 행복합니까? 양이 푸른 초장에만 있다고 해서 행복할 수만은 없습니다. 푸른 초장이라도 들 사자들 사이에서 풀을 뜯어 먹어야 하는 초장이라면 아무리 푸른 풀이 많아도 행복한 초장이 되지 못합니다. 맑은 물가에 있다고 하여도 늑대들과 함께 물을 마셔야 한다면 거기도 행복한 곳이 되지 못합니다. 그러면 양은 언제 행복합니까? 목자와 함께 있을 때입니다. 그러나 목자도 목자 나름입니다. 참 목자여야 합니다. 양은 참 목자와 함께 있을 때에 진정으로 행복합니다.

양을 행복하게 해 줄 수 있는 참 목자는 두 가지의 중요한 자격이 있어야 합니다. 첫째는 양을 사랑하는 목자여야 합니다. 아무리 능력 있는 목자라도 양을 사랑하지 않으면 참 목자일 수 없습니다. 둘째는 양을 책임져 줄 수 있는 능력이 있어야 합니다. 아무리 양을 사랑해도 양을 행복하게 해 줄 수 없는 목자라면 참 목자 일 수 없습니다.

인생의 참 목자는 누구입니까? 예수님은 "나는 선한 목자라!" 하시며 우리 인생의 참 목자 되어 주신 분입니다. 저는 자주 교인들에게 말합니다.

"이 목사를 믿지 마십시오. 이 목사 믿으면 죽습니다. 이 목사는 여러분을 책임질 수 있는 능력이 없습니다. 이 목사가 전하는 예수님을 믿어야 합니다. 그러면 삽니다."

인간 목사는 절대로 참 목자일 수 없습니다. 왜냐하면, 목사는 교인들을 영원히 책임질 수 없기 때문입니다. 우리에게 참 목자는 한 분밖에 없습니다. 예수님이십니다. 인간 목사는 참 목자 예수님에게로 주님의 양들을 인도하는 안내자일 뿐입니다. 인간이 목자 행세하면 양들은 죽습니다.

사람은 언제 행복합니까? 참 목자를 만나야 행복합니다. 바로 참 목자이신 예수님을 만나야 행복합니다.

목자와 양의 관계는 누가 시작해야 할까요? 양이 시작해야 합니까? 목자가 시작해야 합니까? 양이 아닙니다. 목자입니다. 양이 마음에 드는 목자를 찾아가서 "내 목자 되어주십시오"라고 부탁한다고 해서 양과 목자의 관계가 맺어지는 것이 아닙니다. 목자가 받아주지 않으면 성립되지 않습니다. 어린아이가 돈 많고 멋진 이웃집 아저씨에게 찾아가서 "아저씨는 돈이 많고 사람도 좋으니 내 아버지 되어 주세요"라고 요구한다고 해서 좋은 아버지를 소유할 수 없는 것과 같습니다. 양은 목자를 선택할 권리도 없고 힘도 없습니다. 목자와 양의 관계는 목자가 시작해 주어야 합니다.

마찬가지로 인간이 하나님에게 "나의 선한 목자 되어 주십시오"라고 요구할 수도 없고, 요구한다고 해도 그런 관계를 맺을 수 있는 권리도 없으며 보장도 없습니다. 그런데 성자 예수님은 먼저 인간에게, 그것도 죄 많은 인간에게, 찾아오셔서 스스로 선한 목자 되어주시겠다고 약속해 주셨습니다. 이것은 은혜 중의 은혜입니다. 죄인들의 가슴을 터지게 할 만한 폭탄 같은 선언이지만 죄인의 머리와 가슴으로 이 충격적인 선포의 무게를 얼마나 알 수 있을까? 질문해 봅니다.

> 여호와는 나의 목자시니 내가 부족함이 없으리로다.
> 그가 나를 푸른 초장에 누이시며
> 쉴만한 물 가로 인도하시는도다.
> 내 영혼을 소생시키시고 자기 이름을 위하여
> 의의 길로 인도하시는다.
> 내가 사망의 음침한 골짜기를 다닐지라도
> 해를 두려워하지 않을 것은 주께서 나와 함께 하심이라.
> 주의 지팡이와 막대기가 나를 안위하시나이다.
> 주께서 내 원수의 목전에서 내게 상을 베푸시고
> 기름으로 내 머리에 바르셨으니 내 잔이 넘치나이다.
> 나의 평생에 선하심과 인자하심이 정녕 나를 따르리니
> 내가 여호와의 집에 영원히 거하리로다. 시편 23편

"나는 무엇을 믿는가?"라는 질문에 명쾌하게 답할 수 있도록 믿음의 본질을 바로 알아야 합니다. 예수님의 선한 목자의 사랑에서 믿음

의 본질을 찾을 수 있습니다. 이제부터 "예수님의 사랑에 젖어 사는 사람들"이라는 주제로 믿음의 본질을 살펴보려고 합니다.

2. 선한 목자로 오신 예수님

내가 진실로 진실로 너희에게 이르노니 양의 우리에 문으로 들어가지 아니하고 다른 데로 넘어가는 자는 절도요 강도요 문으로 들어가는 이가 양의 목자라 문지기는 그를 위하여 문을 열고 양은 그의 음성을 듣나니 그가 자기 양의 이름을 각각 불러 인도하여 내느니라. 자기 양을 다 내어 놓고 앞서 가면 양들이 그의 음성을 아는 고로 따라오되 타인의 음성은 알지 못하는 고로 타인을 따르지 아니하고 도리어 도망하느니라. 요10:1-5

강도와 절도는 정문으로 들어가지 않습니다. 이유는 정체를 숨기려는 것입니다. 왜냐하면, 그들은 양을 위한 자들이 아니고 오히려 양을 헤치려는 자들이기 때문입니다. 그러나 참 목자는 당당하게 정문으로 들어갑니다. 이유는 양을 위하는 자이기 때문입니다.

목자는 자기 양의 이름을 각각 불러 모읍니다. 양의 이름을 각각 부른다는 것은 중요한 의미가 있습니다. 수백 명의 양 중에 한 마리를 지적하면 선한 목자는 그 양이 자신의 양인지 아닌지를 분별할 뿐만 아니라 그 양의 이름까지 안다고 합니다. 양의 이름을 각각 불러낸다는 것은 선한 목자는 자기에게 속한 양 한 마리 한 마리에게 깊은 애정과 관심을 두고 돌보기 때문에 한 마리 한 마리를 깊이 알고 있다는 것을 의미합니다. 선한 목자는 이런 애정과 관심으로 양 한 마리 한 마리를 돌보며 사랑합니다.

우리의 선한 목자 예수님은 우리의 깊은 속 사정을 다 알아주십니다. 남모르게 흘리는 눈물도 주님은 알아주십니다. 아픔을 이기지 못하여 몸부림치는 심정도 주님은 알아주십니다. 절망 중에 쓰러져 허덕일 때도 주님은 알아주십니다. 다른 이에게 말할 수 없는 사정으로 밤 베개를 홀로 적실 때도 주님은 알아주십니다. 내면에서부터 부딪쳐 오는 추한 자신의 모습 때문에 괴로워서 울 때도 주님은 알아주십니다. 그리고 주님의 사랑의 품으로 품어 주십니다. 예수님은 우리의 선한 목자이시기 때문입니다.

나보다 나의 형편을 더 잘 아시는 주님
나보다 나의 눈물을 더 잘 아시는 주님
나보다 나의 추함을 더 잘 아시는 주님
나보다 나의 아픔을 더 잘 아시는 주님
나보다 나의 속사정 더 잘 아시는 주님

주님이 부르실 때에 우리는 어떻게 하면 됩니까? 주의 음성을 듣고 따라나서면 됩니다. 그러면 주님은 우리보다 앞서 가시며 우리 갈 길을 인도하십니다. 주님을 따르면 주님은 우리보다 앞서 가시며 우리에게 다가오는 악한 것들로부터 지켜 주십니다.

신명기 1장 29-31절에서 모세는 고별 설교를 하며 외쳤습니다.

그들을 두려워 말라 두려워하지 말라 너희 앞서 행하시는 너희 하나님 여호와께서 애굽에서 너희를 위하여 너희 목전에서 모든 일을 행하신 것 같이 이제도 너희를 위하여 싸우실 것이며 광야에서도 너희가 당하였거니와 사람이 자기 아들을 안음같이 너희 하나님 여호와께서 너희의 행로 중에 너희를 안으사 이곳까지 이르게 하셨느니라.

선한 목자 예수님을 따르면 광야를 지나도 예수님이 앞서가십니다. 흑암 가운데도 예수님은 앞서가시며 길을 열어주십니다. 마치 아버지가 자기 아들을 안음같이 우리를 품어 인도하십니다.

왜 양은 선한 목자를 따릅니까? 선한 목자니까 따릅니다. 선한 목자인 줄을 양이 어떻게 압니까? 경험해 보고 압니다. 목자가 자기 양을 보기만 하면 쥐어박고 돌아서면서 걷어찬다면 양이 목자를 보고 기뻐서 따라나설까요? 그렇지 않습니다. 집에서 기르는 개도 주인 식구 중에 자기를 좋아하는 식구에게는 꼬리를 치며 달려가지만 자기를 싫어하는 식구를 보면 꼬리를 접고 도망갑니다. 선한 목자를 체험한 양은 타인을 따라나서지 않습니다. 선한 목자를 아니까 선한 목자만 따릅니다.

우리도 마찬가지입니다. 선한 목자 예수님의 깊은 은혜와 사랑을 체험하면 할수록 더 예수님을 신뢰하며 더욱 주님을 기뻐하며 따릅니다. 예수님의 깊은 사랑을 체험할수록 예수님을 따라 사는 것이 행복합니다. 그런 예수님의 사람들은 예수님 따르는 것이 짐일 수 없습니다. 간음의 현장에서 구원받은 여인에게 "당신은 예수님 따르는 것이 기쁩니까, 짐이 됩니까?" 물으면 어떻게 대답할까요? "나는 나를 구원해 주신 은혜와 진리가 충만하신 예수님을 따라 사는 것이 감격입니다"라고 대답하지 않겠습니까?

선한 목자와 함께 가는 길이라면 골짜기라도 갈 수 있습니다.
선한 목자와 함께 가는 길이라면 험중 산길도 갈 수 있습니다.
선한 목자와 함께 가는 길이라면 폭풍우 속도 갈 수 있습니다.

선한 목자의 막대기와 지팡이가 안위하여 주실 것이기 때문입니다.
이 얼마나 놀라운 은혜입니까! 창조주 성자 예수님이 나의 선한 목자 되어 주시니 이 무슨 기쁨입니까! 예수님의 선한 목자의 사랑을 깨달은 자는 기도의 제목이 달라집니다.

나의 선한 목자 예수님!
내가 주님의 음성을 듣는 일에 민감하게 하여 주십시오!
내가 주님의 부르심을 놓치는 미련함을 버리게 하여주십시오!
내가 주님의 길을 따르는 일에 게으르지 않게 하여주십시오!
내가 주님의 잡아주시는 손을 꼭 잡게 하여주십시오!

그렇습니다. 예수님은 내가 따를 한 분이신 목자이십니다! 아멘!

3. 양의 문 예수님

예수님은 다시 말씀하십니다.

내가 진실로 진실로 너희에게 말하노니 나는 양의 문이라. 나보다 먼저 온 자는 다 절도요 강도니 양들이 듣지 아니하였느니라. 내가 문이니 누구든지 나로 말미암아 들어가면 구원을 얻고 또는 들어가며 나오며 꼴을 얻으리라 요10:7-9

예수님은 자신을 양의 문이라 하십니다. 양의 문에도 두 종류가 있습니다. 양을 잡는 문이 있고 양을 살리는 문이 있습니다. 성전의 양문은 희생 제물로 죽일 양을 끌고 들어가는 문입니다. 이 문으로 들어가는 양은 죽습니다. 예수님이 양의 문이라 하신 것은 예수님은 양을 위한 문, 양을 살리는 문이라는 뜻입니다. 양 죽이는 양문으로는 자신이 대신 들어가서 죽으시고 대신 양을 살리는 양의 문이 되어주셨습니다.

예수님이 양의 문이라 하신 의미를 이해하기 위하여 문의 역할을 생각해 보겠습니다. 첫째, 문은 문 안의 것과 문밖의 것을 구별하려고 만듭니다. 쓰레기 같이 버려야 할 것을 위하여 문을 만들지 않습니다. 둘째, 문은 문 안에 있는 것을 보호하기 위하여 만듭니다. 문 안에 있는 것이 귀중하기 때문입니다. 셋째, 문은 문밖에 있는 것이 문 안으로 들어오는 길입니다. 문밖에 있는 양은 죽습니다. 굶어 죽던지 들짐승에게 찢겨 죽습니다. 문밖의 양은 자기 자신을 책임질 힘이 없습니다. 인간은 자신을 책임질 능력이 없습니다. 병들면 아파하고 다치면 괴로워하면서 죽음을 향하여 달려가지만, 이 굴레에서 벗어날 힘이 없습니다. 인간은 자신을 책임질 능력이 없는 존재임에 양 같습니다. 그러나 문밖의 양이 "양의 문" 안으로 들어오면 삽니다. 하나님 밖의 인생은 하나님 안으로 들어가야 삽니다. 예수님이 "나는 양의 문이라." 하신 것은 예수님은 하나님 밖의 인생이 하나님 안으로 들어가게 하는 길이라는 말씀입니다.

사람이 예수님 안으로 들어가면 어떻게 되니까?

첫째, 구원을 얻습니다. 죽을 자가 살게 됩니다. 포사이드Peter T. Forsythe는 "모든 영혼이 해야 일은 자유를 찾는 것이 아니다. 주인을 찾는 것이다"라고 하였습니다. 그렇습니다. 인간에게 가장 중요한 일은 재물을 쌓는 일도 아니며 명예를 얻은 일도 아니며 만족을 채우는 것도 아닙니다. 참 주인을 만나는 것입니다. 인생의 참 주인은 인생을 만드신 창조주 하나님밖에는 없으며, 창조주 하나님을 만나는 길은 하나뿐입니다. 하나님이신 분이 인간의 몸을 입고 인간에게 오셔서 몸으로, 마음으로, 권능으로, 삶으로, 죽음으로 그리고 부활로 우리에게 하나님의 심정을 보여 주신 "양의 문이 되어 주신" 예수님이십니다.

둘째, 예수님 안으로 들어가면 "들어가며 나오며" 꼴을 얻습니다. "들어가며 나오며"라고 하신 것은 언제 어디서나 선한 목자 예수님의 돌보아주시는 은혜를 의미합니다. 한 번 예수님 안으로 들어가는 자는 영원히 예수님의 양이 됩니다. 우리가 예수님의 양이 되는 은혜를 기계적으로만 이해해서는 안 됩니다. 예수님을 믿는다고 하기만 하면 예수님의 양이 되는 것은 당연한 것처럼 값싸게 이해하면 안 됩니다. 우리가 영원히 예수님의 양이 된다는 것은 예수님께서 영원토록 우리의 선한 목자 되어주실 것을 작정하신 은혜이며, 우리를 영원히 돌보아 주시는 선한 목자의 헌신 때문에 예수님의 영원한 양이 됩니다. 그러므로 우리가 예수님의 양의 될 수 있는 것은 철저하게 예수님의 사랑과 은혜라는 사실을 잊지 말 것입니다.

한 번 예수님의 양이 되면 그 사람이 예수님의 양이라는 사실을 천사들도 알아봅니다.

> 죄인 하나가 회개하면 하나님의 사자들 앞에 기쁨이 되느니라.눅 15:10

예수님은 양 한 마리를 찾으시면 하늘의 천군 천사들에게 알리시며 함께 기뻐하십니다. 그뿐만 아니라 예수님의 양이 된 자는 사단과 악한 영들도 알아봅니다. 요한복음에서 이렇게 기도하십니다.

> 내가 비옵는 것은 저희를 세상에서 데려가기를 위함이 아니요 오직 악에 빠지지 않게 보전하시기를 위함입니다!요17:15

제자들을 위하여 기도하신 예수님은 자신의 양들을 위하여 영원한 중보자와 보호자 되어 주셔서 악한 사단과 영들이 마음대로 하지 못하도록 권능으로 지켜 주십니다. 그러므로 예수님의 양들은 사단도 대적하는 권세를 받았습니다.

인생에는 두 가지 문이 있습니다. 세상을 출입하는 문이 있고 예수님의 문이 있습니다. 세상의 문은 화려하게 장식하며 많은 것을 약속하는 것처럼 보이지만 그 문을 출입하는 순간부터 사람은 병듭니다. 예수님의 문은 좁은 것 같지만 들어가면 생명과 환희, 감격과 행복이 넘칩니다. "당신은 어떤 문을 출입하며 사십니까?" 질문하면 많은 분이 "양 쪽 문들(세상 문과 예수님의 문)을 함께 드나들며 삽니다"라며 슬픈 고백을 합니다. 길선주 목사는 "이런 사람은 한양 가는 기차와 평양 가는 기차가 있는데 한양도 가고 싶고 평양도 가고 싶어서 한 발은 한양 가는 기차에 두고 다른 한 발은 평양 가는 기차에 딛은 사람과 같다"라고 비유하였습니다.

간음의 현장에서 구원받은 여인처럼 예수님의 은혜에 녹은 자는 예수님의 문만 출입하는 것은 짐이 아닌 기쁨입니다. 감격이며 행복이며 기쁨이며 소망입니다. 예수님의 은혜에 우리의 심령이 깊이 녹아서 예수님의 착한 양이 됩니다. 예수님의 착한 양은 다른 음성 듣지 않고, 다른 문을 출입하지 않으며, 오직 예수님의 문만 출입하며 사는 양입니다. 예수님의 착한 양은 길을 잘못 들었다가도 금방 예수님을 향해 돌아섭니다. 예수님의 착한 양은 넘어져도 또 일어나서 예수님을 따릅니다. 예수님의 착한 양은 완벽하지는 못하여도 예수님을 사모하며 예수님만 사랑하며 예수님만 따르는 양입니다.

오 주님!
내 눈에 다른 문은 없게 하소서!
내 귀에 다른 음성 없게 하소서!

내 맘에 다른 사랑 없게 하소서!
오 주님!
내 입에 주 이름만 담게 하소서!
내 손에 주님 손만 잡게 하소서!
내 발에 주님 자국만 채우소서!
그러면 나는 예수님의 착한 양이 되어 살 수 있겠습니다.

4. 삯군 목자와 선한 목자

예수님은 말씀하십니다.

도적이 오는 것은 도적질하고 죽이고 멸망시키려는 것뿐이요 내가 온 것은 양으로 생명을 얻게 하고 더 풍성히 얻게 하려는 것이라 나는 선한 목자라 선한 목자는 양들을 위하여 목숨을 버리거니와 삯군은 목자도 아니요 양도 제 양이 아니라 이리가 오는 것을 보면 양을 버리고 달아나나니 이리가 양을 물어가고 또 해치느니라 달아나는 것은 그가 삯꾼인 까닭에 양을 돌보지 아니함이나 나는 선한 목자라 내가 내 양을 알고 양도 나를 아는 것이 아버지께서 나를 아시고 내가 아버지를 아는 것 같으니 나는 양을 위하여 목숨을 버리노라 요10:10-15

선한 목자와 삯군 목자의 차이가 무엇입니까? 삯군 목자는 삯을 위하여 즉 자기 자신을 위하여 일합니다. 선한 목자는 양을 위하여 수

고합니다. 삯군 목자의 관심은 자신에게 있습니다. 선한 목자의 관심은 양에게 있습니다. 삯군 목자는 삶은 자기중심적입니다. 선한 목자의 삶은 양 중심적입니다.

그러므로 양은 참 목자를 만나야 행복합니다. 우리의 선한 목자는 누구입니까? 한 분밖에 없습니다. 구주이신 예수 그리스도이십니다. 목사목회자, 영적 지도자는 참 목자 되지 못합니다. 목회자는 예수님의 양들을 영원히 책임질 능력이 없기 때문입니다. 그러면 목회자의 역할은 무엇입니까? 예수님의 양들을 예수님께 잘 인도하고 예수님의 착한 양이 되기까지 양육하는 자입니다. 목회자는 주의 양들을 예수님께 잘 인도하고 안내하는 역할을 하는 안내자입니다. 목회자는 은연중 예수님의 양들을 자신의 양으로 만들려는 유혹에 빠지지 말 것입니다.

"목사 말 들으면 복 받아!"
"목사 대적하면 벌 받아!"
"목사 대접 잘하면 자손이 잘되는 거야!"
외치지 말 것입니다. 대신 이렇게 말해야 합니다.
"은혜의 예수님께 나가면 죄 용서의 은혜를 받습니다."
"진리의 예수님을 믿으면 영생의 축복을 누립니다!"
"생명의 예수님 사랑에 젖어 살면 영원토록 행복합니다!"
오직 예수님을 잘 전하고 잘 가르쳐서 예수님께 잘 인도할 것입니다.

우리나라 기독교의 위대한 믿음의 선배에 관한 감동적인 이야기를 『신앙생활』지 1939년 4월호에서 일부를 옮겨 보았습니다. 한자는 한글로 수정하였으며 일부는 현대 표현으로 옮겼습니다.

"평양 거리에서 '예수 믿고 천당'이라고 크게 외치는 소리를 들을 수 있다. 이것은 거리의 성자 최봉석 목사의 외침이다. 최목사가 거리에서 외치면 시민과 길거리의 아이들도 '예수 믿고 천당'이란 말씀을 노래 삼아 부른다. 그래서 최목사에게 대하여 불신자 간에서도 혹은 미치광이 노인이라 조롱하며 혹은 참 예수인이라고 두려워하는 자 있고, 교회에서도 반은 나무라고 반은 성자 대접을 한다. 한 번은 경관이
"길거리에서 소리치지 마라"라고 금하니 최목사는
"'자동차의 빵 소리는 왜 금하지 아니하는가?'"라고 반문하였다.
"자동차는 사람 치지 않으려고 소리 내는 것이 아닌가?"라고 되묻자, 최목사 말하기를
"내가 소리치지 않으면 사람이 지옥에 가니 소리치지 않을 수 없소." '예수 믿고 천당' 소리를 쳤다.[1]

목회자의 관심은 무엇이어야 합니까? 예수님의 양들에게 있어야 합니다. 맡겨주신 예수님의 양들을 예수님께 잘 인도하는 것이 목회자영적 지도자의 최대관심사가 되어야 합니다. 양은 누구를 따라야 삽니까? 선한 목자, 참 목자를 따라야 삽니다. 그 길 외에는 양에게는 행복이 없습니다.

우리나라 기독교 초기 때의 이야기입니다. 한양에서 목회하는 목사님이 지방에서 부흥사경회를 인도하는 중에 그 교회의 처녀가 아름답고 신앙심도 깊은 것을 알았습니다. 독신이라고 하니 며느리 삼고 싶은 마음에 혼인할 생각 있는가 하고 뜻을 물었습니다. 그랬더니 처녀는 "저는 혼인하였습니다." 대답합니다. 한양 목사님이 놀라서 "나는 자네가 독신이라고 들었다" 하였더니 처녀는 "저는 내 주 예수님과 벌써 혼인하였습니다"라고 대답하였습니다. 그 처녀는 그렇게 독신으로 예수님을 섬기며 살며 한반도에 어둠이 짙던 시절에 예수님의 빛이 되어 살았습니다.

만물을 만드신 예수님은 스스로 우리에게 선한 목자 되어주십니다. 예수님의 선하심은 양들을 위하여 목숨을 버리기까지 선하십니다. 예수님이 스스로 선한 목자라 하심의 "선함"은 윤리 이상의 선입니다. 성자의 선하심은 영원한 선, 은혜의 선, 불변의 선, 의로움의 선, 생명의 선입니다. 양이 행복하려면 참 목자를 만나야 하듯 사람이 행복하려면 선한 목자 예수님의 사랑에 젖어 사는 것입니다.

주님이여!
선한 목자 예수님 밖에는 따를 이 없습니다.
선한 목자 예수님만 따르며 살게 하소서!
선한 목자 예수님의 사랑에 내 가슴이 젖게 하소서!

2. 선한 목자 예수님의 사랑

1. 자기 양을 빼앗기지 않으시는 예수님

예수님은 말씀하십니다.

내 양은 내 음성을 들으며 나는 저희를 알며 저희는 나를 따르느니라 내가 저희에게 영생을 주노니 영원히 멸망치 아니할 것이요 또 저희를 내 손에서 빼앗을 자가 없느니라 저희를 주신 내 아버지는 만유보다 크시매 아무도 아버지 손에서 빼앗을 수 없느니라
10:27-29

아버지가 노는 아이를 부를 때 아들이 얼굴만 돌려보고 귀찮다는 듯이 "왜 불러, 친구들과 노느라고 바빠"라고 말하고 친구들과 나가 버린다면 아버지의 마음은 슬퍼집니다. 반대로 아버지의 부르는 음성을 듣고 아들이 가지고 놀던 장난감을 내려놓고 친구들도 두고 아버지께 달려와? "아버지 불렀어요?"라고 반기며 품에 안기면 아버지는 행복합니다. 예수님께서

"내 양은 내 음성을 들으며 나는 저희를 알며 저희는 나를 따르느니라"

하신 말씀은 사랑의 그림 언어입니다. 눈을 지그시 감으시고 이천 년 후 한반도에 전기도 들어오지 않는 시골 한구석에서 태어날 소년을 마음에 그리시며, 때가 되면 불러서 품에 안으실 것을 아시고, 이 말씀을 하셨습니다. 시골 소년이 자라서 주님이 부르시면 반갑게 주님 품으로 달려올 때까지 기다리셨다가 불러 품에 안아주시는 사랑이 담긴 말씀입니다. 목자의 사랑으로 양을 불러 품어주시는 분이 선한 목자 예수님이십니다.

"내가 저희에게 영생을 주노니 영원히 멸망치 아니할 것이요"

하신 말씀도 예수님은 자기 양을 영원히 책임져 주신다는 사랑의 헌신이 담긴 말씀입니다. 영원히 멸망치 않도록 지켜 주시는 목자의 사랑의 그림입니다.

"구원을 받아도 잃어버릴 수 있다." "한 번 구원받으면 영원히 구원받는다." 이 두 견해는 지금도 신학자들 간에 의견이 갈라지는 주제입니다. 그러나 이 주제의 결론은 신학자들이 내리는 것도 아니며 교리에 의해 결론 내릴 주제가 아닙니다. 이 주제의 결론은 예수님이 내리시는 것입니다. 예수님은 말씀하셨습니다.

"또 저희를 내 손에서 빼앗을 자가 없느니라"

이 말씀은 우리의 마음을 진하게 감동시키는 말씀입니다. 예수님은 한 번 자신의 품에 안긴 양을 절대로 빼앗기지 않으십니다. 예수님은 세상 어떤 깍쟁이보다 더한 깍쟁이이십니다. 자신의 양은 한 마리도 빼앗기지 않는 그런 깍쟁이이십니다. 한 번 예수님의 양이 된 자를 절대로 빼앗기지 않으십니다.

그러면 질문이 있을 수 있습니다. 예수님을 잘 믿다가 타락한 자는 어떻게 이해해야 할 것인가? 두 가지 가능성이 있습니다. 첫째는 그 사람이 고백한 신앙고백이 가짜일 수 있습니다. 둘째는 그 사람이 신앙 고백이 진실일 가능성도 있습니다. 그러나 잠시 죄의 유혹에 빠져서 타락의 길을 고집스럽게 걸어갈 때 주님은 고집대로 하도록 버려두실 때가 있습니다. 그러나 버리시는 것이 아닙니다. 버려두심은 잠시며 정신이 돌아와 주님의 음성을 다시 들을 수 있을 때까지 기다려 주시는 것입니다.

자녀가 끝까지 고집을 부리며 부모의 뜻을 거슬러 반항할 때가 있습니다. 달래도 소용없고, 타일러도 통하지 않고, 벌을 가해도 뜻을 굽히지 않고, 위협해도 듣지 않을 때는 어떻게 합니까? 네 맘대로 하라고 내버려 둡니다. 그런다고 부모가 자식의 이름을 호적에서 파내 버립니까? 눈물을 삼키며 안타까운 마음을 졸여가며 자식이 제정신이 들어서 돌아올 때까지 기다리지 아니합니까?

주님도 믿는 자가 죄의 길을 끝까지 고집하면 잠시 버려두실 때가 있습니다. 그러나 선한 목자 예수님은 잠시 타락한 자를 무관심하게 대하지 않으십니다. 그 고집을 부리는 양을 따라다니십니다. 그러다가 막다른 선택을 하려 하면 주님은 그 길을 막아서십니다.

"아들아 더는 못 간다."

옆길로 돌아가서라도 막다른 길로 걸음을 옮기려 할 때면 팔 벌리고 가로막아서십니다.

"딸아, 더는 이 길은 가지 못한다."

그러다가 정신이 들어 주님을 부르면 언제든지 품어주실 준비를 하고 계시는 것입니다. 자기 양은 마지막 한 마리까지 포기 않으시는 목자의 끈질긴 사랑 때문입니다. 그 증거가 로마서 1장 24, 26, 28절에 반복되는 표현에서 찾을 수 있습니다. 하나님께서는 하나님을 배반하고 돌아서서 우상을 만들어 섬기고 죄를 사랑하고 따르는 인간을 "내어버려" 두셨지만 포기하시지 않으시고 끝내 예수님을 십자가에 희생시키시기까지 하시며 죄에서 건져내어 주시는 것입니다.

육신의 부모도 자식이 귀찮을 때가 있는데 우주를 창조하신 주님께서 티끌과 같은 나 같은 것에게 이런 애정과 관심, 기대와 사랑을 베풀어 주시는 것을 묵상하면 가슴이 떨리도록 감사하지 않을 수 없는 사랑의 예수님이십니다.

이 사랑에 젖어 사는 체험과 확신은 우리로 하여금 예수님을 믿는 믿음에 서서 환경에도 흔들리지 아니하고 선한 목자 예수님만 굳게 믿고 따르게 하는 것입니다. 다음 이야기는 "신앙생활"지 1956년 3.4월호에 소개된 차을경이라는 믿음의 선배의 아름다운 이야기입니다. 원문의 한자는 한글로 옮겼으며, 현대적 감각을 살리려고 일부 표현을 수정했습니다.

"원산과 함흥지방의 개척 전도자 차을경이란 어른은 열심히 전도하다가 40세도 되기 전에 별세하였다. 캐나다 선교사 마구례 Duncon A. McRae 목사가 그를 매우 사랑하였던바 차씨의 병세가 위중할 때 그의 형님 차장로가 아우의 손을 붙잡고 "자네 어린 두 아들을 누구에게 부탁하겠나? 마구례 선교사가 자네를 동생같이 사랑하는 처지가 아닌가. 자네 죽기 전에 두 아들을 마목사에게 부탁하게." 죽음의 시간이 임박한 차전도자는 만사에 만족한 얼굴로 "내 두 아들은 이미 나의 하나님께 부탁하였으니 선교사께 부탁할 필요는 없습니다"라고 말하고 세상을 떠난 일은 함경도에 유명한 이야기다. 아비 없는 두 아들은 잘 자라서 장자는 의사, 장손은 목사, 차자는 공학교수가 되었다. 아비 없는 아들을 선교사께 부탁한 것보다는 하나님께 부탁한 것이 더 잘 되었다."[2]

주님은 전도자의 자녀조차 버리지 않고 챙겨주시는 사랑의 목자이십니다. 신실한 목자이십니다. 그러므로 우리는 사랑의 목자 우리 예수님만 바라며 살 것입니다.

시련 중에 있는 형제들이여! 사랑의 목자 우리 예수님만 바라자.
두렴 중에 있는 자매들이여! 사랑의 목자 우리 예수님만 바라자.
근심 중에 있는 가족들이여! 사랑의 목자 우리 예수님만 바라자.
투병 중에 있는 환우들이여! 사랑의 목자 우리 예수님만 바라자.
핍박 중에 있는 성도들이여! 사랑의 목자 우리 예수님만 바라자.

선교지에 있는 전도자들이여! 사랑의 목자 우리 예수님만 바라자.

2. 자기 양을 끝까지 사랑하시는 예수님

제자들과 마지막 만찬을 가지시던 밤 예수님이 제자들을 얼마나 사랑하셨는지를 요한복음 13장에서 볼 수 있습니다.

> 유월절 전에 예수께서 자기가 세상을 떠나 아버지께로 돌아가실 때가 이른 줄 아시고 세상에 있는 자기 사람들을 사랑하시되 끝까지 사랑하시니라 요13:1

"세상에 있는 자기 사람들"은 크게는 예수님을 믿는 모든 자를 다 포함하겠으나 문맥을 살펴보면 열두 제자들을 의미합니다. 예수님은 부르신 열두 제자들을 끝까지 사랑하셨습니다. 단점도 실수도 잦았던 사람들이지만 끝까지 사랑하셨습니다. 예수님은 자신이 부른 자들을 끝까지 사랑하시는 분이십니다.

열두 제자 중에 주목해야 할 한 사람이 있습니다. 예수님을 배반하고 팔아버린 가롯 유다입니다. 놀라운 사실은 예수님은 유다가 그런 사람인 줄 다 아시면서도 유다를 끝까지 사랑하셨다는 사실입니다. 요한복음 12장 3절에 나사로의 누이 마리아가 예수님께 향유를 붓고 머리털로 예수님의 발을 씻는 것을 보고 5절에 가롯 유다가 예수님을 비난하였습니다.

> 이 향유를 어찌하여 삼백 데나리온에 팔아 가난한 자들에게 주지 아니하였느냐?

한 데나리온은 장년의 하루 품삯에 해당합니다. 그러므로 삼백 데나리온은 일 년 품삯에 해당하는 큰 액수입니다. 그러나 6절에서 유다의 본심을 설명합니다.

> 이렇게 말함은 가난한 자들을 생각함이 아니요 저는 도적이라 돈궤를 맡고 거기 넣는 것을 훔쳐 감이러라.

유다는 예수님 일행의 재정을 맡았지만, 돈을 도둑질하였다고 합니다. 유다의 비판은 정당한 것 같지만, 본심은 돈 훔칠 기회가 날아가버리는 것 때문에 비판한 것입니다. 유다는 악하였습니다.

"유다가 예수님을 판 것은 하나님이 예정하신 것이니 죄 없다"라고 주장하는 이들이 있습니다. 어떤 이들의 논리는 "유다가 예수님을 판 것은 하나님의 계획을 이루는 역할을 감당한 것이니 죄인으로 몰아대는 것은 옳지 않다"고 합니다. 그러나 유다는 하나님의 법정에서 할 말이 없는 자입니다.

첫째 이유는 예수님께서는 유다에게 예수님을 체험할 가장 확실한 기회를 주셨기 때문입니다. 예수님은 유다가 자신을 배반할 자인 줄 아시면서도 열두 제자 중의 하나로 부르시고, 인류 역사상 누구보다도 예수님을 가장 가까이에서 가장 분명하게 목격하며 가장 확실하게 체험하는 기회를 주셨습니다.

둘째, 유다가 회개하고 예수님을 배반하지 않았다면 예수님은 십자가에 못 박히지 않으셨을까요? 절대 그렇지 않습니다. 하나님은 하나님의 방법으로 하나님의 계획을 이루셨을 것이며 다만 유다는 예수님을 배반한 자가 되는 대신, 용서의 은혜를 받는 영광을 차지하였을 것입니다.

셋째, 예수님은 유다에게 마지막까지 여러 차례 경고하셨습니다. "나를 팔 자가 너희 중에 있다"고 하신 것은 경고였습니다. 유다에게 "네 하는 일을 속히 하라" 하신 것도 "유다야! 내가 네 악한 계획을 아는 데도 나를 배반하려느냐? 라는 경고였습니다. 예수님께서 여러 차례 유다를 경고하셨음에도 끝내 예수님을 배반하였습니다.

넷째, 예수님을 팔고 난 후에도 유다에게는 기회가 있었습니다. 그가 만일 마음을 돌이켜서 열한 형제에게 돌아와서 "형제들이여! 나는 내 주를 팔아버린 무서운 죄를 지었노라. 나는 어떻게 하면 좋은가?" 회개하고 애통하였다면 어떻게 되었을까요? 베드로와 다른 제자들이 유다에게 "더럽고 뻔뻔스럽구나!"라며 내 쫓았을까요? 절대 그러지 않았을 것입니다. 베드로는 "유다 형제여! 나는 주님을 저주하며 맹세하면서까지 세 번이나 예수님 면전에서 예수님을 부인하였노라! 형제여! 우리에게 돌아왔으니 잘하였다"라며 반갑게 맞아주었을 것입니다. 또 예수님은 어떻게 하셨을까요? 만약 부활하신 예수님에게 유다가 돌아왔다면 예수님은 "내 형제 유다여, 돌아왔으니 되었다. 나는 너의 죄를 위해 죽어주었노라"라며 품어주셨을 것입니다.

다섯째, 유다가 자기 목숨을 스스로 끊어버린 것은 예수님께 돌아가지 않겠다는 불신을 선택한 것입니다. 자기 생명을 끊을지언정 예수는 믿지 않겠다는 것은 인간의 오만입니다.

예수님은 유다가 돈을 도둑질하는 사실을 몰랐을까요? 유다가 예수님을 비난하고 다니는 것을 모르셨을까요? 그럴 리가 없지요. 다 알고 계셨습니다. 예수님은 다 아시면서도 유다를 끝까지 품어 주신 것입니다. 끝까지 사랑해 주셨습니다. 그러므로 유다는 하나님의 법정에 서는 날 변명할 말이 없는 자가 되었습니다. 그런 유다인 줄 아시면서도 예수님은 그를 끝까지 사랑하신 것은 선한 목자의 사랑입니다. 우리가 예수님의 마음을 아프게 하고 하나님의 속을 푹푹 썩일 때도 예수님은 끝까지 우리를 품어주십니다. 이 사랑은 오른쪽 뺨을 때리는 자에게 왼쪽 뺨을 대는 사랑입니다. 우리는 선한 목자이신 예수님의 사랑으로 숨 쉬고 삽니다. 우리를 끝까지 사랑하여 주시는 예수님이시기에 유다같이 못난 짓 저질러 놓고도 예수님께 달려갈 수 있는 것입니다. 이 예수님의 사랑에 젖어 사는 자가 복된 자입니다.

우리의 마음을 아프게 하는 이들도 있고, 우리의 본심을 오해하며 비판하는 이들도 있습니다. 나쁜 말을 퍼뜨리고 다니는 것을 알 때도 있습니다. 그럴 때 예수님의 사람들은 분노하지 말 것입니다. 예수님처럼 사랑하는 길을 선택할 것입니다. 예수님의 은혜에 녹고 예수님의 사랑에 젖어 사는 예수님의 사람들은 자기의 마음을 아프게 하는 이들도 가슴에 품고 사랑할 수 없어서 아파해야 합니다. 끝까지 내 마음을 몰라주어도 끝까지 예수님처럼 사랑하면 좋겠습니다. 그러면 나도 변하고, 형제도 변하며, 자매가 변하고, 교회도 변하며, 진정한 예수님의 사람들을 볼 수 있을 것입니다.

예수님! 부른 자들을 끝까지 사랑하시니 주님의 이름을 부를 이유를 알았습니다.

예수님! 유다 같은 자도 끝까지 사랑하시니 나 같은 자도 소망을 찾았습니다.

예수님! 선한 목자의 사랑이 있으니 나도 착한 양이 될 용기를 찾았습니다.

예수님! 저도 예수님처럼 사랑하며 살 수 없겠습니까?

3. 한 마리 양도 포기하지 않으시는 예수님

누가복음 15장에는 세 가지의 비유가 나옵니다. 배경은 예수님께서 세리와 죄인들과 함께 식사를 하셨더니 바리새인들과 서기관들이 "이 사람이 죄인을 영접하고 그들과 같이 먹고 마신다"라며 비난합니다. 예수님은 자신을 비난하는 종교지도자들에게 세 가지의 비유로 하나님의 사랑을 가르치셨습니다. 그 중 첫째 비유가 "잃어버린 양과 선한 목자의 비유"입니다.

> 너희 중에 어떤 사람이 양 백 마리가 있는데 그 중의 하나를 잃으면 아흔아홉 마리를 들에 두고 그 잃은 것을 찾아내기까지 찾아다니지 아니하겠느냐 또 찾아낸즉 즐거워 어깨에 메고 집에 와서 그 벗과 이웃을 불러 모으고 말하되 나와 함께 즐기자 나의 잃은 양을 찾아내었노라 하리라눅15:4-6

선한 목자는 잃어버린 한 마리 양을 찾도록 찾아다닙니다. 찾도록 찾아다니는 것은 기한이 없습니다. 찾을 때까지 찾는 것입니다. 우리 같으면 양 한 마리 정도는 몇 시간 또는 며칠 정도는 찾아보다가 포기해 버릴 것입니다. 또 잃어버린 양은 어쩌면 평소에 속을 푹푹 썩이던 양이었을 텐데 그 한 마리를 포기하지 않고 끝까지 찾아다닌다는 것은 쉬운 일은 아닐 것입니다. 그리고 온갖 고생을 다 겪으며 잃어버린 양을 찾으면 어떻게 할까요? 아마 엉덩이를 걷어차며 목에 줄을 걸고 끌고 가면서 "한 번 더 이렇게 하면 가만두지 않는다"라고 혼을 내지 않겠습니까?

그러나 선한 목자는 잃어버린 양을 찾고 나서 어떻게 합니까? 들판을 헤매며 지친 양을 어머니가 자식을 품에 안듯이 어깨에 메고 집으로 갑니다. 그리고 친구들과 이웃을 불러서 잔치를 베풉니다. 친구들과 이웃을 불렀다는 것은 아는 사람들은 다 불렀다는 말입니다. 어느 시대와 어느 문화를 막론하고 아는 사람들 다 불러서 벌이는 잔치 비용과 양 한 마리 값은 비교되지 않습니다. 이런 잔치 비용이면 수십 마리의 양을 살 수 있을 것입니다. 이것은 경제 원리로도 맞지 않는 이야기입니다.

왜 선한 목자는 잃어버린 이 한 마리 양을 이토록 찾아다니는 것일까요? 백 마리라는 숫자를 채우기 원해서일까요? 그렇다면, 남은 아흔아홉 마리 양 중에 새끼 밴 양이 있을 것이니 며칠만 기다리면 될 것입니다. 아니면 이 양이 특별한 가치가 있어서 그럴까요? 황금 새끼라도 낳는 양이었을까? 어쩌면 이 양은 평소에 삐딱하게 목자의 속을 푹푹 썩이던 양일 수도 있습니다.

답은 하나입니다. 선한 목자가 한 마리 양을 이토록 찾아다니는 것은 사랑입니다. 양의 가치 때문이 아닙니다. 포기하여도 그만인 그 한 마리 양을 사랑하니까 찾을 때까지 찾아다니는 것입니다. 목자가 찾을 때까지 찾아다니는 것은 선한 목자의 포기하지 못하는 사랑 때문입니다.

이 비유의 생명은 잃어버린 양에게 있지 않습니다. 잃어버린 한 마리의 양을 포기하지 못하여 찾을 때까지 찾아다니는 선한 목자 때문입니다. 선한 목자의 사랑 때문이 아닙니다. 잃어버린 양을 이토록 사랑하는 사랑의 목자 때문입니다. 이 양 한 마리 잃어버린다고 해서 목자에게 큰일이 나는 것이 아닙니다. 잃어버린 양이 이 비유의 주인공이 된 것은 그 양이 무슨 특별한 가치가 있어서가 아닙니다. 포기하지 않는 사랑으로 찾아다니는 선한 목자 때문에 가치 없던 양이 귀한 양이 됩니다.

우리도 마찬가지입니다. 우리는 마치 온 세상이 우리를 위하여 돌아가야 하는 것처럼 생각하고 행동합니다. 교회도 나를 잘 대해 주면 사랑이 많은 교회, 그렇지 않으면 사랑 없는 교회라고 비난합니다. 나를 잘 알아주면 좋은 교회, 나를 알아주지 않으면 엉터리라고 합니다. 세상 모든 것을 우리 중심으로 판단하는 경향은 누구에게나 있습니다. 그러나 우리는 별것 아닙니다. 우리가 죽는다고 해도 우리를 아는 가까운 몇몇 사람들이 며칠 울다가 잊어버리기 시작할 것이며, 내가 없어도 세상은 아무 탈 없이 잘 돌아갑니다. 세상에는 나보다 더 아름다운 사람들이 많습니다. 세상에는 나보다 더 똑똑한 사람들도 많고, 나보다 더 착한 사람들은 수없이 많습니다. 나라는 존재가 그렇게 가치 있는 존재이지 못합니다. 그런 내가 가치 있는 존재로 변한 것은 내가 잘나서가 아닙니다. 선한 목자 예수님이 포기하지 않는 사랑으로 나를 찾아주시고 잘나나 못나나 끝까지 사랑해 주기 때문입니다. 나라는 존재가 귀하게 변한 것입니다.

내가 너희에게 이르노니 이와 같이 죄인 하나가 회개하면 하늘에서는 회개할 것 없는 의인 아흔아홉을 인하여 기뻐하는 것보다 더 하리라. 눅15:7

우리가 예수님 품에 안길 때 주님은 천국에서 천사들을 불러 잔치하시며 기뻐하셨을 것입니다. 바리새인들은 죄인들이라고 손가락질하였던 그들을 예수님은 하나님의 잃어버린 양이라고 하셨습니다. 그들이 외면하였던 죄인들을 예수님은 선한 목자가 잃어버린 양을 찾듯이 찾으러 세상에 오셨다고 가르치시는 것입니다.

왜 선한 목자는 양 한 마리를 이토록 사랑합니까? 그 이유는 알 수 없습니다. 그러나 이 이해할 수 없는 사랑이 우리를 살게 합니다. 간음의 현장에서 끌려온 여인을 더럽다고 외면하지 않으시고 "내가 너를 정죄하지 아니하노라" 용서하시고 품어주시는 사랑의 선한 목자 예수님 때문에 우리가 생명을 받았습니다.

어느 청년이 한 여인을 사랑하였습니다. 그러나 그 여인은 청년의 어머니를 몹시 미워하였습니다. 청년이 여인에게 무슨 선물을 원하는지 물었더니 여인이 "피 흐르는 당신 어머니의 심장을 제게 가져다 주세요"라고 요구합니다. 여인에게 혼을 팔아버린 청년은 어머니를 살해하고 심장을 꺼냈습니다. 청년이 이 악한 여인에게 가져다주려고 달려가다가 넘어졌습니다. 그때 피 흐르는 어머니의 심장에서 소리가 들립니다. "내 아들아, 다치지 않았느냐?" 어머니의 육신은 죽일 수 있어도 어머니의 사랑은 죽일 수 없었다는 이야기입니다.

인간이 예수님의 육신은 십자가에 못 박을 수 있어도 예수님의 사랑은 죽일 수 없었습니다. 자신을 십자가에 못 박는 자들을 위하여 주님은 기도하셨습니다. 눅23:34

아버지여 저들을 사하여 주옵소서.

우리를 이 사랑으로 대하시는 예수님! 우리가 믿는 것은 예수님의 사랑이 아닙니다. 우리를 이런 선한 목자의 사랑으로 사랑하시는 사랑의 예수님을 믿는 것입니다.

예수님! 나는 잃어버린 양 같은 자입니다.
예수님! 이런 날 사랑하시는 주님의 사랑을 보게 하여 주십시오!
예수님! 예수님의 사랑에 내 가슴 적셔 살게 하여 주십시오!

4. 우리를 보화로 여기시는 선한 목자 예수님

마태복음 13장 44-46절에 예수님의 천국 비유가 나옵니다. 이 비유에서도 선한 목자 예수님의 사랑을 볼 수 있습니다.

> 천국은 마치 밭에 감추인 보화와 같으니 사람이 이를 발견한 후 숨겨 두고 기뻐하여 돌아가서 자기의 소유를 다 팔아 그 밭을 샀느니라. 또 천국은 마치 좋은 진주를 구하는 장사와 같으니 극히 값진 진주 하나를 만나매 가서 자기의 소유를 다 팔아 그 진주를 샀느니라.

이 비유들을 "천국 들어가는 것이 이토록 중요하므로 당신의 모든 것을 다 팔아서 천국 들어가십시오"라고 적용할 수 있을 것입니다. 그러나 이 비유들 속에는 더 놀라운 사랑이 담겨 있습니다. 곧 선한 목자의 사랑을 볼 수 있어야 합니다.

서론에서 성경을 대하는 원리들을 정리하였습니다. 해석의 원리, 적용의 원리, 영감의 원리, 기도의 원리, 성숙의 원리들이었습니다. 해석의 원리는 모든 성경은 예수님을 중심으로 해석할 것이며 적용의 원리는 성경의 모든 명령은 먼저 행하시는 하나님을 기준으로 적용하는 것입니다. 마태복음 13장 34-35절의 비유들도 이 두 가지 원칙으로 이해하면 선한 목자 예수님의 진한 사랑을 볼 수 있습니다. 이 비유 속에 우리에게 우리의 것을 다 팔라 하기 전에 이런 메시지가 함축되어 있다는 것을 알게 됩니다.

"나는 나의 모든 것, 나의 영광과 생명까지 팔아서 너를 샀노라. 너는 너의 모든 것을 다 투자하여서 천국의 주인인 나를 사야 하지 않겠느냐?"

우리의 가장 값진 보화와 진주는 예수그리스도 그분이십니다. 천국을 소유한다는 것은 천국을 다스리는 예수님의 것이 되는 것입니다. 예수님은 우리에게 "모든 것을 다 팔아서 나를 따르라" 하시기 전에 우리를 보화로 여기시고 우리를 사시려고 자신의 모든 것을 투자하시고 먼저 우리를 사셨습니다. 먼저 우리를 위하여 하늘 영광을 버리셨고, 먼저 우리를 위하여 십자가에 생명까지 버리셨습니다.

그 예수님께서 "내가 너희를 위하여 팔릴 준비가 되었으니 이제 너희는 나를 사서 천국을 소유하지 않겠느냐?"라고 말씀하시는 것입니다.

먼저 사랑하시는 선한 목자 예수님을 중심으로 성경을 읽으면 보이지 않았던 것이 보입니다. 주님께서 우리를 이렇게 사랑하시는 것을 믿으신다면 힘 있게 사십시오. 아프다고 너무 울지 마십시오. 힘들다고 주저앉지 마십시오. 두렵다고 돌아서지 마십시오. 괴롭다고 포기하려고 하지 마십시오. 먼저 사랑하시고 먼저 생명 버리고 먼저 우리를 사신 선한 목자 예수님이 당신을 끝까지 사랑하여 주십니다.

예수님의 이런 사랑을 확신하고 사는 자들은 배짱으로 삽니다. 사랑이 확실하게 믿어지면 두려움이 없습니다. 선한 목자의 사랑을 확신한다면 두려워할 것이 별로 없습니다. 살다가 몸에 이상이 생기면 "암에 걸린 게 아닌가?" 두려워할 것도 없습니다. 예수님의 사랑을 확실하게 믿는다면 죽을 일이 생기면 죽으면 되고 살 일이 생기면 살면 됩니다. 죽을 일이 생겼는데 죽지 않으려고 몸부림칠 것 없습니다. 우리를 사랑하시는 선한 목자 예수님께서 사랑하는 자를 망하게 두실 리가 없기 때문입니다. 예수님을 바로 믿는 자는 이런 배짱으로 사는 것입니다. 이것은 근거 없는 소위 말하는 대책 없는 식의 배짱과는 다릅니다. 예수님께 두는 배짱은 믿음의 배짱입니다.

어느 형제의 아버님은 장로님이셨습니다. 그분이 새벽기도 가시다가 교통사고를 당하여 현장에서 돌아가셨습니다. 몇몇 분들과 차를 타고 그 형제에게 심방을 가는 중에 한 형제가 물었습니다. "목사님, 이해가 안 갑니다. 교회 장로님이 새벽기도 가시다가 자동차 사고로 돌아가시면 불신자들이 조롱할 것을 아시면서 왜 하나님께서 이런 일이 생기도록 두십니까? 이해가 안 갑니다."

이 질문에 우리는 어떻게 대답하겠습니까? 모든 형제가 저를 쳐다보며 대답을 기다리고 있었습니다. 이렇게 답하였습니다. "그러면 장로가 어디 가다가 죽어야 합니까? 새벽기도 가다가 죽는 것은 영광입니다."

생각해 보십시다. 장로가 술집 가다가 죽을 수는 없지 않습니까? 새벽기도 가다가 죽는 것은 감사할 이유이지 않습니까? 목사는 어디 가다가 죽어야겠습니까? 성도는 어디 가다가 죽어야 합니까? 새벽기도 가다가 죽는 것도 좋습니다.

나는 "설교하다가 죽었으면 좋겠다"라고 한 적이 있습니다. 그랬더니 어느 성도가 "목사님이 설교하다가 죽으면 우리는 어떻게 됩니까?" 하는 것입니다. 과연 그렇다는 생각이 들었습니다. 그래서 "예수님께서 엄청나게 기뻐하시는 설교를 하고 집에 가서 감사기도를 올리고 잠자다가 죽었으면 좋겠다"라고 생각하게 되었습니다.

선한 목자 예수님의 사랑을 확신하면 죽음도 두렵지 않습니다. 우리는 예수님의 사랑에 젖어서 예수님을 사랑하며 살다가 죽으면 됩니다. 예수님의 진한 사랑에 내 인생을 맡기고 살면 됩니다. 나를 위해 울지 말고 주님 위해 울며, 주님의 사랑을 더 깨닫지 못하는 것이 고민거리가 되고, 주님을 더 사랑하지 못하여 갈등하며, 주님의 사랑을 채우고 사는 것이 기쁨이 되어 사는 것입니다. 선한 목자 예수님의 사랑을 확신하면 우리는 믿음의 배짱으로 살아갈 수 있습니다.

예수님! 날 위해 먼저 영광 버리셨으니 저도 주 위해 내 영광 버리겠습니다!
예수님! 날 위해 먼저 찾아주셨으니 저도 주 위해 내 인생 드립니다!
예수님! 날 위해 먼저 생명 주시었으니 저도 주님께 내 생명 드립니다!

3. 예수님의 사랑에 젖어 사는 사람들

1. 제자들의 발을 씻기시는 목자의 사랑

요한복음 13장 3-15절에 예수님께서 제자들의 발을 씻기시는 장면이 나옵니다. 잠시 후면 자신을 배반하고 팔아넘길 유다의 발까지 씻어주셨습니다. 예수님은 제자들에게 발을 씻어주시며 제자들에게 무엇을 원하셨을까? 제자들의 발을 씻기신 것은 섬김의 본, 희생의 본, 겸손의 본, 종의 본을 보여주신 것이라는 해설을 많이 듣습니다. 이 밤에 예수님은 잡히시고 내일이면 십자가의 처참한 죽음을 맞이하기 전에 제자들과 마지막 보내는 밤입니다. 과연 예수님은 그런 본을 보여주시려고 제자들의 발을 씻었을까? 질문을 해 보아야 합니다.

예수님은 손수 제자들의 발을 일일이 씻어주셨습니다. 섬김의 본이라면 수제자들의 발을 씻어주시고 다른 제자들을 씻어주는 훈련도 하실 수 있었을 것입니다. 예수님께서 핵심적으로 가르치기 원하셨던 것은 무엇일까요?

어머니가 방들과 마룻바닥을 물청소까지 하면서 말끔하게 막 청소를 끝냈습니다. 바로 그때 어린 아들이 흙탕물에서 놀다가 더러운 것을 발에 묻힌 채 악취를 풍기며 집안으로 들어섭니다. 현관문을 열고 들어서는 이 아들을 보고 어머니는 어떻게 하겠습니까?

"야, 이 녀석아, 방금 청소를 했는데 그런 더러운 발로 들어오니? 당장 나가서 씻고 들어와!"

이렇게 소리치는 어머니가 간혹 있을지 모르겠지만, 아들을 사랑하는 어머니에게는 집보다 아들의 발이 더 귀중합니다.

"아들아, 어디서 놀았기에 네 귀한 발이 이 모양이냐?"

아들의 손을 잡고 세면대로 가서 앉히고 깨끗한 물로 아들의 발가락 사이까지 씻고 깨끗한 수건으로 발을 닦아주며 말할 것입니다.

"아들아! 다음부터는 이런 더러운 곳에서는 놀지 말아라!"

자기의 더럽고 냄새 나는 발을 씻고 닦아주는 어머니의 손길이 발에 닿을 때에 아들은 무엇을 확인하였을까요? 어머니의 사랑입니다. 이 사랑을 깨달은 아들은 어머니를 꼭 껴안고 말할 것입니다.

"어머니 사랑해요!"

어머니의 진한 사랑을 깨닫는 순간입니다.

이 밤에 예수님의 제자들은 다가오는 예수님의 죽음을 느낄 수 있었던 밤이었습니다. 그 밤에 예수님의 손길이 자신들의 더러운 발에 닿을 때에 무엇을 확인하였을까요? 성자의 진한 사랑이었습니다. 성자의 거룩한 손으로 자신들의 더럽고 냄새 나는 발을 씻겨주신 사랑입니다. 이후로 제자들은 자신의 발을 볼 때마다 이 밤에 자신들의 더러운 발을 씻어주신 예수님을 기억하였을 것입니다. 예수님은 내일이면 제자들을 두고 십자가에서 처참한 고통의 죽음을 맞이하십니다. 이 마지막 날 밤에 예수님은 제자들의 몸에 사랑의 표를 남겨두신 것입니다. 제자들의 발을 씻기신 것은 십자가에 달리시기 전날 밤에 제자들에게 남겨주신 진한 사랑의 표였습니다.

발을 씻겨주신 예수님이 제자들에게 가장 원하신 것은 무엇입니까?

첫째는 발을 씻겨주시고 제자들에게 보여주신 것은 예수님이 제자들을 얼마나 사랑하시는지를 알기 원하셨습니다. 그래서 제자들의 발을 씻어주시며 그 진한 예수님의 사랑의 표를 그들의 발에 남겨주신 것입니다.

둘째는 그 예수님의 사랑으로 서로 사랑하기를 원하셨습니다. 이 예수님의 심정을 찾아볼 수 있습니다.

> 새 계명을 너희에게 주노니 서로 사랑하라. 내가 너희를 사랑한 것 같이 너희도 서로 사랑하라. 요13:34-35

예수님은 제자들에게 "내가 너희를 사랑한 것 같이" 서로 사랑하라 하십니다. 사람들이 제자들에게 "예수님은 어떻게 당신들을 사랑하였습니까?" 묻는다면 "성자 하나님이 십자가에 달리시기 전날 밤에 그분의 성수로 저의 발을 씻어주셨습니다"라며 울먹일 것입니다.

셋째는 예수님의 사랑을 확인하였으니 내일 천지개벽이 일어나도 예수님을 굳게 믿기를 원하셨습니다. 내일이면 제자들은 예수님이 십자가에서 처참한 죽음을 맞이하는 것을 보게 됩니다. 그런 죽음을 볼지라도 예수님을 끝까지 믿을 것을 원하셨습니다. 어떻게 그런 믿음을 가질 수 있습니까? 자신들의 발을 씻겨주신 예수님의 진한 사랑이 예수님께 향한 믿음을 버릴 수 없게 만드는 것입니다. 예수님의 진한 사랑이 이들로 하여금 배반한 후에라도 예수님께 돌아오게 하는 뿌리가 되었습니다. 이들은 이날 밤 이후로 예수님의 사랑의 표를 자신들의 몸에 지니고 사는 자들이 되었습니다. 그들의 발에 새긴 예수님의 사랑의 표는 이들의 믿음의 뿌리였습니다.

제자들의 발을 씻겨주신 예수님의 사랑은 오늘을 살아가는 우리에게도 날마다 부어주십니다. 흙탕물에 더럽혀진 아들의 발을 씻어주시는 어머니같이 예수님은 죄악의 흙탕물로 더럽혀진 우리의 마음도, 눈도, 손발도, 귀도 씻어주시며 말씀하십니다.

"사랑하는 아들아, 사랑하는 내 딸아! 다시는 네 몸과 마음을 더럽히는 그런 곳에서 놀지 말아라! 나는 십자가의 죽음으로 너를 샀노라!"

우리는 매일 이 예수님의 진한 사랑에 젖어 삽니다. 이 사랑을 받고 사는 자가 해야 할 가장 본질적인 것은 예수님을 굳게 믿고 사는 것입니다. 예수님은

> 하나님의 보내신 자를 믿는 것이 하나님의 일이니라 요6:29

하시며 예수님의 사람들이 가장 중요하게 여겨야 할 일은 하나님이 보내신 성자 예수님 자신을 믿는 것이라고 하십니다. 그리고 그 진한 사랑에 뿌리를 내린 믿음은 서로 사랑하게 합니다. 우리는 예수님의 사랑을 깨닫는 만큼, 믿음의 분량이 자랍니다. 우리는 예수님의 사랑의 강에서 헤엄치며 살아가는 자들입니다. 다만, 그 진한 사랑이 너무 크고 깊어서 깨닫지 못할 뿐입니다.

돌아가신 로저스Adrian Rogers 목사가 대학교 다닐 때에 사귀었던 여자 친구와 결혼하게 되었습니다. 신혼여행을 가서 첫날밤을 보내고 새색시에게 말했습니다.
"결혼한 기분이 들지 않아!"
신부가 목사님을 쳐다보면서 아마 어이없는 표정으로 말했다고 합니다.
"느끼지 않아도 돼. 당신은 이미 결혼한 사람이야!"

그렇습니다. 우리는 느끼지 못해도 예수님의 진한 사랑으로 삽니다. 사람들은 감성으로 느끼지 않는다고 예수님의 사랑을 믿을 수 없다고 합니다. 그러나 우리는 모두 예수님의 사랑의 강에서 헤엄치며 살아가고 있습니다. 예수님의 사랑에 젖어 살고 있습니다. 이 사랑의 깊이가 우리의 믿음의 뿌리의 깊이가 되기를 소망합니다.

예수님! 예수님의 진한 사랑을 내 손발과 심장에 젖게 하소서!
예수님! 예수님의 진한 사랑이 내 믿음의 뿌리가 되게 하소서!
예수님! 예수님의 진한 사랑을 내 삶의 현장에서 체험하게 하소서!

2. 예수님의 사랑에 젖어 사는 사람들

요한복음 13장 34-35절은 예수님은 제자들의 발을 씻기시고 나서 제자들에게 주신 유언 격의 말씀입니다.

새 계명을 너희에게 주노니 서로 사랑하라 내가 너희를 사랑한 것 같이 너희도 서로 사랑하라 너희가 서로 사랑하면 이로써 모든 사람이 너희가 내 제자인줄 알리라

제자들은 예수님의 부르심을 받고 모든 것을 다 버리고 예수님만 따라다녔습니다. 예수님을 따라다니며 놀라운 기적들을 눈으로 보고 예수님의 가르침을 직접 들었습니다. 요한복음 2장에서 물로 포도주 만드신 사건, 3장에서 니고데모를 밤이 새도록 전도하시는 모습, 4장에서 사마리아 여인을 전도하시고 그 여인으로 말미암아 사마리아의 한 마을 전체의 부흥을 목격하였고, 5장에서 베데스다 연못가에서 38년 된 중풍병자를 고치신 사건, 6장에서 오병이어의 기적을 행하시고 풍랑도 순종케 하시는 예수님, 7장에서 담대하게 예루살렘 성전에서 전도하시는 예수님, 8장에서 간음의 현장에서 붙잡혀서 끌려온

여인을 구원하신 사건, 9장에서 날 때부터 소경 된 자를 고치신 예수님, 10장에서 선한 목자로 오신 분이신 것을 증거하시는 예수님, 11장에서 죽은 나사로를 무덤에서 살려내시는 예수님, 12장에서 고난을 당하시려고 예루살렘으로 재입성하시는 예수님을 보았습니다. 이제 13장에서 자신들의 발을 씻기시며 말씀하셨습니다.

새 계명을 너희에게 주노니 서로 사랑하라 내가 너희를 사랑한 것 같이 너희도 서로 사랑하라

이들은 은혜와 진리가 충만하신 예수님을 눈으로 목격하고 귀로 들으며 배웠습니다.

그러나 무엇보다 중요한 사실은 이 제자들은 성자 예수님의 사랑에 젖어 살았던 사실입니다. 제자들은 예수님의 진한 사랑에 젖어서 3년이라는 세월 전부를 휴가도 없이 예수님과 함께 보낸 자들입니다. 자신들의 더러운 발을 성수聖手로 일일이 씻어주신 사랑의 손길이 아직도 따뜻한 온기를 남기고 발가락마다 남아 있습니다.

제자들은 예수님의 지극한 사랑에 푸~욱 젖어 살았던 자들입니다. 예수님의 사랑은 못난 자, 출신이 천한 자, 성품이 거친 자, 칼을 품고 다니는 자, 민족의 반역자도 품으신 사랑입니다. 불러서 세우신 자기 사람들을 끝까지 사랑하시며, 자기를 배반하고 팔아넘길 자의 발도 씻어주시는, 변함없는 사랑으로 사랑하신 예수님이셨습니다. 제자들은 이 지극한 성자의 사랑에 젖어 살았던, 가장 위대한 사랑에 젖어 살았던, 인류 역사상 가장 축복받은 사람들입니다. 이들에게 예

수님은

내가 너희를 사랑한 것 같이 너희도 서로 사랑하라

하시며 사랑의 대 원리를 제자들에게 실천하여 보여주시고 체험하게 하시고 이제 그 예수님의 사랑으로 서로 사랑하라 하셨습니다. 이런 책 제목을 본 적 있습니다.

상처받은 자가 상처를 입힌다.

반대로 이런 표현을 생각해 보았습니다.

사랑받은 자가 사랑한다.

포사이드Peter T. Forsythe는 "모든 영혼의 가장 우선 되는 일은 자유를 찾는 것이 아니다. 주인을 찾는 것이다"라고 했습니다. 영원한 사랑의 주인을 찾아 그분의 사랑에 젖어 살았던 제자들은 참 복된 자들입니다. 예수님의 진하고 지극한 사랑을 체험하지 못하면 제대로 사랑하지 못합니다.

"나는 예수님의 이런 진한 사랑을 체험하며 사는가?" "매 순간 예수님의 이 지극한 사랑에 젖어 살고 있다는 사실을 깨닫고 사는가?" 이것은 우리는 진지하게 골방에서 답을 찾아야 할 질문입니다. 사랑의 예수님을 알아보고 제자들처럼 주님의 사랑의 품속으로 뛰어들어야 합니다. 어떤 기도보다 더 영적 무게가 실린 기도를 드리는 자가 되어야 합니다.

> 예수님! 주님의 진한 사랑을 내 귀로 듣게 하여주십시오!
> 예수님! 주님의 진한 사랑을 내 눈으로 보게 하여주십시오!
> 예수님! 주님의 진한 사랑을 내 손으로 만지게 하여주십시오!
> 예수님! 주님의 진한 사랑을 내 가슴으로 느끼게 하여주십시오!
> 예수님! 주님의 진한 사랑을 내 핏줄기에 흐르게 하여주십시오!
> 예수님! 주님의 진한 사랑을 내 모든 구석구석에 채워주십시오!
> 예수님! 주님의 진한 사랑의 강 속으로 뛰어들게 하여주십시오!

예수님의 은혜에 녹고 예수님의 양이 된 자들은 이미 예수님의 사랑의 강에서 헤엄치며 사는 자들입니다. 그러면 어떻게 하면 우리가 예수님의 사랑에 푹 젖어 살 수 있을까요?

3. 예수님의 사랑에 젖는 길

우리가 예수님의 사랑에 젖어 살려면 세 가지가 필요합니다.

첫째, 예수님과 시간을 보내야 합니다. 예수님과 시간을 보내지 않고는 예수님의 사랑을 체험하지 못합니다. 한 때 유행하던 이야기입니다.

한 청년이 은행에 볼일 보러 갔다가 은행 여직원에게 반했습니다.

청년은 매일 연애편지를 쓰기 시작했습니다. 그러나 직접 전해 줄 용기가 없었습니다. 부끄러워 직접 전하지 못하고 친한 친구에게 편지 전달을 부탁했습니다. 친구는 매일 성실하게 청년의 편지를 전달하였습니다. 수백 통의 편지가 전달되었고 은행 여직원은 드디어 결혼하게 됩니다. 누구와 결혼하였을까요? 편지를 전달해주던 친구입니다.

사랑하는 이의 사랑을 받으려면 사랑하는 이와 함께 시간을 보내야 합니다. 예수님의 사랑을 받으려면 예수님과 시간을 보내야합니다. 보이지 않는 예수님과 어떻게 시간을 보냅니까?

첫째로 성경을 읽으면서 예수님과 시간을 보내야 합니다. 성경을 성경지식이나 신학지식을 얻으려고 읽는 것이나, 설교의 소재를 찾으려고 읽는 것은 바른 자세가 아닙니다. 성경을 읽는 더 중요한 목적은 예수님을 깊이 알려고 읽는 것입니다. 베드로는 그의 유언서라고 할 수 있는 베드로후서의 마지막 절3:18에서 "오직 우리 주 곧 구주 예수 그리스도의 은혜와 저를 아는 지식에 자라 가라"라고 권면 하였습니다. 성경을 읽으면서 예수님과 사귀고, 성경을 읽으면서 예수님과 사랑을 나누어보십시오. 예수님을 중심으로 성경을 읽어보십시오. 성령께서 놀라운 은혜를 채워주실 것입니다. 예수님과 대화가 깊어질 것입니다.

둘째로 기도하면서 예수님과 시간을 보내야 합니다. 필요를 구하는 기도도 중요하지만, 더 고상한 기도를 드려야 합니다. 침묵기도나 관상기도도 유익함이 있습니다. 그러나 우리의 침묵은 우리 자신을 비우기 위한 침묵이 아니라 채우기 위한 침묵이어야 합니다. 우리의 침묵을 무엇으로 채웁니까? 예수님으로 채웁니다. 말로 드리는 기도만으로는 주님의 음성 듣기가 어렵습니다. 침묵기도는 반드시 필요합니다. 그러나 그리스도인의 침묵은 예수님 안으로 침몰해 들어가기 위한 침묵이어야 합니다. 고요히 침묵의 기도를 드려보십시오.

예수님을 더 알게 해 주십시오.
예수님의 사랑을 진하게 체험하게 해 주십시오.
예수님을 진실하게 사랑하며 살고 싶습니다.
예수님의 사랑이 내 심장에서부터 흐르게 하여 주십시오.

이런 기도는 성령께서 참으로 기뻐하시는 기도입니다. 주님의 사랑이 확인될 때까지 침묵해 보십시오. 성령의 은혜와 감격과 주의 임재하심을 체험할 것입니다.

둘째, 예수님을 사랑하는 사람들과 사귀며 살 것입니다. 세상을 사랑하는 사람들과 사귀며 살면 세상 사랑하는 법을 배우고 예수님을 사랑하는 사람들과 사귀며 살면 예수님 사랑을 배웁니다.

솔로몬은 이방신을 섬기는 여인들에게 파묻혀서 하나님의 명령조차 무시하고 하나님을 멀리 떠나서 살다가 비참한 여생을 맞았습니다.왕상11:1-11 솔로몬의 아들 르호보암은 악한 친구들을 따르다가 나라를 두 쪽으로 쪼개버렸습니다.왕상12장 이스라엘 백성은 하나님을 모르는 이방인들을 따라 살다가 망하였습니다. 반면 여호수아와 갈렙은 친구가 되어 하나님의 용사로 일생을 화려하게 장식하였습니다. 엘리사는 하나님을 사랑하는 엘리야를 따르며 권능 받았습니다.

다윗은 나단을 가까이하여 회개할 수 있었습니다. 룻은 나오미를 따른 결과 다윗의 조상이 되었습니다.

제자 중에 유다는 예수님을 죽이려는 자들과 사귀며 예수님을 팔아넘겼고, 아나니아와 삽비라는 한 짝이 되어 성령과 교회를 기만하다가 죽음 당하였으며, 데마는 세상과 벗하다가 영적 아비 바울과 신앙의 길을 버렸습니다.딤후4:10 반면 열한 제자는 서로 사랑하며 제자로서 위대한 삶을 살았으며, 사울은 바나바를 만나 사도의 걸음을 걷기 시작하였고, 디모데는 바울을 따르며 초대교회의 거름이 되었으며, 오네시모도 감옥에서 바울과 사귀며 새 인생을 얻었습니다.

"사람의 사람됨을 알려면 그 사람의 친구를 보라"고 합니다. 한 사람의 신앙 됨됨이를 알려면 그가 귀하게 여기며 교제하는 사람들을 보면 알 수 있습니다. 예수님의 사랑에 젖어서 살려면 예수님을 사랑하는 사람들과 사귀며 살아야 합니다. 나는 주로 어떤 사람들과 시간을 보내며, 어떤 이들을 소중하게 여기며, 어떤 이들과 친분을 맺고 사는가? 주의 깊게 주위를 돌아보아서 예수님보다 세상을 더 사랑하게 하는 길에서 돌아서고 예수님을 사랑하는 이들과 깊이 교제하여야 합니다.

우리 일생에서 많은 사람이 스쳐 지나갑니다. 성도는 유명인, 권세자, 지위 높은 사람들에게 나를 알리고 사귀려고 애쓸 것 없습니다. 대신 예수님을 진실하게 사랑하는 사람들을 만나면 귀하게 여기고 지나쳐 보내지 말고 일평생 교제하면서 신앙의 친구로 삼아야 합니다. 목사도 마찬가지입니다. 유명한 목사들이 알아주지 않아도, 힘센 목사(!)들과 사귀지 못해도 괜찮습니다. 대신 예수님을 진실하게 사랑하는 목사를 만나면 내 인생에서 스쳐 지나가게 하지 말고, 귀한 영적 동지로 삼고 영적 교제를 나누며 평생 영적 벗으로 삼을 것입니다.

셋째, 예수님의 사랑을 작은 것에서부터 실천하기 시작해야 합니다. 한 형제가 도연명365-427의 의고擬古 "동방유일사東方有一士"를 저를 위해 번안하여 준 글을 받아보고 주 안에서 형제 된 사랑을 느꼈습니다. 형제가 번안한 글을 원문과 함께 옮겨 보았습니다. 번역한 글에서 색 글씨들은 형제가 번안한 부분입니다.

東方有一士(동방유일사) 동방에 한 선비가 계시네,
被服常不完(피복상불완) 그분의 입은 옷은 남루하고
三旬九遇食(삼순구우식) 끼니는 한 달에 아홉 차례뿐,
十年著一冠(십년저일관) 십 년 동안 같은 옷으로 지내신다.
辛勤無此比(신근무차비) 몸의 고통은 극심하여도,
常有好容顏(상유호용안) 그분의 얼굴은 빛나는구나.
我欲觀其人(아욕관기인) 내 그분 뵙고 싶어
晨去越河關(신거월하관) 새벽에 떠나 바다 건너왔다.
青松夾路生(청송협로생) 조국의 푸른 솔들이 나를 반기고,
白雲宿簷端(백운숙첨단) 하늘의 흰 구름이 내게 인사하는구나.
知我故來意(지아고래의) 그분은 내 찾아온 뜻을 아셔서,
取琴爲我彈(취금위아탄) 거문고로 나를 반기시는구나.
上絃驚別鶴(상현경별학) 앞 가락에 성령님께서 감동하시고
下絃操孤鸞(하현조고란) 뒷 가락에 외로운 심령에 위로를 부어주

시는구나.
願留就君位(원류취군위) 원하오니 오래 머물러 계셔서
從今至歲寒(종금지세한) 추운 세월 더불어 이기고 싶다오.

특히 '추운 세월 더불어 이기고 싶다오.'라는 번안의 마지막 소절이 가슴 찡하게 다가왔습니다. 그렇습니다. 우리는 추운 세월을 함께 보내고 있습니다. 예수님을 사랑하는 형제들과 함께 예수님 사랑의 열기로 "추운 세월 더불어 이기며" 사십시오.

성령님! 예수님을 묵상함이 나의 감격이게 하여주십시오.
　예수님을 사랑하는 이들과 사귐이 나의 기쁨 되게 하여주십시오.
　예수님 사랑하듯 사람 사랑함이 나의 습관 되게 하여주십시오.

4. 믿음의 본질

제1부 "예수님의 은혜에 녹아 사는 사람들"에서 "복음의 본질"을 정리해 보았습니다. 제2부 "예수님의 사랑에 젖어 사는 사람들"에서는 요한복음 10장과 13장을 중심으로 선한 목자 예수님의 사랑이 어떠하며 예수님의 제자들은 예수님의 어떠한 사랑을 받았는지 살펴보았습니다. 이제 복음의 본질에 이어서 두 번째 본질을 정리할 단계입니다.

예수님의 사람들은 믿음의 사람들입니다. 그렇다면, 예수님의 사람들이 믿는다고 하는 믿음의 본질이 무엇입니까? 과연 예수님의 사람들은 무엇을 믿는 사람들입니까? 이 질문은 많은 그리스도인을 당황하게 합니다. 믿음의 본질을 제대로 정리하지 못하면 신앙의 기초가 흔들리고 신앙생활이 무너지기 쉽습니다. 그리스도인들이 믿는 믿음의 본질이 무엇입니까? 이것저것 다 잘라내어도 절대로 포기할 수 없는 그것이 무엇입니까? 우리가 생명 걸고 믿어야 하는 믿음의 핵심은 무엇입니까?

이 질문에 어떤 이는 "예수님의 사랑을 믿습니다." 대답합니다. 그렇습니다. 그러나 예수님의 사랑을 믿는 것은 중요하지만, 예수님의 사랑을 믿는 것이 우리의 믿음의 본질이지는 못합니다. 사랑을 믿는다는 것은 개념을 믿는다는 의미가 다분합니다. 어떤 이는 "예수님의 보혈을 믿습니다"라고 답합니다. 그렇습니다. 예수님의 보혈의 은혜를 믿어야 합니다. 그러나 이것도 믿음의 본질이지는 못합니다. 또 어떤 이는 "성경을 믿습니다"라고 답합니다. 그렇습니다. 성경은 구원의 도와 진리를 계시해 주는 중요한 책이므로 성경을 믿어야 합니다. 성경을 믿는다는 것은 성경의 계시를 믿는 것이며 매우 중요하지만 믿음의 본질이지는 못합니다. 충격적 표현을 빌리면 우리는 성경을 믿는 사람들이 아닙니다. 성경책이 우리의 궁극적인 믿음의 대상이 아니라는 의미입니다. 성경의 계시를 믿는 것만으로는 멈추어버리면 믿음의 본질을 소유하지 못합니다.

교단적 교리나 신학적 개념을 믿음의 궁극적 대상으로 삼을 수는 없습니다. "예수님의 사랑을 믿는 것"을 본질로 삼을 것이 아니라,

"사랑의 예수님을 믿는 것"을 믿음의 본질로 삼을 것입니다. "예수님의 보혈을 믿는 것"을 본질로 삼을 것이 아니라 "보혈을 흘려주신 예수님을 믿는 것"을 본질로 삼아야 합니다. "성경의 계시"를 믿음의 본질로 삼을 것이 아니라 "성경이 계시하는 예수님을 믿는 것"을 본질로 삼아야 합니다. 예수님의 사람들은 개념이나 교리나 계시가 아니라 모든 개념과 교리와 계시의 이유가 되시는 예수님을 믿는 사람들이 되어야 합니다. 개념이나 교리를 믿는 수준에 머물면 믿음의 문턱에서 서성이는 자가 되고 신앙생활에 힘이 없습니다. 예수님의 사람들은 개념을 믿는 사람들이 아닙니다. 인격자를 믿는 사람들입니다. 예수님의 사람들은 예수님을 믿는 사람들입니다.

"예수님의 사랑에 젖어 사는 사람들"에서 지금까지 예수님의 사랑을 정리하였습니다. 이제 그 예수님의 사랑에 근거하여 기본적인 믿음의 본질을 정리해 볼 수 있습니다.

"선한 목자의 목숨까지 버리는 사랑으로 나를 사랑하시는 사랑의 예수님을 믿습니다."

이 믿음의 고백과 "예수님의 사랑을 믿습니다"라는 고백과는 근본적인 차이가 있습니다. 이 두 고백의 차이가 얼마나 크고 중요한지를 깨닫는다면 신앙생활의 내용이 확연하게 달라질 것입니다. 오늘날 교회의 문제점들이 많은 것 중의 하나가 신앙을 개념화시키고 그 단계에 머물러 있으면서 신앙생활을 잘하고 있다고 착각하는 것입니다. 우리는 교리와 개념을 믿는 수준에 머물러서는 아니 됩니다. 우리는 인격자를 믿는 사람들, 곧 예수님을 믿는 사람들입니다.

기본적인 믿음의 본질은 "선한 목자의 목숨까지 버리는 사랑으로 나를 사랑하시는 예수님을 믿는 것"입니다. 그러나 이것도 본질의 끝은 아닙니다. 이 고백을 아무리 하여도 고백의 이유가 되시며, 믿음의 대상이신 예수님을 삼인칭으로만 대우한다면 내용은 본질적이라도 믿음은 본질에 이르지 못합니다.

"당신은 예수 믿어요?"

"물론 믿지요."

"그럼 구원받으셨네."

이런 일상적인 대화와 같이 예수님을 우리의 고백에서 삼인칭으로만 대우한다면 믿음의 본질에 이르지 못한 것입니다. 이 수준에서 한 걸음 더 나아가지 못하기 때문에 많은 그리스도인의 신앙생활이 힘과 활력이 없고 쉽게 무너집니다.

그러면 어떤 단계에 도달하여야 하는가? 예수님이 우리의 신앙고백과 삶에서 이인칭이 되어야 합니다. 그러므로 믿음의 본질을 결론적으로 정리하여 보겠습니다.

"선한 목자의 목숨까지 버리는 사랑으로 나를 사랑하시는 사랑의 예수님, 나는 예수님당신을 믿습니다."

이 고백과 이전의 고백을 비교해 보면 그 차이를 알 수 있습니다.

"선한 목자의 목숨까지 버리는 사랑으로 나를 사랑하시는 사랑의 예수님그분을 믿습니다."

이 두 고백의 현저한 차이는 예수님을 삼인칭으로 고백하는 것과 이인칭으로 고백하는 것입니다.

"당신은 예수님 믿으세요?"라고 누가 물을 때에
"물론이지요. 나는 예수님그분을 믿습니다"라고 고백하지만,
"그렇습니다. 나는 예수님당신을 믿습니다"라는 예수님께 향하는 고백으로 이어가야 합니다.

예수님을 삼인칭으로 대하는 단계에만 머물러서 신앙생활 하는 것과 예수님을 항상 이인칭으로 사귀며 신앙생활 하는 것과의 차이를 제대로 깨닫는 것이 믿음의 본질을 바르게 이해하는 척도가 될 것입니다. 이야기로 이해를 돕도록 하겠습니다.

남편이 하루 일을 마치고 집에 들어서니 좋아하는 음식 냄새가 나고 아내가 문 앞에서 단정하게 맞이합니다. 이때 남편이 아내 곁을 지나가며 "아, 날 위해 맛있는 음식을 장만해 놓고 기다리는 내 아내삼인칭를 보라, 나는 내 아내삼인칭가 날 사랑하는 것을 믿어"라고 소리치면 아내의 기분이 어떨까요? 또 방에 들어가서 옷을 갈아입고 집안을 둘러보고 아내가 집안을 깨끗하게 정리하고 남편을 기다린 것을 알아보고 "보라, 집안을 예쁘게 장식해 놓고 나를 기다리는 내 아내삼인칭를 보라, 나는 내 아내삼인칭가 날 사랑하는 것을 믿어"라고 외치며 아내를 지나쳐 가면 아내의 기분이 어떨까요? 또 저녁밥을 먹으면서 "아, 맛있구나. 이렇게 정성스럽게 저녁을 준비한 내 아내삼인칭를

보라, 나는 내 아내삼인칭가 날 사랑하는 것을 믿어"라고 하면 그의 아내는 어떻게 할까요? 이때쯤이면 아내는 남편을 붙잡고 이렇게 말하고 싶을 것입니다. "그렇게 나를 믿으면 나를 보고 말하면 안 돼?"

예수님을 믿는다고 고백도 하고, 예수님 사랑하는 찬양을 부르면서도, 여전히 예수님을 제삼자로 대하고 살지는 않는지 돌아보아야 합니다.

또 다른 이야기를 생각해 보겠습니다. 만약 나를 좋아하는 사람들이 나를 위해 잔치를 준비하고 나를 청했다고 하십시다. 그 잔칫상에 둘러앉은 사람들이 나를 존경하며 칭찬하는 대화로 풍성합니다. 그런데 3-4 시간의 잔치 동안 자기들끼리만 대화를 나누고 나에게는 말할 기회도 주지 않고 잔치를 마친다고 상상해 보십시오. 잔치를 마치고 즐겁게 서로 말하기를 "우리는 ○○○님삼인칭을 매우 사랑하는 사람들이야"라면서 즐거워하면서 가버린다면 나는 어떤 기분이 들까요? 배반당한 기분, 농락당한 느낌, 무시당한 감정으로 불편하지 않겠습니까?

믿음의 고백과 삶의 현장에서 예수님을 삼인칭으로만 대우하는 것도 이와 같습니다. 그렇게 신앙생활을 하면 믿음 생활은 힘도 없고, 재미도 없어지고 기쁨도 사라지며 능력도 없습니다. 믿음의 본질을 회복해야 하겠습니다.

예수님!

새벽에도 예수님께 믿음을 고백하며 살게 하여주십시오.

꿈속에도 예수님과 사랑을 속삭이며 살게 하여주십시오.

세상에서 예수님의 품속을 기뻐하며 살게 하여주십시오.

믿음의 본질을 "선한 목자의 생명까지 버리는 사랑으로 나를 사랑하시는 예수님, 나는 예수님당신:이인칭을 믿습니다"라고 정리하였습니다. 이것이 믿음의 본질을 정리하는 유일한 표현은 절대 아닙니다. 그러나 이 표현에 담긴 의미는 본질적입니다. 믿음의 본질이 살아있는 신앙생활을 하려면 다음 세 가지는 행해야 합니다.

첫째, 불변의 믿음으로 예수님을 믿고 살 것입니다. 나의 주, 나의 영원하신 목자 예수님을 굳게 믿는 믿음을 채워야 합니다. "예수는 영원히 계시므로 그 제사 직분도 갈리지 아니하나니 그러므로 자기를 힘입어 하나님께 나아가는 자들을 온전히 구원하실 수 있으니 이는 그가 항상 살아서 저희를 위하여 간구하심이니라."히7:24-25 예수님은 영원히 사시는 분이십니다. 예수님은 영원히 진리이십니다. 예수님은 영원히 구주십니다. 예수님은 영원한 목자이십니다. 예수님이 주신 언약도 말씀도 생명도 영원합니다. 예수님의 속죄도 영원합니다. 예수님의 십자가의 은혜도 영원합니다. 예수님의 약속으로 하나님의 자녀 된 것도 영원합니다.

영원불변하시는 예수님의 우리에게 향하신 사랑도 영원하며 또 불변입니다. 사단이 우리를 고소할 때 예수님은 우리를 변호하십니다. 우리가 죄악의 길에서 쓰러질 때 예수님은 우리를 붙잡아 생명 길로 인도하십니다. 우리가 인생 문제로 고통당할 때 예수님은 우리와 함께 어둠의 골짜기도 동행하시고 불 같은 광야도 동행하시며 험한 산도 동행하십니다. 마지막 날 하나님의 법정에서도 우리에게 "내가 너를 안다"라고 변호해 주실 것입니다.

좋으신 우리의 목자 예수님을 가슴 뜨겁게 사랑하며 사십시다. 예수님을 가장 기쁘게 해 드리는 것은 예수님을 불변신앙으로 믿는 것입니다.

예수님께서 나를 영원히 사랑하시니 나도 예수님을 내 육신에 마지막 핏방울이 돌기까지, 내 심장의 마지막 박동이 뛸 때까지 믿습니다.

이런 불변의 믿음으로 예수님을 믿고 살아가면 예수님의 사랑을 진하게 체험하게 됩니다.

병상에서 죽음을 눈앞에 둔 형제의 고백은 분명하였습니다. "목사님, 걱정하지 마십시오. 저는 예수님 안에서 죽을 준비가 되었습니다." 죽음 앞에서도 예수님을 고백하는 형제의 변하지 않는 신앙은 천국에서 면류관입니다.

마지막 투병의 숨결을 가다듬던 20대의 젊은 딸이 아버지의 품에 안겨서 "예수님, 고맙습니다"라고 고백하고 숨을 거둔 믿음은 천국에 이르는 보배입니다.

말기 암 진단을 받고서도 "예수님을 믿으니 죽을 일 생겼으면 죽으면 되지요"라며 꿋꿋하게 불변의 믿음을 지킨 자매의 믿음에 악한 사단은 떨고 주님은 기뻐하시며 천사들에게 자랑하십니다.

주님 위해 열심히 살다가 사업을 접고 파산 선고를 해야 했던, 육십을 바라보는 한 형제가 "예수님이 망하라 하시면 망하면 되지요"라고 큰소리치며 예수님의 이름으로 세상 도전을 헤쳐나가는 형제가 고마워 울었습니다.

이런 불변 신앙이 예수님을 높여 드리고 하나님께 영광을 돌리며 성령님의 역사를 이루게 합니다.

내 목자 예수님이시여, 제게도 불변의 신앙을 주소서.

둘째, 예수님이 내 생활에 "이인칭"적 존재로 모시고 사는 것을 습관화해야 합니다. 예수님과의 교제는 "빛난 이슬"사26:19처럼 우리 영육에 생명을 공급하는 원동력입니다. 아침에 일어나면 어린이가 어머니를 찾듯, 낮에는 목마른 사슴이 시냇물을 찾듯, 예수님을 찾을 것입니다. 잠자리에 들면서도 아내가 남편의 팔을 찾고 사랑하는 이의 품에 안기기를 기뻐하듯 예수님의 품을 찾을 것입니다. 평범한 날, 평안한 날에도 예수님께 믿음을 고백하고 예수님과 대화하며 사는 것입니다. 험한 상황, 불편한 사건 중에도 여전히 예수님을 고백하고 불변의 믿음으로 예수님과 대화의 삶을 이어갈 것입니다.

예수님의 은혜에 녹고 예수님의 사랑에 젖어서 사는 자는 예수님을 삼인칭의 존재로 푸대접(!)하지 못합니다. 항상 예수님께 감사하며, 예수님을 부르며, 예수님과 대화하며, 예수님의 사랑에 젖어 사는 기쁨을 누립니다. 예수님이 내 생활에 "이인칭"적 존재로 모시는 것을 습관이 되어야 합니다.

　셋째, 예수님을 아는 일에 적극적으로 투자해야 합니다. 베드로는 그의 유언 편지에 "오직 우리 주 곧 구주 예수 그리스도의 은혜와 저를 아는 지식에 자라가라"라고 유언벧후3:18 하였고 바울은 "내가 너희 중에서 예수 그리스도와 그의 십자가에 못 박히신 것 외에는 아무것도 알지 아니하기로 작정하였음이라"고전2:2라고 고백했습니다. 오늘 신자들의 문제는 예수님을 제대로 모르면서도 잘 안다고 착각하는 것입니다. 예수님을 제대로 알면 언행의 개혁이 일어나며, 생각의 변화가 일어나며, 예배의 자세가 곧아지며, 모든 것이 새로워집니다.

　온종일 세상 쓸데없는 일들과 TV 화면 앞에서 시간을 보내다가 책임감으로 잠깐 기도하는 자세로는 믿음의 본질이 살아있는 생활은 없습니다. 성도라면 성경 읽을 때 신학지식이나 성경지식을 채우려는 목적은 버리고 예수님을 더 알려고 읽을 것입니다. 성경은 예수님을 증거하는 책이기 때문입니다.요5:39 목사라면 설교거리를 찾으려고 성경을 뒤적이지 말고 예수님과 더 깊이 교제하기 위해 성경을 연구할 것입니다. 그러면 설교할 내용을 끝없이 찾을 수 있게 됩니다. 다음 글은 김린서 목사의 설교에서 인용한 글입니다. 원문의 한자는 한글로 고쳤으며 일부는 현대적 표현으로 바꾸었습니다.

　중세에 코페르니쿠스가 지동설을 주장하다가 로마 법왕에게 잡히어 사람들을 미혹한다는 정죄를 받게 되었으므로 저가 지동설을 취소하고 풀려 나오면서 하는 말이 '그래도 지구는 돌아가고 있다.'고 하였다. 공자와 로마 법왕이 하늘이 돌고 지구는 고정이라 하든지 코페르니쿠스가 지동설을 취소하든지를 상관 않고 지구는 돌고 있다.3)

생명 다해 우리를 사랑해 주시는 예수님 안에In Christ 믿음의 본질을 굳게 세워 지구가 돌든지 멈추든지 흔들림 없이 "그래도, 나는 예수님당신:이인칭을 믿습니다"라는 야성열성적인 불변신앙으로 예수님을 믿고 사십시다. 그러면 세상도 이기고, 사단과 죄악의 유혹도 물리치고, 죽음과 고난도 이기고 승리합니다. 아멘!

예수님, 경배합니다.
예수님, 사랑합니다.
예수님, 찬양합니다.

제4부. 예수님의 심장을 채워 사는 사람들

신앙 생활의 본질

가치 있는 일을 위해 죽을 수 있는 사람은 평범한 사람이 아닙니다. 가치 있는 일을 위해 일생을 사는 사람은 큰 사람입니다. 그런 일을 위해 죽을 수 있으며 또 그것을 위해 사는 사람들의 심장은 그것으로 채워져 있습니다. 지금까지 당신은 무엇을 위해 살아왔습니까? 무엇을 위해 당신의 일생과 생명을 걸겠습니까?

지금까지 제2부 "예수님의 은혜에 녹아 사는 사람들"을 살펴 "복음의 본질"을 정리하여 보았고, 제3부 "예수님의 사랑에 젖어서 사는 사람들"에서는 "믿음의 본질"을 정리하였습니다.

제4부 "예수님의 심장으로 채워 사는 사람들"에서는 예수님의 크신 사랑에 젖어 사는 예수님의 사람들의 심장은 무엇으로 채우고, 어떻게 살아야 하는지 살펴봅니다. 즉 "신앙생활의 본질"을 정리하게 됩니다.

신앙생활을 한다고 하면서 신앙생활의 본질이 무엇인지를 제대로 모른 채 신앙생활을 하거나 이런 질문조차 해보지도 않고 신앙생활을 하면 엉터리비본질적인 것을 본질적인 것으로 오해하는로 신앙생활을 하면서 제대로 하고 있다고 착각하며 살게 되고, 엉터리 같은 생활을 하면서도 바르게 산다고 오해하게 됩니다.

"신앙생활의 본질이 무엇입니까?"라고 질문하면 당신은 무엇이라고 대답하시겠습니까? 다 잘라내어도 이것 하나만은 붙잡고 살아야 할 신앙생활의 본질이 무엇일까요?

우리의 심장심정, 마음, 또는 속사람에 무엇을 채우고 사는가에 따라서 우리 삶의 모든 것이 시작됩니다. 마음에 채운 것이 생각을 결정하게 하고, 생각은 선택하게 하며, 선택은 계획하게 하고, 계획은 행동하게 하며, 행동은 습관을 만들고, 습관은 인격을 형성하며, 인격은 미래를 결정하는 주체가 됩니다. 모든 것이 내 심장에 무엇 채우고 사는가에 따라 결정된다는 뜻입니다. 당신의 심장은 무엇으로 채워져 있다고 생각하십니까?

이 질문의 답을 우리는 예수님에게서 찾아야 합니다. 우리에게 이토록 크신 은혜를 베푸시며 우리를 뜨겁게 사랑하시는 예수님의 심장은 무엇으로 채워져 있는지 살펴 알면, 우리가 추구할 신앙생활의 본질을 바르게 정리할 수 있게 됩니다. 또한, 우리의 심장을 진단해 보는 기회가 되기를 바랍니다.

1. 예수님의 심장에 채우신 것

1. 예수님이 원하시는 믿음

요한복음 14장 1-11절에서 예수님은 제자들에게 무엇을 믿기 원하십니까? 제자들에게 바라시는 믿음의 깊이가 어느 정도입니까? 요한복음 14, 15, 16장은 예수님이 붙잡히기 전날 밤, 즉 십자가의 길을 가시기 전날 밤에, 제자들에게 주신 유언적 가르침으로 다락방 강화라는 별명으로 알려졌습니다. 요한복음 14장 1-11절은 이 다락방 강화의 첫 부분으로 예수님과 제자들 사이에 긴박한 긴장 가운데 오가는 대화입니다. 이 구절에서 예수님은 제자들에게 강하게 원하시는 것이 있습니다.

제자들은 예수님을 따르려고 직업도 버리고 가정도 떠났습니다. 오직 예수님이 이스라엘의 왕으로 등극할 때만 기다리며 모든 고난과 생명의 위협을 겪어가며, 피곤한 떠돌이 삶을 살았습니다. 그런데 3년의 방랑을 마칠 때가 가까워 온 줄로 알았는데, 예수님은 이제는 자꾸 죽는다고 하시고 사흘 만에 부활할 것이라는 믿을 수 없는 말만 반복합니다. 제자들에게는 예수님이 죽어버리면 우리는 어떻게 될까? 라는 두려움과 함께 예수님에 대한 배신감 같은 감정이 속에서 일어나고 있었을 것입니다. 이 밤에 제자들과 예수님 사이에 오간 대화는 제자들에게는 거친 숨결이 뿜어지는 대단히 긴장된 대화였을 것입니다. 그들에게 예수님은 말씀하십니다.

너희는 마음에 근심하지 말라 하나님을 믿으니 또 나를 믿으라. 내
아버지 집에 거할 곳이 많도다. 그렇지 않으면 너희에게 일렀으리
라. 내가 너희를 위하여 처소를 예비하러 가노니 가서 너희를 위하
여 처소를 예비하면 내가 다시 와서 너희를 내게로 영접하여 나 있
는 곳에 너희도 있게 하리라. 내가 가는 곳에 그 길을 너희가 알리
라 요14:1-4

이때 의심 많은 제자라는 별명이 붙여진 도마도마는 아마도 좋은 과학자가 될 기질이 많았던 사람이었을 것입니다가 가만히 있지 못하고 묻습니다.

주여 어디로 가시는지 우리가 알지 못하거늘 그 길을 어찌 알겠삽
나이까? 요14:5

이 질문을 받으신 예수님의 대답이 6절입니다. 예수님의 답답하신 심정을 이렇게 표현해 볼 수 있겠습니다. '야, 도마야, 너는 이렇게도 답답한 소리를 해대느냐? 아직도 모르겠느냐?' 하시고 말씀하셨습니다.

내가 곧 길이요 진리요 생명이니 나로 말미암지 않고는 아버지께
로 올 자가 없느니라.

이 말씀에서 예수님은 어느 단어를 강조하셔서 말씀하셨을까요?

이 한 구절에 예수님에 관한 귀중한 가르침이 함축되어 있습니다.

첫째, 예수님의 정체성입니다. " … 아버지께로 올 자가 없느니라." 하신 것은 예수님이 가시는 곳은 아버지 계신 곳, 원래 예수님의 소재지로 가신다는 것을 암시합니다. 요한복음 1장 18절입니다.

본래 하나님을 본 사람이 없으되 아버지 품속에 있는 독생하신 하나님하나님의 아들이신 예수님을 의미이 나타내셨느니라.

이 구절은 예수님의 정체성을 알려주는 말씀이며 또한 도마의 "주여 어디로 가시는지"라는 질문의 답이 되기도 합니다.

둘째, 예수님의 존재성입니다. 예수님은 자신이 길이요, 자신이 진리요, 자신이 생명이라 하십니다. 예수님은 우리를 위해 이런 존재가 되어주셨습니다.

셋째, 예수님의 유일성을 포함하고 있습니다. 문학에서 이중 부정은 언제 사용합니까? 이중 부정은 강한 긍정을 표현할 때 사용합니다. 그러나 이중 부정은 강한 긍정이 표현하지 못하는 것을 표현합니다. 6절의 " … 나로 말미암지 않고는 아버지께로 올 자가 없느니라"라는 말씀은 두 가지 면을 함께 지니고 있습니다. 두 단어로 정리하면 첫째는 포함성Inclusiveness이며 둘째는 배제성Exclusiveness입니다. 포함성이라 함은 예수님을 통하는 자는 반드시 아버지께 가게 된다는 절대 진리를 의미하며 배제성이라 함은 예수님을 통하지 않고는 아버지께 가는 길은 전혀 없다는 절대 진리를 의미합니다. 그렇습니다. 예수님 외에는 인간이 하나님께 나갈 길이 없고exclusively 예수님께 나가면 어떤 자도 반드시 하나님께 가게 되는 것에는 예외가 없다inclusively는 진리입니다.

예수님은 유일무이한 길이십니다. 다른 길 없으니 예수님만 따르렵니다. 예수님은 유일무이한 진리이십니다. 다른 진리 없으니 예수님만 알렵니다. 예수님은 유일무이한 생명이십니다. 다른 생명 없으니 예수님만 호흡하렵니다. 아멘!

그러면 중요하지 아니한 단어가 하나도 없는 이 구절에서 예수님은 어느 단어를 강조하셔서 말씀하셨을까요? "내가…이다I am"는 요한복음의 일곱 "내가I am"라는 말씀 중의 하나며 "길" "진리" "생명" 이 세 단어는 각각 한 권의 책이 될 만한 주제들이며 "나로 말미암지 않고는"과 "아버지께 올 자가 없느니라"라는 표현도 예수님의 절대성을 강조하는 중요한 진리를 전하고 있습니다. 문맥을 떠나서 묵상하여 보면 단어마다 강조할 만합니다. 그러나 문맥을 따라 이해하면 예수님께서 힘주어 강조하셨을 단어를 쉽게 알 수 있습니다.

예수님은 도마의 질문에 대한 답이 되는 단어를 강조하셨을 것입니다. 도마는 "길"을 모르겠다고 질문하였고 "길"의 답이 되는 단어 "내가"입니다. 그러므로 요한복음 14장 6절에서 예수님이 강조하셨을 단어는 "내가"입니다. 예수님은 이런 뉘앙스를 포함하셨을 것 같습니다. '이 어리석은 도마야, 너는 자신이 똑똑한 줄로 여기면서 길을 몰라서 내게 묻느냐?'

내가 길이다, 도마야! 내가 진리요 내가 생명이다….

예수님은 예수님 자신을 강조하신 것입니다. 그 강조하시는 내용은 다음의 7절에서 더 명확해집니다.

너희가 나를 알았다면 내 아버지도 알았으리로다. 이제부터는 너희가 그를 알았고 또 보았느니라.

언제 제자들이 예수님의 아버지이신 하나님을 보았고 또 알았습니까? 제자들이 보고 안 것은 예수님이었습니다. 예수님은 그들에게 예수님 자신을 보고 안 제자들에게 하나님을 보고 알았다고 하십니다. 만약 일반 사람이 이런 말을 하면 저 사람 미쳤다고 할 것이며, 목사나 신학자가 사용했다면 사이비라고 평가 받을 것입니다. 예수님은 그렇게 자신에 대해서 강조하시며 가르치시는 것입니다.

예수께서 갈릴리에 두루 다니사 저희 회당에서 가르치시며 천국 복음을 전파하시며 백성 중 모든 병과 모든 악한 것을 고치시니 마 4:23

이 구절에서 예수님의 사역을 가르침과 선포와 치유며 교회가 이 세 가지 사역을 해야 한다고 강조합니다. 그러나 이 세 가지는 예수님 사역의 모양Form입니다. 사역의 모양도 중요하지만 한 걸음 더 나아가서 사역의 더 깊은 본질을 알아야 합니다.

3년 공생애 기간 예수님은 무엇을 가르쳤으며, 무엇을 선포하셨고, 치유하심으로 무엇을 드러내셨는가? 다시 말하면 예수님 사역의 내용을 알아야 합니다. 예수님은 예수님 자신에 대하여 가르치셨고, 예수님 자신이 메시아이심을 선포하셨으며, 기적과 치유는 예수님은 과연 메시아라는 것을 확증시켜 주시기 위함이었습니다. 이것이 예수님의 세 가지 사역의 핵심내용이었습니다. "회개하라 천국이 가까웠느니라"마4:17라는 예수님의 첫 메시지도 예수님 자신에 관한 것입니다. 천국이 어떻게 인간에게 가까워진 것입니까? 천국의 통치자이시며, 죄인을 의인으로 만들어, 천국인 삼아주시는 예수님이 우리 가까이 오심으로 천국은 가까워진 것입니다. 예수님 품에 안길만큼 아주 가깝게! 우리 품에 안을 만큼 매우 가깝게! 그러므로 예수님의 첫 메시지도 그 의미상 예수님 자신에 관한 선포였습니다. 예수님의 가르치심과 선포하심과 치유하심은 전부 예수님 자신에 관한 것이었습니다. 예수님의 고난이 가까울수록 예수님의 가르치심은 더욱 예수님 자신에 대한 가르치심으로 집중됩니다. 본문도 그런 맥락입니다.

  이 밤에 예수님과 제자들과의 대화는 긴장감으로 가득 찼을 것이며, 대화가 깊어져 가자 빌립은 8절에 예수님께 청합니다.

"주여 아버지를 우리에게 보여 주옵소서. 그리하면 족하겠나이다."

  빌립은 머리가 좋은 사람이었던 것 같습니다. 광야에서 모여든 무리를 위하여 예수님께서 빌립에게 "우리가 어디서 떡을 사서 이 사람들을 먹이겠느냐?"요6:5라고 하시니 빌립은 컴퓨터처럼 바로 계산해

내고 대답합니다. "각 사람으로 조금씩 받게 할지라도 이백 데나리온의 떡이 부족하리이다."요6:7 이백 데나리온은 건강한 남자의 이백일의 품삯에 해당하는 금액이니 적은 양이 아닙니다. 그러나 머리 좋은 빌립은 마음이 쩨쩨한 면이 있는 것 같습니다. 빌립의 표현은 이런 의미입니다. "한 사람당 김밥 한 줄씩만 나눠준다고 해도 2천만 원으로도 부족합니다." 만약 빌립이 이들을 배부르게 먹게 하려는 마음이 간절하였다면 그의 대답은 달랐을 것입니다. "예수님, 3천만 원만 있으면 모든 사람을 배부르게 먹게 할 수 있습니다."

그러나 머리 좋은 사람들이 회의 중 토론이 복잡해질 때 결론을 내려주는 사람들입니다. "아니 이 사람들아, 이것만 결정하면 나머지는 쉽게 될 일을 가지고 왜 이렇게 복잡하게 만드는가?"라며 방향을 잡아주기도 합니다. 머리 좋은 빌립도 예수님과 제자들 사이 대화의 결론을 내리려고 합니다..

"아니 예수님, 왜 이렇게 복잡하게 말씀하십니까? 예수님이 말씀하시는 그 아버지, 하나님을 우리에게 한 번만 보여주시면 다 해결됩니다. 하나님을 한 번만 우리에게 보여주십시오. 그러면 우리 모두 입을 다물겠습니다."

빌립의 요청에 예수님은 9절에 놀라운 대답을 하셨습니다.

빌립아 내가 이렇게 오래 너희와 함께 있으되 네가 나를 알지 못하느냐 나를 본 자는 아버지를 보았거늘 어찌하여 아버지를 보이라

하느냐?

예수님이 제자들과 보내신 3년은 대단히 긴 시간이었습니다. 우리가 예수님과 매일 두 시간씩 빠짐없이 보낸다고 해도 제자들이 예수님과 보낸 3년을 채우려면 적어도 24년이 걸린다고 했습니다. 그 긴 기간 제자들은 예수님과 살았으면서도 예수님을 제대로 알지 못하였습니다.

나를 본 자는 아버지를 보았거늘 어찌하여 아버지를 보이라 하느냐?

혹 우리도 빌립처럼 예수님께 아버지를 보여 달라고 보채지는 않는지 살펴볼 것입니다. "아직도 네가 나를 알지 못하느냐?"라는 예수님의 외침은 오늘 우리 귀에도 들려야 합니다.

성령님!
예수님을 통해 아버지의 얼굴을 볼 수 있는 영안을 주십시오.
예수님을 통해 아버지의 음성을 들을 영의 귀를 주십시오.
예수님을 통해 아버지의 마음을 담을 수 있는 영성을 주십시오.

요한복음 14장 9-11절입니다.

예수께서 가라사대 빌립아 내가 이렇게 오래 너희와 함께 있으되 네가 나를 알지 못하느냐 나를 본 자는 아버지를 보았거늘 어찌하여 아버지를 보이라 하느냐 나는 아버지 안에 있고 아버지는 내 안에 계신 것을 네가 믿지 아니하느냐 내가 너희에게 이르는 말이 스스로 하는 것이 아니라 아버지께서 내 안에 계셔 그의 일을 하시는 것이라 내가 아버지 안에 있고 아버지께서 내 안에 계심을 믿으라 그렇지 못하겠거든 행하는 그 일을 인하여 나를 믿으라.

예수님께서는 모든 말씀을 듣고도 못 믿겠거든 예수님의 행하는 일을 보고서라도 나를(예수님을) 믿으라 라고 말씀하십니다. 이것이 예수님의 마지막 강화의 핵심입니다. 바로 예수님 자신을 믿으라 하신 말씀입니다. 예수님이 바라시는 제자들에게 믿음의 깊이는 어느 정도입니까? 이런 깊이의 믿음을 원하셨을 것입니다.

"너희들이 내일 내가 십자가에 죽는 것을 볼지라도 나를 믿어야 한다! 천지개벽이 일어나도 두려워하지 말고 나를 믿어라!"

이 밤에 제자들과 마지막 강화를 마치시고 겟세마네 동산에서 마지막 결단의 기도를 드리십니다. 그리고 예수님은 붙잡히시고, 밤새도록 고난을 받으시며, 내일이면 십자가에서 처절한 죽음을 당하시게 됩니다. 그런 일을 눈앞에 둔, 목자 잃고 버림받은 양과 같이 될, 제자들에게 요구하십니다. 천지가 뒤집히는 것 같은 일이 예수님에게 일어나도 제자들이 흔들리지 말고 끝까지 예수님을 믿기를 원하시는 것입니다. 그래도 나를 믿어라, 나를 믿어라. 말씀하시는 것입니다. 예수님은 오늘 우리도 이런 믿음을 가지시기를 원하시는 것입니다.

이 말씀을 받은 제자들의 믿음은 어떠하였습니까? 마가복음 14장 27절에 "예수께서 제자들에게 이르시되 너희가 다 나를 버리리라 이는 기록된바 내가 목자를 치리니 양들이 흩어지리라 하였느니라" 말씀하셨습니다. 이 말씀은 스가랴 13장 7절 말씀으로 제자들이 다 목자 예수님을 버리고 흩어질 것이라는 예언입니다. 그때 베드로는 "모두 주를 버릴지라도 나는 결코 버리지 않겠나이다."마26:33라고 큰소리를 쳤습니다. 그러나 막상 핍박의 현장이 이르러서는 큰소리쳤던 베드로도, 야고보와 요한도, 다른 제자들도 다 예수님을 버렸습니다. 이러한 일이 일어날 것과 실패하고 넘어지게 될 제자들인 줄 아시면서도 예수님은 제자들에게 요구하시는 것입니다. "너희가 실패할지라도 나를 믿어라!"

예수님의 사람은 이런 믿음을 가질 만큼 예수님을 알아야 합니다. 우리도 머리 좋은 사람 빌립이 예수님에게 "주여 아버지를 우리에게 보여 주옵소서. 그리하면 족하겠나이다"라고 했던 질문처럼, 무지한 질문을 할 때

"○○아, 내가 이렇게 오래 너와 함께 지냈으나 아직도 네가 나를 알지 못하느냐 나를 본 자는 아버지를 보았고, 나를 아는 자는 아버지를 아는 자인데 어찌하여 아버지를 보이라 하느냐?"

라고 하시는 예수님의 음성에서 성부의 음성이 들려야 합니다. 예

수님의 눈빛에서 성부 하나님의 눈빛을 보아야 합니다. 예수님의 손길에서 성부 하나님의 사랑의 온기를 느껴야 합니다. 예수님의 심정에서 삼위일체 하나님의 심정이 깨달아져야 합니다.

우리도 제자들처럼 큰소리를 쳐보지만, 그들처럼 넘어지기도 합니다. 수없이 결심도 해보고 철없는 서원도 수없이 해보며 애써보아도 실패합니다. 그런 우리에게 예수님께서 원하시는 믿음은 예수님을 통하여 아버지를 알 것과 무슨 일을 당하여도 예수님을 믿을 것을 원하십니다.

세상이 뒤집힐지라도 "너는 나를 믿어라!"
논리가 바닥을 쳐도 "너는 나를 믿어라!"
이성이 곤두박질하여도 "너는 나를 믿어라!"
감성이 다 소진하여도 "너는 나를 믿어라!"
경제가 요동하여도? "너는 나를 믿어라!"
교회가 다 무너질 것 같을지라도 "너는 나를 믿어라!"
네가 실패하여 넘어져도 "너는 나를 믿어라!"
네 약함으로 인하여 두려워도 "너는 나를 믿어라!"
네 죄가 너를 몰아쳐도? "너는 나를 믿어라!"
환경이 너를 무섭게 몰아대어도 "너는 나를 믿어라!"
온 세상이 기독교를 비난하여도 "그래도 나를 믿어라!"

라고 우리에게 요구하십니다.
이런 믿음 없이는 누구라도 제대로 할 수 있는 일이 별로 없습니다. 마지막 만찬을 마치시고 십자가의 길 가시기 직전에 예수님은 제자들에게 이런 믿음을 요구하는 것입니다. 그래야, 예수님이 주시는 약속을 누릴 수 있기 때문입니다. 그래야 바르게 신앙생활을 할 수 있기 때문입니다.

예수님, 세상이 뒤집혀도 "나는 예수님을 믿음으로 바르게 신앙생활을 하게 하여 주십시오."
예수님, 실패하여 넘어져도 "나는 예수님을 믿음으로 바르게 신앙생활을 하게 하여 주십시오."
예수님, 환경이 몰아칠지라도 "나는 예수님을 믿음으로 바르게 신앙생활을 하게 하여 주십시오."

2. 예수님이 하신 일

요한복음 14장 1-11절에서 예수님은 제자들에게 바라시는 믿음의 깊이를 살펴보았습니다. 예수님은 내일 자신이 십자가에 달려 죽는 것을 볼지라도 제자들에게 "그래도 너희는 나를 믿어라!"고 요구하십니다.

이런 믿음을 요구하시는 예수님의 심장에 도대체 무엇으로 채워져 있을까?

내가 진실로 진실로 너희에게 이르노니 나를 믿는 자는 나의 하는 일을 저도 할 것이요 또한 이보다 큰 것도 하리니 이는 내가 아버

지께로 감이니라 요14:12

"진실로"라는 표현을 두 번 거듭 사용하신 것은 뒤이어 하시는 말씀의 중요성과 확실성을 강조하시는 것입니다. 예수님은 자신의 인격과 권세로 약속하시는 말씀입니다. 예수님께서 마지막 밤에 제자들에게 이토록 분명하게 약속하신 것이 무엇인지 그 내용을 바로 알지 못하면 본문은 본래의 의미와 다르게 남용될 수 있는(많은 설교자에 의해 남용됐던) 구절입니다.

설교자가 이 구절을 설교하면서 "이 말씀을 믿습니까?"라고 외치면 대개는 당연한 듯 "아멘!" 하며 대답합니다. 그러나 과연 이 말씀의 뜻을 바르게 이해하고 아멘 하는지 의문이 갑니다. 다음과 같이 차근차근 질문을 계속하면 대개 대답이 점점 자신이 없어지고 부언 설명이 많아집니다.

"당신은 이 말씀을 정말 그대로 믿습니까?"

"당신은 예수님이 하신 일을 정말 할 수 있습니까?"

"정말 당신은 예수님이 하신 것보다 더 큰 일도 할 수 있습니까?"

이렇게 질문을 계속하면 "글쎄요"라든가 "성경에 있는 말씀이니까 그런 줄 믿는 거지요" 또는 "하나님이 능력 주시면 할 수 있지요"라고 대답합니다. 그러나 집요하게 물으면 솔직하게 "사실은 고민이 되는 구절입니다"라고 대답하는 경우가 대부분입니다. 이런 반응은 평신도나 목회자들이나 별 차이가 없는 것 같습니다.

저도 이 구절을 붙잡고 수개월을 씨름했던 적이 있었습니다. 이유는 이 구절은 저의 믿음과 구원의 진정성을 규명하는 구절이라 생각이 들었기 때문입니다. 예수님의 말씀은 아무 조건 없이 단순히 "나를 믿는 자는 나의 하는 일을 저도 할 것이요"라고 하셨으니 나의 믿음이 진실하다면 나도 예수님의 하신 일을 할 수 있어야 합니다. 그런데 그럴 자신이 없었습니다. 이런 생각을 하였습니다.

"나는 아무리 생각해도 예수님처럼 죽은 자를 무덤에서 불러내서 살린다는 것은 상상도 할 수 없는 일이다. 날 때부터 소경된 자를 고칠 자신도 없다. 그렇다면, 나는 괜히 나 혼자 잘 믿는 줄로 착각하는 게 아닌가? 그렇다면, 옛 친구들의 부름을 거절하며 세상 재미도 단절하고 신앙생활을 잘해보려고 애쓰는 것들이 다 헛일 아니겠는가? 나는 구원 받지 못한 자가 아닐까?"

이런 생각에 이 구절은 저의 구원을 확인하는 문제와 관련된다는 생각이 들었습니다. 그래서 이 구절의 의미와 대답을 찾으려고 수개월을 씨름했습니다.

그때 마침 어느 유명한 부흥강사가 제가 출석하던 교회에서 부흥집회를 인도하였습니다. 그분이 설교 중에 놀라운 간증을 하였습니다. 자신이 담임하는 교회의 어느 성도가 죽었다고 하였습니다. 가족들이 하도 슬퍼하기에 시체를 끌어안고 밤새도록 기도하였더니 새벽에 죽은 자가 숨을 내쉬고 살아나더라는 간증을 하는 것을 들었습니다. 저는 저분은 진짜 구원받은 신자이구나라는 생각을 하며 이 구절의 의미를 알려고 성경을 읽으며 씨름했었습니다.

그러다가 문득 "이 구절을 믿는가?"라는 질문에 "믿습니다!"라고 확신 있게 대답하려면 먼저 예수님이 "나를 믿는 자는 나의 하는 일을 저도 할 것이요 또한 이보다 큰 것도 하리니"라고 하신 말씀에서 "나의 하는 일"과 "또한, 이보다 큰 것"은 무엇을 의미하는지를 알아야 "믿습니다!"라고 하든지 "아닙니다!"라고 하든지 대답할 수 있다는 것을 알았습니다.

과연 예수님께서 말씀하신 예수님을 믿는 자는 예수님의 하시는 일과 또한 그보다 더 큰 일도 한다고 하신 의미가 무엇일까? 그리고 예수님께서 가장 중요하게 여기신 그 일이 무엇일까? 만약 예수님이 하신 일을 병 고치는 일과 죽은 자를 살리는 일이라면 예수님은 실패자라 하겠습니다. 왜냐하면, 병든 자가 고침을 받고 나서도 또 죽는 것이니 결국 예수님 하신 일은 화려하게 보여도 실패요, 죽은 자를 무덤에서 살려낸다 하여도 그도 역시 다시 죽을 것이니 이것도 역시 실패입니다. 그리고 예수님은 여전히 많은 병든 자들을 고쳐주지 않으시고 승천하셨습니다. 그러므로 병을 고치거나 죽은 자를 무덤에서 살리는 것과 같은 기적을 행하는 일이 아니었습니다. 그러므로 이 질문의 답을 찾으려면 다음의 질문에서 찾을 수 있습니다.

과연 예수님은 무엇을 하시려고 위해 하나님의 영광을 버리고 냄새 나는 인간 사회로 오셨으며 예수님은 무엇 위해 사셨으며, 예수님은 무엇을 위해 죽기까지 하신 것입니까?

예수님이 의미하신 "나의 하는 일"은 바로 "그 일"을 의미하는 것입니다. 그 일이 무엇입니까?

한 가지 사건에서 우리의 질문에 대한 답을 찾아볼 수 있습니다. 누가복음 23장 39-43절은 예수님이 십자가에 달려 돌아가실 때 예수님의 좌우에서 십자가에 못 박힌 두 강도에 대하여 알려줍니다. 39절에 강도 중 하나는 "네가 그리스도가 아니냐 너와 우리를 구원하라"라며 예수님을 비방하며 비참하게 인생을 끝냈습니다.

그러나 40-41절에 나오는 다른 강도는 첫째 강도를 꾸짖습니다. "네가 동일한 정죄를 받고서도 하나님을 두려워 아니하느냐 우리는 우리의 행한 일에 상당한 보응을 받는 것이니 이에 당연하거니와 이 사람의 행한 것은 옳지 않은 것이 없느니라." 쉽게 표현하면 "야, 이 놈아, 입 다물어! 너와 나는 죽을죄를 짓고 사형당하지만, 이분은 죄 없으신 분이지 않으냐?"라는 의미일 것입니다. 그리고 42절 예수님께 말합니다.

예수여 당신의 나라에 임하실 때에 나를 생각하소서!

이 강도의 별것 아닌 것 같은 간구를 들으시고 예수님은 구원을 약속해주셨습니다.

이 강도의 고백은 별것 아닌 것처럼 보이지만 자세히 풀어보면 예수님을 대단히 깊이 있게 믿었다는 것을 알 수 있습니다. 첫째 예수님은 성결하신 분인 줄 알았습니다. 누가복음 23장 41절에 "이 사람의 행한 것은 옳지 않은 것이 없느니라"라고 한 것은 예수님을 자신과는 전혀 다른 죄 없으신 분인 줄 알았다는 것을 의미합니다. 둘째 예수님의 나라를 믿었습니다. 지금 자신과 같은 처지가 되어서 십자가에 달려서 죽어가는 예수님을 보고 "당신의 나라에 임하실 때에"라고 한 것은 제자들조차 분명히 믿지 못하였던 예수님의 나라를 인정하고 예수님의 나라에서 예수님은 왕권을 가지신 분이신 것을 알고 믿었다는 것을 의미합니다. 셋째 자신의 천함을 인정하고 고백했습니다. 너무나 천하고 추한 자신을 인식하고 구원하여 달라고 부탁하지 못했습니다. 그저 "당신의 나라에 임할 때에 나를 생각하소서!"라고만 간구한 것은 자신은 구원하여 달라고 청할 자격조차 없음을 인식하였다는 것을 의미합니다. "내 이름 석 자를 기억만 해 주셔도 감사하겠습니다!"라는 강도의 낮아짐과 믿음의 고백은 대제사장이나 제자들이나 군중이 가지지 못했던 깨달음이요 믿음이었습니다. 예수님은 43절에 그에게 약속하십니다.

내가 진실로 네게 이르노니 오늘 네가 나와 함께 낙원에 있으리라.

예수님은 이 말씀을 하실 때에 매우 기쁘셔서 그의 어깨를 안으시려고 팔을 움직이려고 하시다가 못 박힌 손을 찢는 고통으로 또다시 전율하셨을 것입니다. 그리고 고개를 돌려 이 강도를 바라보시고 이 약속의 말씀을 하시던 예수님의 눈에는 눈물이 맺혔을 것입니다. 고통으로 말미암은 눈물이 아니라 이 한 영혼이 구원받게 된 기쁨, 잃어버린 한 마리의 양을 다시 찾은 기쁨의 눈물이었을 것입니다. 그리고 고개를 돌려 그에게 약속하십니다. "내가 진실로 네게 이르노니 오늘 네가 나와 함께 낙원에 있으리라." 숨을 들이쉬고 내 쉬는 동작마다 온몸의 고통을 견뎌야 하는 십자가의 죽음을 당하면서도 예수님은 이 한 영혼을 구원하시기 위해 숨을 모아 입을 열어 구원을 약속하셨습니다.

　이 내용에서 질문의 답을 찾을 수 있습니다. 예수님이 의미하신 내가 하는 일을 너희도 할 것이라고 하신 "예수님의 일"은 바로 이 강도를 구원하신 것처럼 잃어버린 한 영혼을 찾아 구원하여 하나님의 자녀로 삼으시는 일을 의미하시는 것입니다. 예수님은 이 일을 위해 세상에 오셨고, 이 일을 위해 십자가에 자신을 버리신 것입니다.

　예수님의 심장에는 무엇으로 채워져 있는가? 예수님의 심장에는 한 영혼으로 가득 채워져 있습니다. 십자가에서 죽음의 순간에도 예수님의 심장에는 구원해야 할 한 영혼으로 가득 채우고 계셨습니다. 예수님의 심장에는 "나"라는 한 영혼으로 가득 채우고 계십니다. 이 놀라운 사랑이 우리의 본질을 바꾸어놓는 이유가 되며, 우리의 생각을 변화시키는 동기를 부여하며, 우리의 행동을 새롭게 하는 이유가 됩니다. 예수님은 "나"를 예수님의 심장에 가득 채우시고 "나"를 위하여 십자가의 모욕과 고통을 견디신 것입니다. 이천 년 후 한반도에 전기도 오지 않는 시골에서 태어날 한 소년을 심장에 채우시고, 그 소년이 청년이 되면 예수님의 사람이 될 것을 기쁨으로 여기시고, 십자가를 참으셨습니다. 히브리서 12장 2절이 그 예수님의 심장을 설명합니다. "믿음의 주요 또 온전케 하시는 이인 예수(님)을 바라보자. 저는 그 앞에 있는 즐거움을 위하여 십자가를 참으사 부끄러움을 개의치 아니" 하셨습니다. 나를 마음에 가득 채우시고 나를 위해 십자가의 길을 가셨다는 것을 묵상하면 이전처럼 내 멋대로 생각하고 내 마음대로 행동하며 살 수 없게 됩니다. 나를 심장에 가득 채우고 사시는 예수님의 사람 된 나는 이제 어떻게 살 것인가?

예수님!
나를 심장 가득 채우시는 그 사랑을 알게 하여주십시오.
나도 예수님을 내 심장에 가득 채우게 하여주십시오.
내 하는 모든 일이 주님의 일이 되게 하여주십시오.

2. 예수님의 사람들이 하는 일

1. 예수님을 따르는 자들이 하게 될 일

예수님을 따르는 사람들은 예수님께서 하시는 일을 하게 된다고 하였습니다. 예수님은 한 영혼을 구원하시기 위해 세상에 오셨고 한 영혼을 위하여 십자가의 고통스러운 죽음을 당하면서도 입을 열어 구원을 약속하셨습니다. 그 예수님이 예수님을 믿는 자는 예수님이 하는 일을 너희도 할 것이라고 하신 "예수님의 일"은 기적을 행하는 일이 아니라 한 영혼을 찾아 구원하여 하나님의 자녀로 삼으시는 그 일을 의미하시는 것입니다. 예수님은 이 일을 위해 세상에 오셨고, 이 일을 위해 십자가에 자신을 버리신 것입니다. 이 일을 위해 예수님은 자신의 심장에 한 영혼으로 가득하게 채우십니다.

그렇다면, 예수님의 사람들이 하는 일은 무엇입니까? 먼저 자신의 심장을 예수님으로 채우는 것입니다. 진정으로 예수님의 은혜에 녹고(간음의 현장에서 끌려온 여인과 같이) 예수님의 사랑에 젖어 사는 자의 심장은 예수님의 심장으로 채워지게 되어 있습니다. 또한, 예수님의 심장으로 채워진 자는 예수님이 하시는 일을 하게 되어 있습니다. 예수님의 심장에 타오르는 것이 내 심장에 타오르는 것이 되며, 예수님의 눈길이 닿는 곳으로 내 마음의 눈길이 가게 되고, 예수님이 가리키는 곳으로 나의 발걸음을 옮기게 됩니다.

예수님은 소망 잃은 한 영혼, 38년 된 중풍병자를 자신의 품에 안고자 먼지 나는 길을 걸어서 베데스다 연못까지 찾아가셨고, 반기지 않는 사마리아 땅도 찾아가셔서 한 영혼을 품어주셨고, 풍랑이 일어나는 갈릴리 바다를 건너서 군대 귀신 들린 한 영혼을 품어주셨고, 십자가를 지는 길을 가시는 중에서도 한 영혼이 기다리는 길로 가셔서 소경 바디매오를 자신의 품에 품어주셨습니다. 예수님의 심장을 채운 자가 하는 일도 주님이 심장에 품으신 그 한 영혼을 위해 사랑의 손길을 베풀며 다가가서 예수님의 품에 안기게 하는 그 일을 하는 것입니다.

우리는 성공과 실패의 개념을 바꾸어야 합니다. 신앙생활의 성공과 실패는 화려한 결과에 달렸지 않습니다. 성도의 성공은 장로 되는 것이 아니며, 목사의 성공은 큰 목회 하는 것이 아니며, 선교사의 성공은 화려한 전도보고서를 만드는 것이 아닙니다. 물론 그런 열매를 맺는 것은 기쁜 일이지만 신앙생활 성공의 척도는 되지 못합니다. 성도의 성공은 주님이 원하시는 일을 하는 데에 전력을 기울이는 데에 성공하는 것입니다. 이 일에 실패하면 안 됩니다.

전도하는 자가 전도대상자마다 예수님을 믿게 하는 것이 전도의 성공이 아닙니다. 예수님을 믿게 하는 일에 온 힘을 기울이는 것입니다. 전도의 열매는 주님께서 맺게 하십니다. 전도자는 다만 한 영혼을 예수님의 품에 안기게 하는 그 일에 온 힘을 다해야 합니다. 이 일에는 실패하지 말 것입니다.

정리하면 예수님의 심장을 채운 자는 반드시 예수님이 하시는 일을 하게 되어 있습니다. 예수님은 한 걸음 더 가셔서 말씀하십니다.

"또한, 이보다 큰 것도 하리니" 이것은 또 무슨 의미인가? 예수님은 세상에 계실 때 공생애 사역의 시간과 공간을 3년간의 세월을 유대 땅이라는 공간에 한하셨습니다. 이제 후로는 예수님을 믿는 자들은 예수님의 손길이 닿지 아니하였던 더 많은 시간과 예수님이 발길이 닿지 않았던 더 넓은 공간을 채우며 예수님을 증거하게 될 것입니다. 이 일로 인하여 더 많은 기사와 이적도 일어나게 해 주실 것입니다. 더 많은 영적 열매를 맺게 될 것입니다. 이 일을 위하여 예수님은 3년의 세월과 정성을 쏟아서 열두 제자들을 길러내셨습니다. 이제 이 제자들과 제자들의 제자들을 통하여 더 긴 시간과 더 넓은 공간에서 예수님의 제자들이 길러질 것입니다. 그 증거로 베드로는 한 번 설교로 5천 명을 회개케 하였고, 한 번 설교로 3천 명을 예수님을 믿도록 인도하였습니다. 진정으로 예수님을 믿는 자들은 예수님보다 더 많은 시간 동안에 더 많은 공간을 밟으며 더 많은 제자를 길러낼 것이니 "또한, 이보다 큰 것도 하리니"라고 하신 말씀은 더 깊은 사명의 삶을 살라는 말씀이기도 합니다.

한 가지 분명히 밝힐 것이 있습니다. 예수님보다 더 긴 시간과 더 많은 공간에 활동하며 더 많은 양적 열매를 맺으며 예수님이 하신 일보다 더 큰 것을 한다고 하여 절대로 예수님보다 더 큰 자 되는 것을 의미하는 것이 아닙니다. 이 말씀은 예수님을 믿는 자들에게 더 많은 시간과 더 넓은 공간을 다니며 더 많은 예수님의 제자를 양육하라는 예수님의 명령입니다. 그리고 이 명령은 예수님의 동행하심, 임재하심, 역사하심과 도와주심의 약속을 함축하고 있습니다. 진정으로 예수님을 믿는 자들은 이 소명에 기꺼이 순종하며 기쁨으로 따를 것이며 열정으로 수고할 것이며, 주님은 이런 자들의 손발에 권능을 실어 주시는 것입니다. 우리는 예수님의 심장에 채워주신 자들이 되었으니 우리도 예수님의 심장을 우리의 심장에 채우고 예수님의 역사에 동참할 것입니다. 아멘!

예수님, 내 심장에 예수님 심장을 가득 채워주십시오. 주님의 손이 닿지 않았던 시간을 주님의 향기로 채우게 하여 주십시오. 주님의 발이 닿지 않았던 공간을 예수님의 자취를 남기며 걷게 하여주십시오. 주님 하신 일을 우리도 이어가게 하소서.

2. 조건 없는 약속

너희가 내 이름으로 무엇을 구하든지 내가 행하리니 이는 아버지로 하여금 아들로 말미암아 영광을 받으시게 하려 함이라 내 이름으로 무엇이든지 내게 구하면 내가 행하리라 요14:13-14

예수님은 이 구절에서 엄청난 약속을 제자들에게 반복하여 말씀하십니다. "내 이름으로 무엇이든지 내게 구하면 내가 행하리라." 특히 14절은 "내가"라는 강조 표현을 사용하시며 "내가 행하리라" 하신 예수님의 약속은 아무에게나 주신 약속이 아닙니다.

이 구절을 가르칠 때 당신은 이 약속을 믿느냐고 물으면 모두 아멘 하고 대답합니다. 그러나 "정말로 당신이 무엇이든지 구하면 예수님이 들어주시는 것을 믿느냐?"라고 재차 삼차 물으면 점점 확신감이

줄어드는 것이 대부분입니다. 그래도 강력하게 믿는다고 주장하는 이들에게 주의 일에 꼭 필요하니 백만 불을 제게 주시라고 예수님께 구해 달라고 부탁하면 이런저런 설명을 더하며 조건들을 제시하기도 합니다. 그러나 예수님의 약속은 복잡한 조건 없이 제자들에게 주신 약속입니다. "내 이름으로 무엇이든지 내게 구하면 내가 행하리라." 이 약속을 바르게 이해하기 위해 누구에게 이 약속을 주셨는지를 먼저 정리해야 합니다. 이 약속은 어떤 자들에게 주신 것입니까? 두 가지 이야기로 정리해 보겠습니다.

첫째 이야기입니다. 한 청년이 어느 처녀에게 고백합니다. "내가 당신을 진심으로 사랑합니다. 내 생명 다하도록 사랑하겠습니다. 그러니 당신이 원하는 것이 무엇이든지 내게 말해 주십시오. 내가 다 들어 드리겠습니다." 이렇게 고백을 하면서도 이 청년이 속으로 생각합니다. "설마 이 여자가 미친 척하고 백만 불을 달라고 하지는 않겠지." 이 청년의 고백이 진짜일까 가짜일까? 답은 간단합니다. 가짜입니다. 이 청년은 처녀의 마음을 훔치려는 음흉한 계산으로 마음이 없는 약속을 하는 것입니다. 또 이 청년의 고백을 들은 처녀가 속으로 생각합니다. "이게 웬 떡이냐? 밑져야 본전인데 백만 불만 달라고 하자." 그리고 대화합니다.

"자기 진짜야?"

"그럼 진짜지."

"그러면 내게 백만 불만 주세요."

이렇게 말을 한다면 이 처녀의 사랑도 이기적인 가짜 사랑입니다.

이 약속은 아무 힘이 없는 약속입니다.

둘째 이야기입니다. 어떤 청년이 한 처녀에게 고백합니다. "내가 당신을 사랑합니다. 평생 사랑하겠습니다. 그러니 당신이 원하는 것이 무엇이든지 내게 말해 주십시오. 내가 다 들어 드리겠습니다." 그러면서 속으로 생각합니다. "만약 내 사랑하는 이 사람이 백만 불이라도 요구하면 지금 내 손에는 없지만 내 목숨을 다하여 반드시 이루어 주리라." 그리고 약속합니다. "무엇이든지 원하는 것을 말해 주시오. 내가 생명 걸고 이행하겠습니다." 이 청년의 사랑은 진실합니다. 이 청년의 약속은 힘이 있습니다. 또 이 청년의 고백을 들은 여인의 청년을 향한 사랑이 진실한 사랑이라면 무엇을 요구할까요? 이기적이고 자기중심적인 요구를 할까요? 그렇지 않습니다. 사랑하는 자를 위하여 요청할 것입니다. 이런 관계에서는 복잡한 계약서의 조건과 같은 것은 불필요합니다. 조건이 붙을수록 두 사람의 관계는 온전하지 못한 것을 의미합니다.

생명을 건 진실한 관계에서 맺어지는 약속은 생명의 힘이 있습니다. 예수님은 이런 약속을 자신의 생명을 나누는 제자들에게 주셨고, 이 약속을 받은 제자들은 예수님을 위하여 자신의 생명을 나눌 자들입니다. 예수님은 이 약속을 그런 제자들에게 아무 조건 없이 주셨습니다. 신학적인 복잡한 조건은 없습니다. 예수님의 이름으로 예수님께 무엇이든지 내가 시행하리라 하신 이 약속은, 예수님의 생명을 받고 예수님을 위하여 생명을 바친 사랑의 관계에 들어간, 제자들에게 아무 조건 없이 주신 생명의 약속입니다. 유일한 조건이라면 예수님의 이름으로 예수님에게 구하는 것(내 이름으로 무엇이든지 내게 구하면)입니다.

제자들은 예수님에게는 어떤 자들입니까? 예수님께서 자신의 심장에 채운 자들입니다. 십자가에서 그들을 위하여 자신의 생명을 내어 주시기까지 예수님의 심장에 가득 채운 자들이었습니다. 제자들은 어떠합니까? 잠시 후면 두려움으로 예수님을 버리고 도망을 가는 실패를 저지르지만, 그들은 예수님을 그들의 심장에 가득 채운 자들입니다. 비록 부족하여 실패할지라도 예수님을 사랑하는 그들의 마음은 진실하였던 것입니다. 그들은 자신들의 심장에 예수님을 가득 채운 자들입니다. 예수님은 제자들을 이런 진실함을 아시고 이 약속을 아무 조건 없이 주신 것입니다. "믿습니까?" 외치면 "아멘!" 이라고 소리 지른다고 이 약속을 받는 것은 아닙니다. 예수님을 심장에 가득 채우고 예수님을 진심으로 사랑하는 자들에게 조건 없이 주신 약속입니다.

마태복음 12장 34절은 예수님께서 외식하는 바리새인들에게 하신 말씀입니다. "독사의 자식들아 너희는 악하니 어떻게 선한 말을 할 수 있느냐 이는 마음에 가득한 것을 입으로 말함이라." 심장에 악한 것으로 가득 채운, 사단에게 속한 자들은 마음에 가득한 악을 입을 말하지만, 심장에 예수님으로 가득 채운 자들은 입술로 간구하는 기도도 손발로 행하는 일들도 예수님으로 가득합니다. 예수님은 그런 자들의 간구를 들으시고 시행해 주십니다.

"내 이름으로 무엇이든지 내게 구하면 내가 행하리라."

이 약속을 믿느냐는 질문에 예수님을 심장에 채워 사는 자들은 자신 있게 대답할 수 있습니다. "그렇습니다. 나를 심장에 가득 채우고 사시는 내 예수님께 예수님의 이름으로 무엇을 구하여도 다 들어주십니다."

예수님의 심장 채운 자들은 어떤 간구를 예수님께 드리겠습니까? 예수님의 심장 채운 사람들의 간구는 예수님의 마음에 주파수가 맞추어져 있는 자들입니다. "네가 구하는 마음이 내 마음에 합하였으니 내가 시행하겠다"라고 하시며 기뻐하십니다. 그러나 하나님께서 우리의 기도를 응답하시는 네 가지의 경우가 있습니다.

첫째는 우리가 기도드린 그대로 응답하실 때입니다. 이 경우는 우리의 기도가 하나님의 뜻에 온전히 맞추어질 때입니다. 하나님께서 기뻐하시며 아들을 통하여 간구한 그대로 응답하십니다.

둘째는 우리가 드린 기도와 다르게 응답하실 때입니다. 우리 기도의 응답이 우리 생각에는 최선인 것 같아서 간절히 구하지만 전지전능하신 주님이 보시기에는 선하지 않을 때가 있습니다. 그때는 예수님이 기도를 들으시고 "네 기도대로 응답하면 너는 망한다. 그러나 네가 원하는 것이 무엇인지 내가 알았다. 내가 너의 간구보다 더 나은 것으로 응답하마." 하시며 더 좋은 것으로 응답하십니다. 그러나 이것이 더 좋은 응답임은 틀림없습니다.

셋째는 우리의 기도를 응답하지 않을 때도 있습니다. 그것은 우리의 드리는 기도가 하나님의 뜻과 어긋날 때입니다. 예를 들면 빌리 그래함Billy Graham의 사모 되시는 룻Ruth은 "하나님께서 나의 기도를 다 응답하지 않으신 것을 감사한다. 만약 그리하셨더라면 나는 적어도 여섯 번은 놈팡이 남편들과 살아야 했을 것이다"라고 간증하였습니다. 빌리가 못마땅해서 남편을 바꾸어 달라고 하나님께 떼를 쓰는 기도를 드렸다는 뜻입니다. 이런 때에는 현재 행하는 삶의 모습 그대로 생활에서 축복으로 응답하십니다.

넷째는 우리의 기도에 대하여 예수님께서 침묵하실 때도 있습니다. 오랫동안 침묵하실수록 그 기도는 대체로 크고 중한 기도일 때가 대부분 입니다. 기도의 응답이 임할 때를 하나님도 기다리시는 것입니다. 그때는 기도의 응답이 최선인 때를 기다리시며 준비하십니다. 이럴 때에는 기도의 분량이 쌓일 때까지 묵묵히 기도를 계속하는 것입니다. 기도드리는 동안에 우리는 기도를 응답받을 준비를 하게 될 것입니다.

그러므로 우리가 예수님의 이름으로 드리는 모든 기도는 우리에게 은혜와 축복으로 바꾸어서 응답해주십니다. 감사할 것은 우리의 기도대로만 응답해 주시지 않으신다는 것입니다. 우리의 기도를 들으시고 주님이 보시기에 가장 선한 방법을 따라서, 주님이 가장 합당한 것으로, 주님이 보시기에 가장 좋은 때에, 응답해 주십니다. 이 얼마나 놀라운 약속인가! 그러므로 모든 일에 기도할 것입니다. 우리의 기도 문제는 응답받지 않는 것이 아닙니다. 기도하지 않는 것이 문제일 뿐입니다. 자신의 심장에 예수님을 채우고 사는 자의 기도를 예수님은 다 들어주시고 응답해 주십니다.

예수님, 예수님의 심장에 나를 가득 채우시니

> 예수님을 나의 심장에도 가득 채우게 하여주십시오.
> 그리하시면
> 내 입술의 말이 예수님의 언어이겠습니다.
> 내 머리의 생각이 예수님의 생각이겠습니다.
> 내 기도의 간구가 예수님의 원하심이겠습니다.

3. 예수님이 제자들을 위해 구하시는 것

기도의 약속을 주신 예수님은 또 다른 약속을 하십니다.

> 내가 아버지께 구하겠으니 그가 또 다른 보혜사를 너희에게 주사 영원토록 너희와 함께 있게 하리니 그는 진리의 영이라 세상은 능히 그를 받지 못하나니 요14:16

예수님은 보혜사를 우리에게 보내주신다고 약속하셨습니다. 보혜사는 '중보자', '돕는 자'라는 뜻입니다. 보혜사는 하나님에게서 오신 분으로, 예수님을 믿고 따르는 자들을 은혜로 보호하고 격려하시며 힘주시는 분이라는 의미입니다. 이 보혜사는 성령님을 의미합니다. 성령님은 성부 하나님께 우리를 위해 중보하시고 권능으로 우리를 보호해 주시며 위로하시고 삶의 현장에서 우리에게 힘을 실어주시는 분입니다.

성령님은 성자 예수님의 영이신 동시에 성부 하나님의 영이십니다. 삼위일체의 제삼위이신 분입니다. 성령님은 성자 예수님으로 충만하십니다. 성자는 성부로 충만하고 성부는 성령으로 충만하십니다. 성령님은 성자의 마음과 똑같은 마음을 가지시며, 성자는 성부와 같은 마음을 가지십니다. 성부의 뜻은 성자의 뜻이요 성자의 뜻은 성령의 뜻입니다. 성부의 생각은 성자의 생각이요 성자의 생각은 성령의 생각입니다. 성령이 하시는 일은 성자의 하시는 일이요 성자가 하시는 일은 성부가 하시는 일입니다. 성부 성자 성령은 삼위이면서 일체이신 한 분 하나님이십니다.

성자가 성부에게 구하여 성령을 우리에게 보내주셔서 영원토록 우리와 함께 있게 하신다고 약속하셨습니다. "있게 하리니"라는 동사는 현재 능동태 가정법으로서 성령님은 자의로능동적으로 그리고 계속해서 우리와 함께 하실 것을 의미합니다.

예수님은 보혜사 성령님이 제자들을 위하여 행하실 일들을 요한복음 14장 26절에 설명해 주셨습니다. "보혜사 곧 아버지께서 내 이름으로 보내실 성령 그가 너희에게 모든 것을 가르치고 내가 너희에게 말한 모든 것을 생각나게 하리라." 성령님은 제자들에게 예수님이 가르쳐 주신 것을 생각나게 하시고 가르쳐서 깨닫게 해주십니다.

요한복음을 보면 예수님의 말씀이 자세하게 기록되어 있습니다. 그 당시에는 녹음기도 없었고 컴퓨터도 없었으며 그렇다고 속기록에 담아둔 것도 아닙니다. 그런 시대에 사도 요한은 어떻게 하여 예수님에 대해서 그리고 예수님이 가르치신 내용을 상세하게 기록할 수 있었을까요? 답은 간단합니다. 성령님이 기억나게 해 주신 것입니다.

『죽으면 죽으리라』를 쓴 고 안이숙 선생은 자신이 일제 압박 동안에 겪은 일들을 날짜까지 자세하게 마치 활동 필름처럼 기억할 수 있었다고 합니다. 그렇게 하여 『죽으면 죽으리라』라는 귀중한 책을 우리에게 남긴 것입니다.

안이숙 선생이 소천하시기 전에 자신이 선물로 받았던 밍크코트를 현 한동대학교 김영길 총장 사모이신 김영애 권사에게 전해 주라고 유언하셨습니다. 김영애 사모님이 안이숙 선생의 장례식 후에 안이숙 선생이 자기에게 유산으로 남겨주신 밍크코트를 받고 문득 엘리사가 엘리야의 겉옷을 물려받으며 스승의 영감을 갑절이나 구했던 성경말씀을 기억하고 밍크코트를 감사히 받았다고 했습니다. 안이숙 사모님이 코트를 자신에게 남겨주신 것은 의미가 있다고 생각했기 때문이었습니다.

김영애 사모님은 저를 만나면 한동대의 감동적인 이야기를 들려주기를 좋아하십니다. 김영애 사모님의 한동대학교 이야기들을 듣고 있으면 마치 사건의 현장에서 보는 것 같은 느낌이 듭니다. 사건들의 날짜와 일어난 일들을 자세하게 기억하고 설명하여 주시는 이야기를 들을 때마다 안이숙 선생님이 생각납니다. 안이숙 선생에게 소중한 이야기들을 기억하게 하셔서 "죽으면 죽으리라"라는 소중한 책을 남기게 하신 성령님은 김영애 사모님에게 똑같이 역사하셔서 『갈대상자』라는 귀중한 책을 우리에게 주셨습니다.

마찬가지로 사도 요한에게 예수님이 하신 말씀을 기억나게 하시고 기록하게 하신 성령님은 사도뿐만 아니라 오늘 우리도 깨닫게 하시고 가르쳐 주시려고 요한에게 이 모든 것을 기억나게 하시고 깨닫게 하신 것입니다. 이것은 우리를 위한 하나님의 배려입니다.

이어서 예수님은 제자들에게 알려주십니다.

> 그는 진리의 영이라 세상은 능히 그를 받지 못하나니 이는 그를 보지도 못하고 알지도 못함이라 그러나 너희는 그를 아나니 그는 너희와 함께 거하심이요 또 너희 속에 계시겠음이라. 요14:17

예수님은 제자들이 세상이 알지도 못하고 받을 수도 없는 성령님을 안다고 하십니다. 언제 어떻게 제자들이 세상이 알지 못하는 성령님을 알게 되었습니까? 예수님을 앎으로 성령님을 알게 된 것입니다. 성자 예수님을 앎으로 성부 하나님을 알게 되듯이 예수님을 통해서 성령님을 알게 됩니다. 그 성령님이 제자들과 함께 거하시며 뿐만 아니라 제자들 속에 계실 것이라고 약속하셨습니다.

이 약속이 시작된 증거가 사도행전 2장에 나오는 오순절 강림하신 사건입니다. 그날 이후로부터 성령님은 예수님을 구원주와 주님으로 믿는 모든 예수님의 사람들 속에 계시는 것입니다.

4. 보혜사 성령님이 하시는 일

성도들 속에 계시는 성령님이 하시는 가장 중요한 사역은 무엇인가? 라는 중요한 질문에 대하여 우리는 바른 답을 알아야 합니다. 예수님은 뜻밖에 성령님에 관하여 많이 가르치셨습니다. 그러므로 성령론을 바르게 세우려면 사복음서에서 예수님이 가르쳐 주신 성령님을 아는 것에서부터 시작해야 합니다.

성령신학이 마치 무당 신학처럼 남용되는 안타까운 일입니다. 성령을 외치면서 성령님의 이름을 더럽히는 것은 성령님께서 기뻐하시지 않으십니다. 성령님의 이름을 경솔하게 붙여 사용하거나, 성령님을 거짓말쟁이로 만들게 하거나, 성령님의 영광을 가리는 언행은 삼가야 합니다.

성부의 이름이 거룩한 것처럼, 성자의 이름도 거룩합니다. 성자의 이름이 거룩한 것처럼, 성령님의 이름도 거룩합니다. 하나님의 이름을 망령되이 일컫지 말라 하셨습니다. 마찬가지로 예수님의 이름도 망령되이 일컫지 말아야 하며, 또한 성령님의 이름도 헛되이 사용하지 말아야 합니다.

성령님이 하시는 가장 중요한 사역Ministry이 무엇인지 정리하겠습니다. 성령 사역의 본질도 예수님이 중심 되어야 합니다. 예수님의 말씀을 기초하여 성령님의 가장 중요한 사역을 정리하는 것은 성령 사역의 핵심을 바르게 이해하는 데에 매우 중요합니다. 패커J. I. Paker도 "예수님 중심으로 보는 신약성경의 성령 사역이 회복이 필요하다"라고 강조했습니다.[1] 성령님의 사역에 대하여 중요한 것들을 정리하면:

첫째, 성령님이 하시는 가장 핵심적인 사역은 예수님을 증언하는 것입니다. 예수님은 요한복음 15장 26절에서 성령님의 하실 일을 말씀해주셨습니다.

> 내가 아버지께로부터 너희에게 보낼 보혜사 곧 아버지께로부터 나오시는 진리의 성령이 오실 때에 그가 나를 증언하실 것이요

성령님이 오셔서 하시는 일은 예수님을 증언하는 일이라고 예수님이 직접 말씀하셨습니다. 증언이라는 단어는 순교의 어원이 되는 단어로 강력한 의미가 있습니다. 성령님은 강력한 권능으로 예수님을 증언하십니다.

둘째, 성령님이 하시는 모든 것은 진리입니다. 요한복음 16장 13절에서 예수님은 성령님을 진리의 성령이라고 표현하셨습니다. 성령님이 진리의 영이라는 것은 두 가지의 중요한 의미들을 포함합니다.

첫 번째 의미는 성령님은 진리로 행하십니다.요일5:6 성령님이 하시는 모든 일은 순 진리입니다. 성령님이 하시는 일에는 진리 아닌 것은 일절 없습니다. 성령님이 하시는 일에는 일말의 오차나 실수도 없습니다. 성령님이 선포하신 모든 것도 진리입니다.

그러면 성령님의 이름으로 예언한다면 예언들의 몇 퍼센트 맞아야 합니까? 백 퍼센트라야 합니다. 성령님의 이름으로 선포된 것은 100% 성취되어야 합니다. 성령님은 진리이시기 때문입니다. 그렇지 않은 데도 성령님의 이름을 사용하는 것은 성령님을 욕되게 하는 일입니다. 성령님의 이름을 사용할 때는 진리일 때만 사용해야 합니다.

성령님의 이름으로 치유를 선포하였다면 몇 퍼센트 나아야 합니

까? 백 퍼센트입니다. 그렇지 않은 데도 성령님의 이름으로 치유를 선포하는 것은 성령모독죄에 해당합니다. 왜냐하면, 성령님이 치유하신다고 선포한 것이 진정 성령님의 선포라면 어떤 병이든지 완치되어야 합니다. 그렇지 않다면 성령님의 이름을 함부로 사용해서는 안 됩니다. 성령님이 진리의 영이심을 찬양합니다.

두 번째 의미는 성령님은 성자 예수님의 존재로 충만하다는 것입니다. 예수님은 진리시며요14:6 진리의 근원이시기 때문입니다. 에베소서 4장 21절 말씀과 같이 오직 진리는 예수님 안에 있습니다.고후 11:10절 모든 진리는 예수님에게서 시작됩니다. 그러므로 성령님이 진리라는 말씀은 성령님은 예수님으로 충만하다는 것을 의미합니다.

셋째, 성령님은 예수님의 것으로 예수님의 영광을 드러내십니다. 요한복음 16장 14절에 예수님은 말씀하셨습니다.

그가 내 영광을 나타내리니 내 것을 가지고 너희에게 알리시겠음이라

성령님은 예수님의 것으로 예수님의 영광을 나타낸다고 하였습니다. 이것은 성령님이 가지신 것은 예수님의 것이며, 성령님이 나타내시는 것도 예수님의 것이며, 성령님이 하시는 일 또한 예수님의 일이라는 뜻입니다. 성령님이 하시는 일은 온통 예수님을 알리는 일입니다.

넷째, 성령님은 예수님의 사람들이 예수님이 하시는 일을 하도록 도와주십니다. 요한복음 24장 12절에서 예수님은 예수님을 믿는 자는 예수님의 일을 할 것이며 그보다 더 큰 일도 한다고 말씀하셨습니다. 예수님이 하시는 일이 무엇인지에 대해서는 이미 알아보았습니다. 예수님의 사람들이 예수님이 하시는 일과 그보다 큰일을 할 수 있는 이유를 같은 구절에서 찾아볼 수 있습니다.

내가 진실로 진실로 너희에게 이르노니 나를 믿는 자는 나의 하는 일을 저도 할 것이요 또한 이보다 큰 것도 하리니 이는 내가 아버지께로 감이니라

이 구절에서 "이는" 이라는 단어는 "왜냐하면" 이라는 뜻의 접속사로 앞에서 언급된 내용이 타당한 이유를 종속절에서 설명한다는 의미입니다. 그러므로 예수님의 제자들이 예수님이 하시는 일을 할 수 있는 이유는 예수님께서 성부 하나님 아버지께 가시기 때문이라는 의미입니다. 예수님이 함께 계셔야 예수님의 하시는 일을 제자들이 할 수 있을 것인데 오히려 예수님이 떠나심이 그 이유라고 하십니다. 이것에 대한 답이 보혜사 성령님입니다. 예수님이 승천하시면 보혜사 성령님이 각 성도 속에 계셔서 예수님의 일을 하도록 도와주시기 때문입니다. 다시 정리하면 성령님은 예수님의 사람들이 예수님이 하시는 일을 하도록 도우신다는 것입니다.

정리하면 성령님이 하시는 가장 중요한 사역은 세상에서 예수 그리스도를 증거하시는 일입니다. 이것은 강조하고 거듭 강조하여도

부족한 진리입니다. 진리의 영이신 성령님은 구약에서도 오실 메시아 예수 그리스도를 증거하였습니다. 다윗에게 그리스도를 계시로 증거하신 분이 성령님이십니다. 이사야에게 메시아를 예언하게 하신 분도 성령님이셨습니다. 예레미야에게 예수님을 예언하게 하신 분도 성령님이십니다.

성령님은 신약에서도 예수님을 증거하셨습니다. 사도행전 2장 14-36절에 기록된 성령 충만함을 받은 베드로의 설교를 분석해 보아도 알 수 있습니다. 베드로의 설교 주제는 예수님의 부활을 증언하면서 십자가에 죽으신 예수님은 부활하셔서 주와 그리스도가 되셨다는 것입니다. 특히 베드로는 예수님도 인용하셨던 다윗의 시편110:1, 16:8-11을 인용하며 다윗을 통하여 예수님의 부활과 승천을 예언한 것이라고 외쳤습니다. 성령 충만을 받은 베드로의 설교는 온통 예수님을 증거하는 설교였습니다.

사도행전에는 19번의 설교가 나옵니다. 베드로가 여덟 번, 바울이 아홉 번 스데반이 한 번, 야고보가 한 번 설교하였습니다. 이 모든 설교가 예수님에 관한 설교였습니다. 특히 사도행전 5장 29-31절에 베드로는 공회 앞에서 담대하게 예수님을 증거하였습니다. 그리고 32절에서 증언하셨습니다.

우리는 이 일에 증인이요 하나님이 자기에게 순종하는 사람들에게 주신 성령도 그러하니라

베드로의 증언은 자신에게 임하신 성령님도 자기와 함께 예수님

을 증언한다는 의미입니다.

예수님이 승천하시기 전에 성령님에 대하여 언급하신 구절이 사도행전 1장 8절입니다.

> 오직 성령이 너희에게 임하시면 너희가 권능을 받고 예루살렘과 온 유대와 사마리아와 땅 끝까지 이르러 내 증인이 되리라 하시니라

성령이 임하심을 받는 자는 성령의 권능을 받습니다. 성령님의 권능을 받은 사람이 하는 일은 무엇입니까? 가는 곳마다 예수님을 증거하는 일을 하는 것입니다. 성령님은 성령의 사람들을 예수님의 증인이 되게 하십니다.

우리는 확고하게 성령님의 가장 중요하고 핵심적인 사역이 무엇인지 정리할 수 있습니다. 그것은 우리의 안과 밖에서 오로지 예수님을 증거하시는 것입니다. 이 성령님의 사역은 예수님이 다시 오실 때까지 계속 될 것입니다. 아멘!

캠볼 모건G. Campball Morgan은 그의 저서 『하나님의 영』에서 성령님의 사역을 다음 두 문장으로 멋지게 표현하였습니다.

> 성령님은 예수님만을 증거하신다.
> 　　　The Holy Spirit witnesses of Jesus only.
> 성령님만이 예수님을 증거하신다.
> 　　　Only the Holy Spirit witnesses of Jesus. 2)

성령님 사역의 핵심을 매우 잘 정리하였다고 봅니다. 그렇습니다. 우리 안에 예수님을 아는 것으로 말미암아 가슴 뭉클한 감동이 일어나는 것은 우리 안에 내재하시는 성령님의 역사입니다. 내 안에 예수님을 믿고 고백하는 감동은 오직 성령님만이 가능하게 하십니다.

성령님!
내 안에 충만하셔서 내 입으로 내 주 예수님을 증거하게 하소서!
내 발에 충만하셔서 내 발로 내 주 예수님을 전달하게 하소서!
내 손에 충만하셔서 내 손으로 내 주 예수님을 나누게 하소서!

3. 예수님의 심장으로 채워진 사람들

1. 당신의 심장을 진단하라

당신이 지금까지 해 온 일은 어떤 일입니까? 당신의 심장은 무엇으로 채워져 있습니까? 앞으로 무엇을 위해 살고 싶습니까?

무엇을 위해 죽을 수 있는 사람은 다릅니다. 그러나 그 무엇을 위해 사는 사람은 큰 사람이라고 했습니다. 그 무엇을 위해 죽을 수 있으며 또 그것을 위해 사는 사람들의 심장은 그것으로 채워져 있습니다. 나는 지금까지 해 온 일은 무엇을 위한 일이었는가? 신중하게 진단할 필요가 있습니다. 왜냐하면, 내가 해 온 일에는 내 심장에 채워져 있는 것을 드러내기 때문입니다.

"예수님은 나를 주님의 심장에 가득 채우시고 내게 일어나는 모든 일을 나를 이유로 삼아주신다"고 했습니다. 정말 그렇습니다. 생각으로는 미천하고, 마음으로는 미련하고, 행동으로는 추태를 부리며, 영으로는 실수와 실패를 거듭하는 철없는 아이 같은 나! 그러면서도 잘난 줄 착각하며, 교만한 말과 행동으로 사람들에게 부담을 주며, 주님의 마음을 아프게 하는데도, 변함없이 나를 심장에 가득 품어주시는 예수님! 나를 품어주시는 나의 목자 예수님은 어떤 분이신가?

하늘나라에서 하나님 보좌의 만의 만과 천의 천의 천사들이 경배하는 그런 예수님이십니다!계5:11-12 하늘 위에와 땅 아래와 바다 위에와 또 그 가운데 모든 피조물이 찬양하는 그런 예수님이십니다!계

5:13 천국 보좌의 생물들과 장로들로 엎드려 경배하는 그런 예수님이십니다!계5:14 이런 예수님께서 내게 일어나는 모든 일에 대하여 나를 이유로 삼아주신다니!

이 은혜는 너무나 깊어서 우리의 머리로는 인지할 수 없고, 너무나 포근하여서 우리의 가슴으로는 느끼지 못하며, 너무나 광대하여 우리의 몸으로 체감하지 못합니다. 마치 바닷물고기가 대해를 헤엄치면서도 자신을 품는 대양을 인식하지 못하는 것과 같습니다. 나를 심장에 가득 채우시는 예수님을 내 심장에 채우지 않으면서도 죄송한 마음조차 가지지 못하는 우리입니다.

그러나 이런 예수님의 사랑을 인식하는 순간부터 "지금까지 나는 무엇을 위해 달려왔는가?" 자성적인 질문을 하게 됩니다. 나는 무엇을 위해 열심히 살고 있지만, 나만을 위하여 달려왔으며, 나만을 위하여 달리고 있으며, 나만을 위하여 달려가고 있지 않은가? 그렇다면, 이런 삶의 끝은 허무함과 허탈함과 후회만 남습니다. 그래서 전도자는 "헛되고 헛되며 헛되고 헛되니 모든 것이 헛되도다" 전1:2라고 고백합니다. 나를 모든 것의 이유로 삼고 사는 인생의 결론을 말해주는 말씀입니다. 반면 예수님을 모든 것의 이유로 삼고 사는 인생에는 후회가 없습니다. 나를 이유로 삼고 선택한 모든 것은 훗날에는 후회거리요 회개거리로 남습니다. 반면 예수님을 이유로 삼고 선택한 모든 것은 후일 자랑거리요 감사거리로 채워집니다.

우리는 다 바울 같지는 못해도, 다 베드로 같지는 못해도, 우리의 삶의 현장에서 작은 일에서부터 예수님을 우리의 모든 것의 이유로 삼기 시작하는 순간부터 놀라운 일들을 체험하게 됩니다. 그러나 그런 선택이 편하지만은 않습니다. 또한, 예수님을 모든 것의 이유로 삼는 일이 우리 마음을 화평하게만 하지는 않습니다. 나를 이유로 삼고 싶은 내 중심적이고 이기적인 욕망과, 예수님을 이유로 삼기 원하시는 성령님의 원하심이 충돌하기 때문입니다. 그뿐만 아니라 사단은 우리가 예수님을 이유로 삼고 무슨 일을 선택할 때 속삭입니다.

"너 이길 가면 망할 거야."
"너 같은 소인이 갈 길이 아니야."
"네 가족을 생각해야지. 네 앞길을 네가 책임져야지."
"너는 자격 없는 사람이잖아!"
"너는 시작해봐야 실패할 것이 뻔하잖아? 일찌감치 포기해!"
"너무 힘든 길이야. 편한 길 두고 왜 그러는 거야?"

사단은 온갖 이유로 우리를 주저앉게 하려고 합니다. 그 이면에는 우리를 우리가 하는 모든 것의 이유로 삼으라는 유혹의 속삭임입니다. 사단의 모든 유혹은 어떻게 하든지 우리를 예수님으로부터 떼어 놓으려는 사단의 음흉한 목적을 이루려는 수단입니다.

그렇습니다. 우리가 예수님을 이유로 삼고 무엇이든지 선택하려고 하면 사단은 아주 싫어하고 예수님은 매우 기뻐하십니다. 그런 갈등이 일어날 때 기억하십시다. 예수님은 나를 이유로 삼고 십자가의 죽음까지 감당하셨습니다. 그러므로 하찮은 희생조차 망설여서야 되겠습니까? 더하여서 지금도 예수님은 내 주위에 일어나는 모든 일을 나를 이유로 삼아주시는데 겁낼 것이 있겠습니까?

저는 27세에 결신하고 나서 크게 후회한 것이 있었습니다. "왜 내가 10년 일찍 예수님을 믿지 않았던가? 그랬더라면 그 소중한 청년 시절을 헛되이 허비하지 않고 하나님의 일을 위하여 준비했을 것인데!"라는 후회였습니다.

그리고 하나님의 뜻을 위하여 무엇을 할까 기도하는 중에 "네가 10년 일찍 믿지 않은 것 후회하는가? 세상에는 많은 청년이 너처럼 방황하고 있다"라는 깨달음이 있었습니다. 그때 작정하였습니다. "하나님, 나는 청년들에게 예수님을 전하는 일에 내 인생을 투자하겠습니다!"라고 결단하였습니다. 그리고 가장 효과적인 방법을 위해 기도하다가 내린 결론은 "아, 대학교수가 되면 되겠다. 그러면 학생들이 찾아올 거니까!"라는 답을 찾고 나서 대학교수가 되려고 모든 힘과 열정을 쏟았습니다.

대학교 교수가 되겠다고 결심했을 때는 그동안 하나님을 모르고 세상 따라 사느라고 "Be 동사"도 제대로 모르는 영어실력이었습니다. 그뿐만 아니라 재정형편도 공부를 계속 할 가능성은 전혀 없었던 상황이었습니다. 저는 기도로 매달렸습니다. "주님, 저를 교수되게 해주시면 학원에서 청년들에게 예수님을 증거하며 살겠습니다." 그런 기도를 드리기 시작한 지 10년 후에 하나님께서 미국으로 유학하여 6년 만에 기계공학으로 석·박사학위와 동시에 신학석사까지 받게 되었습니다. 학위를 마친 후에 텍사스에 있는 기독교 대학교 LeTourneau University에서 1988년부터 교수로 활동하면서 학원에서 미국학생들을 대상으로 제자훈련을 하였습니다. 쓰레기 같은 인생을 살던 청년이 예수님을 위해 일생을 투자하였더니 꿈꾸지 못했던 꿈을 꾸게 하시고 이룰 수 없던 꿈을 이루어주셨습니다. 라투노 대학에서 강의하면서 "이 녀석들이 한국학생들이면 얼마나 좋을까!"라는 아쉬움이 적지 않았습니다. 그런데 라투노대학교와 한동대학교가 자매결연을 하게 되면서, 저는 한동대학교에서 온 교환학생들과 매 학기마다 제자훈련을 하게 되었습니다. 주님은 이런 소망까지도 세밀하게 들어주셨습니다. 이 모든 과정을 돌아보면 하나님께서 이런 일이 이루도록 도우셨습니다. 저는 2010년도에 대전 대덕연구단지 내에 소재한 새누리교회의 청빙을 받고 2011년 6월 부로 학교를 사임하기까지 20년 동안 매학기 공학도들에게 제자훈련 강의를 했습니다.

또한 대전 새누리교회로 부임하기 전까지 엘파소El Paso, Texas 제일침례교회를 담임하였습니다. 매주 금요일 수업을 마치자마자 자가용으로 두시간 반을 달려 달라스공항에 주차하고, 한 시간 반 비행기를 타고 엘파소로 갔습니다. 도착하면 금요 저녁 제자훈련 성경공부, 토요 새벽기도, 토요 저녁 성경공부, 주일 설교 세 번, 주일 오후에 회의와 심방 등으로 일정을 마칩니다. 월요일 새벽 첫 비행기로 달라스공항에 도착해 주차해 두었던 차를 타고 학교에 도착하면 수업 시작까지 50분이 남습니다. 그렇게 월요일부터 강의와 주중에는 학생들과 제자훈련을 하고 금요일이면 또 엘파소로 날아갔습니다. 만 10년 1개월을 그렇게 오가며 전하고 가르친 것은 오로지 예수님이었습니다. 그랬더니 한인이 이천명인 도시 엘파소의 광야교회를 50명에서 200명으로 부흥시켜 주시는 성령님의 은혜를 체험하였습니다. 사임할 때, 동역하던 이상환 부목사를 담임으로 추천하였고 교회가 기쁨으로 승인하여서 지금도 잘 성장한다는 소식을 접할 때마다 주님께 감사드립니다. 엘파소 제일의 형제자매들이 지금도 그립습니다.

예수님은 저의 간절한 기도를 들어주시고 성령님을 통하여 그 일을 이루어 주셨습니다. 그뿐만 아니라 신학을 동시에 공부하게 하셔서 목사 삼아주시고 미국에서 교회를 개척하기도 하고 약한 교회를 돌보게도 하시더니 이제는 보배와 같은 새누리교회로 보내주셔서 남은 정열을 쏟으라 하시는 주님의 은혜를 더하여 받은 자가 되었습니다. 돌아보면 형편없는 자에게 귀중한 은혜 위에 은혜를 입게 해 주신 이유는 단 하나입니다.

"예수님을 내 인생의 모든 것의 이유로 삼고 살아온 것!"

이것이 전부입니다. 그리고 그것으로 충분했습니다. 지금도 저의 소원은 죽을 때까지 남은 인생의 모든 것을 예수님을 이유로 삼고 사는 것입니다. 왜냐하면, 내 하고 싶은 대로, 엉망으로 살던 순 엉터리를 성자 예수님은 자신의 심장에 가득 채우시고, 저를 제게 일어나는 모든 일의 이유로 삼아주시기 때문입니다. 아멘!

나의 예수님!
저의 생애의 모든 것의 이유로 삼고 살기 원합니다.
예수님을 제 삶으로 경배하고 싶습니다.
저의 인생이 주님의 찬양 가사가 되게 하여주십시오.

2. 예수님의 심장으로 채워진 사람들

예수님의 심장으로 채워진 사람들은 어떤 사람들입니까? 이런 사람들을 아십니까? 「신앙생활」지에 "사랑의 전도자 고찬익 장로"라는 제목으로 소개된 우리나라 한 믿음의 선배에 관한 글 일부분을 인용하여 옮깁니다. 한자가 많아서 현대적 표현으로 다시 옮겼습니다.

고인이 된 고찬익 장로는 조선 교회 개척 전도자 중 공이 큰 어른이었습니다. 그 친구인 길선주 목사는 "고장로는 서울에 있는 교회의 기초역사에 가장 공이 큰 전도자이었습니다. 그리고 고장로는 사랑과 겸손과 믿음과 덕행으로 만인을 감화하였고 또한 만인의 존경을 받을만한 개척자였습니다"라고 하였습니다. 전도자 고장로는 1875년 5월 10일 그 부모가 서울에 살 때 서울에서 출생하여 평양서 성장한 평양사람입니다.

선생은 육 세 때에 구도의 뜻을 품었다가 청일전쟁을 피하여 34년간 원산에 이주하고 그 시절에는 천히 여기는 갓 만드는 일로 생활하면서 기독교에 귀의하였는데 선생의 인격과 신앙은 처음부터 빼어남이 있었습니다.

한번은 선생이 구도자 중 빈한한 자를 심방하여 보니 먹고 살 방도가 없는 것을 보고 노동하기를 권하였으나 노동을 천시하는 서울사람인 구도자는 말을 듣지 않았습니다. 그 다음 날 선생은 노동복을 입고 수건 쓰고 지게를 얻어지고 그 사람의 집에 다시 가서 일하러 가자고 재촉하였습니다. 그 사람은 할 수 없이 선생의 뒤를 따랐습니다. 선생은 선교사의 건축공사장에 가서 벽돌을 지어 나르면서 종일 일하고 저녁에 품삯을 받고 데리고 갔던 가난한 전도 대상자에 주고 쌀과 나무를 사서 집으로 돌아가게 하였습니다. 그 다음 날도 또 이렇게 하여 그 사람에게 일하는 연습을 시켰습니다. 그는 나중에 노동을 꺼리는 악습을 버리고 독립하여 자영업으로 생활을 부지하였고 아름다운 신자의 가정을 이루었다고 합니다.

고찬익 선생은 이렇게 불구자 노동계급의 하층 전도만 잘하였던 것은 아니었습니다. 선생은 소위 서울 양반이나 대감이나 귀족 부자계급 전도도 잘하였습니다. 월남 이상재와 당시 교회에서 한문학과 관직이 가장 높던 원혁 장로와 개화당의 유성용씨 같은 유명인들을 비롯하여 잘 알려진 양반들과 대관들이 선생의 설교를 들으며 도를 배우는 교인이었습니다.

별세한 박승봉 장로는 당세의 귀족으로 입교하고 나서도 평북 관찰사 함남 평남 참여관을 역임한 고관이요 한문학자이지만 그도 고장로가 낳은 복음의 아들이었습니다.

선생이 박승봉에게 전도하던 경로는 매우 재미있습니다. 고찬익 선생은 순 한문 복음서를 가지고 박 대감을 찾아 엎드려 절한 후에 글 배우기를 부탁하여 허락을 받고 매일 박 대감에게 한문으로 된 마태복음에서부터 배워나가면서 중요한 구절에 이르러서는 그 의미를 설명하여 주었습니다. 그래서 한학자인 박 대감은 성경이 심상치 않은 글임을 알고 매일 읽고 매일 가르치는 중 성경의 감화를 받았습니다. 그 성경이 예수교 성경임을 알고서 하루는 예배당에 구경 가기를 요청하고 박씨는 호기심으로 어느 주일 연동 예배당에 출석하였습니다.

출석하여 보니 자기에게 글 배우던 시골 서생인 고찬익이가 강단에서 거침없는 웅변으로 설교하고 강단 아래에는 이상재 이원경 민용호 등 유명 인사들이 나란히 앉아있고 천여 명의 교인들이 공손히 듣고 있었습니다. 이를 본 박대감은 그제야 고찬익은 자기 서재의 학도가 아니라 예수교의 대선생인 것을 알고 놀라서 예배 마친 후에 고찬익 선생에게 머리를 숙여서 절하였습니다. 이렇게 하여 박승봉 대감은 기독교에 귀의하게 되어 그 후 안국동교회의 장로로 시무하였습니다.

이처럼 고장로는 사랑과 겸비와 지혜로써 귀인과 학자의 전도자도 되고 빈천인과 불구자의 친구도 되었던 것입니다. 그래서 날마다 증가하는 교인은 근 2천 명을 수용할만한 현 연동예배당을 건축하고도 묘동교회를 분립하였습니다. 그러고도 선생이 살아 계실 때에는 천오륙백 명이 모이는 대교회이었습니다.

당시 연동교회에서 자라난 교인의 말을 들어보면 선교사 기일 James S. Gale 박사도 고장로의 인격에 감동하여 저를 심히 존경함으로 사람들은 기일목사 다음에 고장로가 아니라 고장로 다음에 기일 목사라 하였다고 합니다. 교회를 건축할 때도 고장로의 설계대로 실행하여 크게 건축하고 그 후에는 교인이 그 큰 예배당에 가득 차게 되었다고 합니다.

1907년대 부흥이 있고 고 장로는 52세의 나이에 1909년 4월 14일 평양신학교에서 수업 중 세상을 떠나서, 사랑하는 조선 교회를 뒤에 두고 하늘나라에 부름 받았습니다.

선생의 사망소식이 한번 전해지게 되자 전국 교회는 부모와 형제를 결별하는 것 같이 애도하였습니다. 그 유체는 경성 교회의 간청의하여 평양서 발인하여 서울로 가는 장례길에는 길목마다 역마다 애도하는 다수 교인이 찬송을 불렀고 선생의 행구가 남대문 역에 도착하였을 때에는 사람들로 인산인해를 이루어 왕가의 장례 때와 같았습니다. 그때 장례식의 광경은 선생이 업고 다니던 불구 형제들의 울음을 비롯하여 눈물바다의 장례식이었습니다. 이로써 선생이 조선 교회에 미친 감화를 알 수 있는 것입니다. 선생은 평양사람으로 경성에서 나서 평양서 장성하고 함경도에서 구도하여 경성에서 일하다가 평양에서 죽어 서울에 묻혔습니다.

고 장로의 여동생은 "우리 오라버니는 나보다 2년 위이지요. 자녀는 모두 일찍 죽어서 혈통은 없지요. 전도하던 일은 길선주 목사님이 나보다 잘 알지요. 나도 오라버니의 전도로 지금까지 신앙을 계속합니다"라는 말씀과 선생의 생사 연월일을 고 장로의 부인에게 듣고 이 글을 지어서 선생을 기념코자 합니다.

빈자의 벗 가신 뒤에 앉은뱅이는 누가 업고
주의 충복 떠나시니 중생은 누가 건지오

옛 성도는 올라가고 새 사도는 오지 않음이여
불붙던 우리 교회 얼음같이 식는 고녀

가신 충복 충성하였거늘 우리 후인 불초하여

차고 넘던 예 성전에 반 넘어 공석인걸

성밖에 버리운 후생 갓긴 선생 추억노니
성전 뜰에 눈물 짓고 산 모퉁이에 우노이다."3)

『신앙생활지』1933년 10월호에서

나의 예수님!
한반도의 예수님 심장 채운 성도들로 말미암아 감사드립니다.
오늘에도 이런 예수님의 심장으로 채운 사람
진정한 예수님의 사람들을 만나고 싶습니다.

3. 예수님의 심장으로 채워 사는 비결

예수님의 은혜와 사랑을 안다면 예수님의 심장으로 채워 산다는 것보다 더 감동적인 일은 없습니다. 예수님의 은혜에 녹아 살고 예수님의 심장을 채워 살 수 있다면 세상에서 숨 쉬는 일도 감동적이 됩니다. 더구나 예수님이 나를 예수님의 심장에 채워 살아주시고 나를 내게 일어나는 모든 일의 이유로 삼아주신다는 사실을 안다면 예수님의 심장으로 채워 사는 일이 부담될 수 없습니다. 오히려 모든 일을 향하여 힘차게 돌진하는 용기가 일어나게 합니다.

더는 평범하게는 못 삽니다. 더는 남들 따라가며 살지 못합니다. 더는 세상이 끄는 대로 살지 못합니다. 더는 죄의 유혹을 따라가지 못합니다. 예수님을 이유로 삼을 수 없는 일에 손발을 움직이지 못하니다. 더는 사단의 장난의 대상이 되어 줄 수 없습니다. 오히려 사단을 두렵게 만들고 악한 영들이 손대지 못하는 삶을 살게 됩니다. 세상 향하여 큰소리치며 살 수 있습니다. 환경을 향하여 호령하며 살게 됩니다. 죽음의 권세를 초월하여 살게 됩니다. 세상이 감당하지 못하는 삶이 시작됩니다. 예수님의 사람이라면 이런 삶을 살아보아야 하지 않겠습니까?

어떻게 하면 이런 삶을 살 수 있을까? 예수님을 우리의 심장에 채우는 비결을 세 가지로 정리합니다.

예수님의 심장을 우리 심장에 채우는 첫째 비결은 예수님의 은혜에 녹아야 합니다.

우리가 어떻게 예수님의 은혜에 녹게 됩니까? 이 내용은 제1과 "예수님의 은혜에 녹아 사는 사람들"에서 살펴보았습니다. 첫째는 처절한 자기 인식이 있어야 합니다. 앞서 살펴본 것처럼 예수님 앞에서는 죄인들만이 있을 뿐입니다. 죄가 드러난 죄인이든지, 자신의 의로 가면 쓴 죄인이든지, 아니면 군중 속에 숨어서 아무 상관없는 것처럼 숨은 죄인이든지, "나도 그들 중의 하나일 뿐입니다"라는 슬픈 사실을 인식하는 데서 은혜의 첫걸음이 시작되며 은혜의 공간이 생겨납니다. 자신이 의롭다는 자에게는 은혜가 채워질 공간이 없습니다. 둘째는 은혜와 진리가 충만하신 예수님을 바로 만나야 합니다. 간음의 현장에서 붙잡혀 끌려온 여인과 같이 무서운 죄를 지은 자라도 "은혜와 진리가 충만하신 예수님"은 용서하시고 새 생명 주시는 분이신 것을 깨달아야 합니다. 그러나 예수님이 그런 분이신 것을 깨닫는 것만으로는 부족합니다. 셋째로 할 일은 그 예수님의 피 묻은 십자가 앞에 남아 엎드려야 합니다. 예수님께 남아서 여인이 받은 은혜를 구해야 합니다. 예수님 앞에 남아 엎드려야 합니다. 여인에게 베풀어 주신 은혜를 내게도 베풀어 주실 것을 구하여야 합니다.

예수님의 심장을 내 심장에 채우는 둘째 비결은 예수님의 사랑에 젖어 살아야 합니다.

우리가 어떻게 예수님의 사랑에 젖어 살 수 있을까? 이 내용도 제2과 "예수님의 사랑에 젖어 사는 사람들"에서 정리하였습니다. 첫째는 예수님과 시간을 보내야 한다고 했습니다. 예수님과 시간을 보내지 않고는 예수님의 사랑을 체험하지 못합니다. 사랑하는 이의 사랑을 체험하려면 사랑하는 이와 함께 시간을 보내야 합니다. 예수님의 사랑을 받으려면 예수님과 시간을 보내야 합니다. 보이지 않는 예수님과 어떻게 시간을 보냅니까? 성령 안에서 말씀과 기도로 예수님과 사랑의 시간을 보내는 것입니다. 성경으로 예수님과 시간을 보내야 합니다. 기도로 예수님과 시간을 보내야 합니다. 둘째는 예수님을 사랑하는 사람들과 사귀며 살 것이라고 했습니다. 세상 사랑하는 사람들과 사귀며 살면 세상 사랑하는 법 배우고 예수님을 사랑하는 사람들과 사귀며 살면 예수님 사랑 배웁니다. 우리 일생에서 많은 사람이 스쳐 지나가지만, 예수님을 진실하게 사랑하는 사람들을 만나면 귀하게 여겨 놓치지 말고 교제하며 신앙의 동지를 삼자고 했습니다. 셋째는 예수님의 사랑을 작은 것에서부터 실천하기 시작해야 한다고 했습니다. 주 안에서 서로에게 형제 · 자매 된 사람들과 예수님의 사랑을 나눌 때마다 예수님의 사랑이 우리를 적실 것입니다.

예수님의 심장을 내 심장에 채우는:

셋째 비결은 예수님의 심장을 내 심장에 채우는 것이 간구가 되어야 합니다. 이 기도처럼 예수님을 기쁘시게 하는 기도는 없을 것입니다. 오늘 우리가 간구하는 기도 중에 가장 으뜸이 되는 기도 중 하나일 것입니다. 예수님의 말씀을 우리는 기억합니다.

너희가 내 이름으로 무엇을 구하든지 내가 행하리니 이는 아버지로 하여금 아들로 말미암아 영광을 받으시게 하려 함이라 내 이름으로 무엇이든지 내게 구하면 내가 행하리라 요14:13-14

예수님의 이름으로 무엇이든지 구하면 예수님께서 몸소 시행하신다고 약속하신 예수님께서 우리가 드리는 이 고상한 기도, "내 심장에 예수님의 심장으로 채워주소서!"라는 간곡한 기도는 반드시 들어주십니다. 우리 안에 임재하신 주의 성령께서 기뻐하시며 역사하여 주실 것입니다.

어느 소녀가 주일학교를 다녀와서 부엌에서 일하는 어머니에게 종알댑니다.

"엄마, 우리 반에 죠니 알지? 죠니가 미워 죽겠어."
"왜, 걔가 그렇게 미운 데? 내가 보기에는 착한 아이 같던데."
"주일학교에서 내 옆에서 앉아서 날 엄청 괴롭혀."
"그래? 그럼 이번 주일부터는 넌 선생님 옆자리에 앉아라."

"알았어, 엄마."

다음 주일에도 딸의 대화는 이어집니다. 죠니가 계속 자기를 괴롭힌다는 것입니다.

"선생님 옆에 앉으라고 했잖아?"

"그랬는데, 죠니도 내 옆자리로 옮겨 앉았어."

"자꾸 괴롭게 하면 선생님에게 말해라."

아이는 알았다고 대답하였습니다. 그러나 다음 주일도 또 아이는 죠니 이야기를 합니다.

"그렇게 죠니가 널 괴롭히면 선생님에게 연락해서 혼내주랴?"

"엄마, 아니, 아니야. 내가 알아서 할 게. 그냥 얘기해 주는 거야."

이때쯤이면 엄마는 딸이 죠니에게 관심이 있다는 것을 눈치 챕니다. 소녀의 마음에 죠니가 차지하고 있기 때문에 집에 와서도 죠니 이야기를 자꾸 하는 것입니다.

우리도 예수님을 우리 심장에 채우면 우리 삶의 모든 것의 이유가 예수님으로 변하기 시작할 것입니다. 우리의 생각이 예수님으로 채워지기 시작하며, 우리의 대화도 예수님 이야기로 채워지기 시작하며, 우리의 모든 것이 예수님으로 채워지기 시작합니다.

예수님! 예수님의 심장 가득히 날 품어주심 무한 감사합니다!
예수님의 심장 내 심장 안에 가득히 채워지게 하소서!
내 입의 말이, 내 맘의 생각이, 내 밤에 꿈이
온통 예수님 이야기되게 하소서!

4. 신앙생활의 본질

신앙생활의 본질은 무엇일까? 우리가 신앙생활을 하면서도 신앙생활의 본질이 무엇인지 생각해보지도 않고 관성적으로 종교적 활동이라는 틀에 매여 있지 않은지 살펴볼 필요가 있습니다. 신앙생활의 본질을 바로 정리하지 못하면 본질이 아닌 것을 본질로 오해하게 될 것입니다. 그렇게 되면 신앙생활의 본질에서 벗어나 있으면서도 제대로 신앙 생활하는 줄 착각하게 될 것입니다.

"신앙생활의 본질이 무엇인가?"라는 질문에 대한 대답도 다양합니다. '예수님 닮아가는 삶' '말씀과 기도의 삶' '전도와 선교하는 삶' '교회 봉사' '사랑의 삶' 등의 대답을 하며 자신 없어합니다. 예수님의 은혜에 녹고 예수님의 사랑에 젖어 사는 사람들은 신앙생활의 본질은 무엇인가 라는 주제는 반드시 정리하여야 할 중요한 주제입니다.

외모도 꾸밀 줄 모르고 말썽만 부리던 청년이 사랑하는 사람이 생기면 생활 태도가 달라지기 시작합니다. 사랑하는 사람에게 잘 보이려고 외모도 가꾸기 시작합니다. 하지 않던 공부도 열심을 내기 시작합니다. 냄새가 나도록 샤워를 하지 않던 게으름을 버리고 매일 샤워를 하기 시작합니다. 팽개친 지 오래된 일기장을 적기 시작합니다. 왜냐하면, 청년의 마음에는 온통 사랑하는 사람이 모든 것의 이유가 되기 시작하기 때문입니다.

우리도 예수님을 우리 심장에 채우면 우리 삶의 모든 것의 이유가 예수님으로 변하기 시작합니다. 예수님의 은혜에 녹는 순간부터 새로운 삶이 시작됩니다. 그때부터 예수님의 은혜가 자꾸 우리를 녹입니다. 그때부터 예수님의 사랑이 우리에게 흐릅니다. 그때부터 우리의 심장은 예수님의 심장 조각들로 채워지기 시작합니다. 그래서 예수님의 은혜에 녹고 예수님의 사랑에 젖어서 사는 사람들은 예수님의 심장으로 심장이식 수술을 받는 중인 사람들이 됩니다. 이 과정을 성화라는 신학적 용어로 설명할 수 있겠습니다. 그러나 쉽게 표현하면 예수님의 사람들은 심장이식 수술하는 사람들입니다. 예수님의 심장으로!

'예수님 닮아가는 삶' '말씀과 기도의 삶' '전도와 선교하는 삶' '교회 봉사' '사랑의 삶' 과 같은 것은 다 일에 속합니다. 신앙생활의 본질은 일이 아닙니다. 이런 신앙생활의 삶을 살게 하는 원인과 동기가 되는 것이 더 본질적입니다. 무엇이 이런 삶을 살게 하는 본질일까요?

신앙생활의 본질을 다음과 같이 정리할 수 있습니다. 신앙생활의 본질은 '나를 심장에 가득 채우고 사시는 예수님을 내 심장에 채우고, 예수님을 모든 것의 이유로 삼는 삶' 입니다. 신앙생활의 본질을 다시 정리합니다.

나를 심장에 가득 채우고 사시는 예수님을 나의 심장에 가득 채우고, 예수님을 모든 것의 이유로 삼고 사는 삶입니다.

예수님을 내가 하는 모든 일생각, 계획, 선택, 언행 일상생활 등의 이유로 삼고 사는 삶이 우리가 추구해야 할 신앙생활의 본질입니다. 심지어는 다이어트를 하고 몸 관리를 하는 것도 단순하게 건강을 유지하려는 것이 아니라 예수님을 위하여 열심히 살려고 건강을 지키는 것입니다. 별것 아닌 것으로 여기던 것들도 예수님을 이유로 삼을 때에는 하나하나가 새로운 가치와 의미를 가지게 됩니다.

하찮은 나를 심장 가득 채우시고 내게 일어나는 모든 일을 나를 이유로 삼아주시는 예수님을 안다면 이런 삶을 살아 드린다는 것은 부담이 아니요 오히려 우리의 기쁨이요 영광이며 자랑이며 면류관입니다. 이런 삶을 산다는 것에 대하여 부담을 느낀다는 이들을 만납니다. 만약 간음의 현장에서 끌려와서 돌에 맞아 죽을 뻔한 위기에 처했다가 예수님의 은혜로 구원을 얻고 새 생명을 얻은 그 여인에게 예수님을 모든 것의 이유로 삼고 살라고 하면 어떻게 답할까요?

"그렇게 사는 것은 부담되는데요!"라고 할까? 아니면

"나 같은 것이 그런 삶을 산다는 것은 영광입니다"라고 하겠습니까? 우리가 이 여인의 입장이라면 어떻게 대답할까요? 진정으로 예수님의 은혜에 녹고 예수님의 사랑에 젖어서 사는 자라면 예수님을 모든 것의 이유로 삼고 산다는 것은 기쁨이지 부담이 될 수는 없습니다. 부담이 된다면 그런 삶을 제대로 살아 드리지 못하는 것이 부담될 수는 있어도 그런 삶을 사는 것이 부담되지는 않습니다.

나는 신앙생활의 본질을 어떻게 알아왔는지 신중하고 진솔하게 돌아보아야 합니다. 과연 내가 하는 모든 생각, 내가 세우는 모든 계획, 나의 모든 선택, 나의 모든 의도에서 예수님을 이유로 삼고 살았던가? 혹 일을 신앙생활의 본질로 삼고 살지는 않았던가? 돌아보고 이후로 예수님을 내 하는 모든 일의 이유로 삼는 삶을 시작해야 합니다.

예수님 이외의 어떤 것이라도 이유로 삼는 것은 우상일 수 있습니다. 내 욕망, 내 이기심, 내 자존심, 내 평안, 내 소유, 내 번영, 내 장래 등과 같이 내가 이유가 된다면 내가 나의 우상일 수 있습니다. 내일, 내 성취 같은 것이라면 일이 내 우상일 수 있습니다. 우리가 예수님의 은혜에 녹고 예수님의 사랑에 젖어 예수님이 내 삶의 이인칭으로 모시고 사는 진정한 예수님의 사람들이라면 예수님을 우리 하는 모든 일의 이유로 삼고 사는 생활은 정말 독특하고 정말 활기가 넘치고 정말 재미있습니다.

토저R. A. Tozer의 말입니다. "크리스천은 이상한 사람들입니다. 본적도 없는 분에 대한 사랑을 느낍니다. 볼 수 없는 분에게 절친하게 이야기합니다. 다른 분의 대가로 천국 간다고 합니다. 채우려고 자신을 비웁니다. 의로워지려고 잘못했다고 인정합니다. 올라가려고 내려갑니다. 가장 약할 때 가장 강합니다. 가장 가난할 때 가장 부합니다. 최악의 느낌 중에 가장 행복합니다. 살려고 죽습니다. 가지려고 버립니다. 지키려고 주어버립니다. 보이지 않는 것을 봅니다. 들을 수 없는 것을 듣습니다. 도무지 알 수 없는 것을 압니다." 이 모든 것은 다 예수님을 이유로 삼기 때문에 만들어지는 삶의 모양이며 열매입니다. 예수님을 모든 것의 이유로 삼고 사는 우리는 행복한 영원한 행복덩어리들입니다.

당신은 행복하십니까?

파스칼은 행복의 중요성을 다음과 같이 표현했습니다. "모든 사람은 행복을 추구한다. 어떤 수단을 쓸지라도 모두 종국에는 행복을 추구한다." 어떤 이는 "한 시간 동안 행복하기를 원하면 낮잠을 자라. 하루 동안 행복하기 원하면 낚시를 가라. 일 년 행복을 원하면 재산을 상속받으라. 평생 행복을 원하면 남들을 도우며 살라"고 권합니다. 어떤 이는 "몸은 건강하고 기억력이 나쁘면 행복하다"고 해학적으로 보았습니다. 어떤 이들은 행복의 극치는 사랑받고 있다는 것을 확인할 때다." "사랑은 행복의 문을 여는 열쇠다"라며 사랑에서 행복을 찾습니다.

예수님의 사람들의 가장 값지고 진정한 행복은 예수님을 모든 것의 이유로 삼고 살 때 누릴 수 있습니다. 그 과정은 쉽지 않을 때가 잦지만 그런 과정조차도 달콤한 간증거리가 되어 행복한 생활을 이어가는 것입니다. 예수님을 모든 것의 이유로 삼고 사는 사람들! 진정한 예수님의 사람들입니다.

예수님!
나를 심장 가득 채워 주심 감사합니다!
나도 예수님을 내 심장 가득 채워 살게 하소서!
내게 일어나는 모든 일에 나를 이유 삼아주심을 감사합니다!
나도 예수님을 모든 것의 이유 삼고 살게 하여 주십시오!

제5부. 예수님의 보혈에 잠겨 사는 사람들

구원의 본질

지금까지 우리는 세 가지 본질들을 살펴보았습니다.

제2부 "예수님의 은혜에 녹아 버린 사람들"에서 복음의 본질을,

제3부 "예수님의 사랑에 젖어 사는 사람들"에서 믿음의 본질,

제4부 "예수님의 심장을 채워 사는 사람들"에서 신앙생활의 본질

세 가지 본질을 정리하면서 예수님의 은혜에 녹고, 예수님의 사랑에 젖어서, 예수님의 심장으로 채운 예수님의 사람은 예수님을 모든 것의 이유로 삼고 산다고 하였습니다.

제5부에서는 구원의 본질을 공부하며 예수님의 죽음은 나의 죽음이 되는 동시에 나의 생명이며, 또한 예수님의 부활은 나의 부활이 되는 동시에 나의 권세가 되는 것을 배우게 됩니다. 예수님의 사람은 천국 시민으로서 죽음과 영벌의 족쇄를 깨뜨리고, 왕권으로 악과 사단을 짓밟는 권세로 살며, 영원한 영광의 나라로 행진하는 순례자 되어 사는 것을 배우게 됩니다.

무엇이 우리로 하여금 이런 감격스런 삶을 살게 합니까? 의무적으로 신앙생활을 하는 자는 종교인은 되어도 구원받은 은혜의 진수를

누리지 못합니다. 예수님의 사람은 구원받은 그 크고 놀라운 예수님의 보혈로 말미암아 기쁨과 감격과 권세를 누리며 살아갑니다.

당신은 구원받은 감격과 권세를 누리며 사십니까?

요한복음을 크게 두 부분으로 나눈다면 첫째 부분은 1장에서 12장까지이며 그 핵심 주제는 "은혜와 진리의 성자 예수님"입니다. 둘째 부분은 13-21장까지이며 그 핵심 주제는 "고난과 부활의 성자 예수님"입니다.

둘째 부분에 해당하는 요한복음 13-20장의 대략의 내용은 다음과 같습니다. 요한복음 13장에서 예수님은 제자들과 마지막 유월절 만찬을 가지시고 예수님의 거룩한 손으로 직접 제자들의 발을 일일이 씻어주시며 제자들을 얼마나 사랑하셨는지 그 사랑의 표를 그들의 발에 남겨주셨습니다.

다락방 강화라고 알려진 요한복음 14-16장에서 예수님은 제자들에게 마지막 강화를 하셨습니다. 예수님의 다락방 강화의 초점은 예수님 자신에 관한 것과 제자들에게 위로와 용기와 약속을 주시며 제자들에게 예수님을 굳게 믿을 것과 제자들의 권세와 소망은 예수님이시라는 것을 알려주시는 것이었습니다. 예수님께서 제자들과 마지막 강화에서 반복하여 강조하신 것은 예수님 자신에 관한 것이었습니다.

요한복음 17장에서 제자들을 위한 대제사장의 기도를 드리시고 제자들과 함께 겟세마네 동산으로 기도하시려고 가십니다.

요한복음 18-19장은 겟세마네 동산에서 붙잡히시고 갈보리 산상에서 십자가에 못 박혀서 죽으시고 그 몸이 무덤에 묻히기까지의 일을 기록하고 있습니다. 겟세마네 동산에서 땀방울이 핏방울과 같이 되어 떨어지도록 자신이 지게 될 십자가의 고난을 기도로 준비하셨습니다. 그곳에서 붙잡히게 될 줄 아시면서 겟세마네 동산에서 엎드려 기도하신 모습은 장렬하였습니다. 그리고 요한복음 20-21장에서 부활의 예수님을 증거 합니다.

예수님을 전하다가 보면 자주 듣는 반론 중의 하나가 다음과 같은 내용입니다.

"왜 예수라는 자가 나타나서 멀쩡하게 잘 사는 사람들을 믿으면 천국 보낸다고 하고 믿지 않으면 지옥으로 보낸다고 하는가? 그런 고약한 예수는 믿지 않겠다."

이 표현은 한 가지 중요한 것을 전제로 합니다. 예수님 없어도 인간은 문제없다는 것을 전제로 합니다. 과연 그렇습니까? 모든 인간은 죽음의 강을 떠내려가고 있습니다. 예외 없이 인간은 다 죽어가는 것이 그 증거입니다. 그 죽음에서 벗어날 재주가 인간 스스로에게는 전혀 없습니다. 인간 스스로는 질병, 눈물, 죄악, 고통과 죽음의 문제를 해결하지 못합니다. 그러므로 예수님이 없어도 멀쩡할 인간은 아무도 없습니다.

예수님은 그런 인간에게 오셔서, 구원의 손길을 내밀어서 죽음과 저주의 강에서 건져 내어 구원하시려고 세상에 오신 것입니다.

　1665년도에 런던 시민이 매일 수천 명씩 죽어가고 있었습니다. 위생 불결로 말미암아 흑사병이 집에서 집으로 번져갔던 것입니다. 쥐들과 벼룩들이 흑사병균을 도시 전체에 퍼뜨린 것입니다. 당시 런던 인구 삼분의 일에 해당하는 3만 명이 사망했습니다. 그 당시 전문가들은 이 전염병의 확산을 막지 못했다면 런던시의 전 인구가 죽게 되었을 것이라고 했습니다. 그러나 1666년 9월에 런던의 대화재가 발생하였습니다. 이 화재는 닷새 동안 걷잡을 수 없을 정도로 도시를 불태웠습니다.

　당시 중세 런던의 건축물들은 대부분 목조 건물들이었으므로 거의 전 도시가 이 화재로 전소하여 런던은 잿더미만 남은 모양이었습니다. 그러나 그 불이 진화되자, 그 화재로 말미암아 쥐들과 벼룩들이 전부 불타버리게 된 것입니다. 이로 말미암아 그 무서운 흑사병의 전염도 중단되었습니다. 그 화재가 시민의 생명을 빼앗아간 불결한 것들을 깨끗하게 청소한 것입니다.

　런던시민이 흑사병에 걸려 죽어가며 이 병을 막지 못하면 전 시민이 죽게 될 운명에 처한 것처럼 인간은 죄라는 전염병에 걸려서 죽음의 강을 떠내려가는 물고기와 같습니다. 이 무서운 죄와 죽음의 권세에서 어떻게 벗어날 수 있는지조차 모르는 우리에게 런던 대화재와 같은 사건이 일어났습니다. 바로 예수님의 십자가의 죽음과 예수님께서 죽음으로부터 부활하신 사건입니다. 이 두 가지 사건은 런던 시가를 시원하게 청소해준 화재처럼 인류의 무서운 전염병을 태워버린 사건이었습니다.

이번 과에서는 요한복음 18장과 19장에서 예수님의 고난과 십자가의 죽음을 살펴보며 예수님의 죽음은 우리의 죽음인 동시에 우리의 생명이 되는 이유를 살펴볼 것입니다. 또한, 요한복음 20장에서 예수님의 부활은 우리의 부활인 동시에 우리의 권세가 되는 이유를 정리할 것입니다. 그런 다음에 구원의 본질을 정리하게 됩니다.

신앙생활의 본질을 나를 심장 가득 채우시는 예수님의 심장을 내 심장에 채워서 예수님을 내 하는 모든 것의 이유로 삼는 삶이라고 정리하였습니다. 구원의 본질을 바로 알게 되면 우리는 새로운 차원에서 신앙생활을 하게 될 것입니다. 권세와 자신과 담대함으로 신앙생활을 하게 할 것입니다.

예수님! 나의 죽음을 대신 하심을 감사합니다!
나의 생명을 새로 주심을 감사합니다.!
날마다 주의 보혈에 잠겨 살게 하여 주십시오!

1. 예수님의 죽음 나의 생명

1. 스스로 고난 당하신 예수님

요한복음 18장 1-14절은 예수님께서 겟세마네 동산에서 잡히시던 사건의 기록입니다. 이 장면에서 여러 번 반복되는 내용이 나옵니다. 예수님은 자의로 붙잡히셨다는 사실을 보여주는 내용입니다.

> 그곳은 가끔 예수께서 제자들과 모이시는 곳이므로 예수를 파는 유다도 그곳을 알더라. 유다가 군대와 대제사장들과 바리새인들에게서 얻은 아랫사람들을 데리고 등과 횃불과 무기를 가지고 그리로 오는지라 요18:2-3

"유다도 그곳을 알더라"라고 한 것은 예수님은 유다가 잘 아는 곳에 가 계셨다는 의미입니다. 그곳은 제자들과 함께 자주 기도하려고 찾으셨던 곳이었습니다. 유다는 예수님께서 자기의 발을 씻기시고 나서 유월절 식사하던 다락방을 떠나갔습니다. 그는 그다음 예수님의 행선지가 바로 이 장소인 것을 잘 알았습니다. 예수님은 그 사실을 아시면서도 겟세마네 동산으로 가셨습니다.

유다는 대제사장들과 바리새인들의 군사들과 함께 예수님을 잡으려고 왔습니다. 왜 유다가 직접 왔을까? 겟세마네 동산은 나무들이 적지 않은 곳이며 또한 한밤에는 불빛도 없는 곳입니다. 이런 곳에서 예수님을 모르는 자가 예수님의 제자들 사이에서 예수님을 찾아내어 체포하기는 쉽지 않았을 것입니다. 유다는 이런 어둠 속에서도 예수님을 분간해 낼 정도로 예수님을 잘 알았던 사람이었습니다. 그러나 유다는 눈에 보이는 예수님만 알았습니다. 예수님의 실체를 보지 못했던 영적 소경이었습니다.

예수님은 유다가 자기를 잡으러 오는 줄 다 아셨습니다. 그리고 스스로 잡히시려고 유다가 잘 아는 곳에 가 계셨던 것을 보여주는 구절이 요한복음 18장 4-5절입니다.

예수께서 그 당할 일을 다 아시고 나아가 이르시되 너희가 누구를 찾느냐 대답하되 나사렛 예수라 하거늘 이르시되 내가 그니라 하시니라 그를 파는 유다도 그들과 함께 섰더라

예수님은 자신이 받을 고난을 다 아시면서도 그 자리와 사람들을 피하지도 않으시고 오히려 "누구를 찾느냐?" 물으시고 "나사렛 예수라" 대답하는 자들에게 "내가 그니라"라고 자신을 밝히셨습니다. "너희가 체포하려고 하는 예수가 바로 나이니 나를 잡아가라"는 의미입니다.

예수님의 말씀에 잡으러 온 군사들도 예수님 앞에 엎드리는 것을 보셨습니다. 우리는 이런 때에 어떻게 하였을까? 아마 제자들에게 신호를 주고 유유히 그 자리를 피하였을 것입니다. 그러나 예수님은 전혀 반대의 행동을 취하셨습니다.

예수께서 그들에게 내가 그니라 하실 때에 그들이 물러가서 땅에 엎드러지는지라 이에 다시 누구를 찾느냐고 물으신대 그들이 말하되 나사렛 예수라 하거늘 요18:6-7

예수님 앞에 엎드린 군병들에게 거듭 누구를 찾느냐고 물으시는 것은 오히려 "왜 날 잡지 않느냐?"는 의미로 물으신 것입니다. "나사렛 예수"를 찾는다고 대답하는 그들에게 예수님은 8절에 다시 자신이 그들이 찾는 예수라고 밝히십니다. 예수님은 스스로 붙잡히시기를 작정하셨다는 것을 알려주는 구절입니다. 또 10절에 베드로가 칼을 빼들고 예수님을 보호하려고 대제사장의 종의 귀를 베기까지 하였을 때 예수님은 11절에 베드로에게 말씀하셨습니다.

칼을 칼집에 꽂으라 아버지께서 주신 잔을 내가 마시지 아니하겠느냐?

마태복음에 이때 하신 예수님의 말씀을 더 자세하게 기록하였습니다.

네 칼을 도로 칼집에 꽂으라 칼을 가지는 자는 다 칼로 망하느니라. 너는 내가 내 아버지께 구하여 지금 열두 군단 더 되는 천사를 보내시게 할 수 없는 줄로 아느냐? 내가 만일 그렇게 하면 이런 일이 있으리라 한 성경이 어떻게 이루어지겠느냐? 마26:52-54

예수님은 엄청난 천사들을 동원하여 자신을 보호하게 하실 수 있으시지만, 자신을 스스로 제한하시고 잡히시기로 작정하셨다는 사실을 의미합니다.

왜 그랬을까? 왜 예수님은 스스로 고난의 길을 가시려고 하셨습니까? 두 가지 중요한 이유 때문이었습니다.

첫째는 성경의 예언을 이루시기 위함이었습니다. 그 증거 중에 몇 가지를 찾아보겠습니다.

너희에게 내가 그니라 하였으니 나를 찾거든 이 사람들이 가는 것은 용납하라. 이는 아버지께서 내게 주신 자 중에서 하나도 잃지 아니하였사옵나이다 하신 말씀을 응하게 하려 함이러라 요18:8-9

예수님은 자신의 정체를 밝히신 것은 잡히시려고 하신 것이지만 이 사람들 즉 제자들은 가도록 하라고 하신 이유를 9절에서 밝히십니다. 군병들에게 자신은 체포하지만, 제자들은 가게 하라고 하신 것은 말씀을 이루려는 이유였습니다. 이 말씀은 요한복음 6장 39절이 성취될 것을 보여주시는 것이었습니다.

나를 보내신 이의 뜻은 내게 주신 자 중에 내가 하나도 잃어버리지 아니하고 마지막 날에 다시 살리는 이것이니라 또한, 요한복음 10장 27-29절을 성취하시려는 것입니다.

내 양은 내 음성을 들으며 나는 그들을 알며 그들은 나를 따르느니라 내가 그들에게 영생을 주노니 영원히 멸망하지 아니할 것이요 또 그들을 내 손에서 빼앗을 자가 없느니라 그들을 주신 내 아버지는 만물보다 크시매 아무도 아버지 손에서 빼앗을 수 없느니라

예수님이 하신 모든 일은 자신에 관한 성경의 예언을 이루시는 것이었습니다. 이 사실은 요한복음 18장과 19장에 거듭거듭 반복됩니다.

18장 32절 "이는 예수께서 자기가 어떠한 죽음으로 죽을 것을 가리켜 하신 말씀을 응하게 하려 함이러라."

19장 24절: "군인들이 서로 말하되 이것을 찢지 말고 누가 얻나 제비 뽑자 하니 이는 성경에 그들이 내 옷을 나누고 내 옷을 제비 뽑나이다 한 것을 응하게 하려 함이러라.

19장 28절: "그 후에 예수께서 모든 일이 이미 이루어진 줄 아시고 성경을 응하게 하려 하사 이르시되 내가 목마르다 하시니"

19장 36절: "이 일이 일어난 것은 그 뼈가 하나도 꺾이지 아니하리라 한 성경을 응하게 하려 함이라."

무엇을 위해서 예수님은 이토록 성경에 예언한 것들을 이루시려고 생명까지 버리셨는가?

둘째는 성부 하나님의 뜻을 이루기 위함이었습니다. 성부 하나님

의 뜻은 무엇입니까? 시편 40편 6-9절에서 사람의 몸을 입고 세상에 오신 성자의 순종을 살펴보겠습니다.

주께서 내 귀를 통하여 내게 들려주시기를 제사와 예물을 기뻐하지 아니하시며 번제와 속죄제를 요구하지 아니하신다 하신지라 그 때에 내가 말하기를 내가 왔나이다 나를 가리켜 기록한 것이 두루마리 책에 있나이다 나의 하나님이여 내가 주의 뜻 행하기를 즐기오니 주의 법이 나의 심중에 있나이다 하였나이다 내가 많은 회중 가운데에서 의의 기쁜 소식을 전하였나이다 여호와여 내가 내 입술을 닫지 아니할 줄을 주께서 아시나이다.

시편 40편은 세 부분으로 나눌 수 있습니다. (1) 1-5절 감사의 노래, (2) 6-12절 순종의 노래, (3) 13-17절 탄원의 노래입니다. 이 시편의 제목은 "다윗의 시, 인도자를 따라 부르는 노래"입니다. 개역성경은 "다윗의 영장으로 한 다윗의 시"라고 번역하였습니다. 영장은 요즘으로 하면 찬양대 지휘자입니다. 개역 개정은 회중이 지휘자를 따라 불렀던 예배찬양이라는 의미로 "인도자를 따라 부르는 노래"로 번역하였습니다. 시편 40편은 다윗이 지은 시인 것은 틀림없습니다.

6-9절은 둘째 부분입니다. 6절에서 시편 저자는 하나님의 뜻을 노래합니다. "주께서 내 귀를 통하여 내게 들려주시기를 제사와 예물을 기뻐하지 아니하시며 번제와 속죄제를 요구하지 아니하신다 하신지라"라고 고백합니다. "주께서"라고 할 때 주는 하나님을 의미합니다. 6절에서는 하나님께서 번제와 속죄제를 요구하지 아니하신다는

뜻을 두 가지 의미로 생각할 수 있습니다:

6절의 첫 번째 의미는 하나님은 마음의 제사를 원하신다는 의미입니다. 이스라엘 백성이 겉으로는 송아지와 양을 잡고 하나님께 제물과 제사를 드리면서도 속으로는 하나님을 순종하지 않았습니다. 그래서 사무엘상 15장 22절에 "사무엘이 가로되 여호와께서 번제와 다른 제사를 그 목소리 순종하는 것을 좋아하심 같이 좋아하시겠나이까? 순종이 제사보다 낫고 듣는 것이 수양의 기름보다 나으니"라고 하였고 호세아 6장 6절에 "나는 인애를 원하고 제사를 원하지 아니하며 번제보다 하나님을 아는 것을 원하노라" 하셨습니다. 마태복음 9장 13절에 예수님도 "너희는 가서 내가 긍휼을 원하고 제사를 원치 아니하노라 하신 뜻이 무엇인지 배우라 내가 의인을 부르러 온 것이 아니요 죄인을 부르러 왔노라"라며 바리새인들에게 하나님을 마음으로 순종하라고 하셨으며, 또 마태복음 12장 7절에 "나는 자비를 원하고 제사를 원치 아니하노라 하신 뜻을 너희가 알았더면 무죄한 자를 죄로 정치 아니하였으리라." 정리하면 하나님은 번제와 속죄제를 요구하시지 않으신다는 의미는 마음의 순종을 원하신다는 뜻입니다.

6절의 두 번째 의미는 하나님은 완전한 제사를 원하신다는 의미입니다. 구약의 번제와 속죄제는 완전하지 못하여, 죄지을 때마다 드려야 하며, 매년 드려야 했습니다. 죄지은 백성도, 죄인인 제사장도 드려야 했습니다. 하나님은 인간의 죄를 완전하게 용서하시기를 원하십니다. 하나님이 원하시는 제사는 완전한 제사로 영원한 죄 사함을 이루시는 것입니다. 그러기 위해서 하나님은 영원한 효력이 있는 완전한 제물을 원하신다는 의미가 됩니다.

완전하고 영원한 제물은 세 가지 조건을 갖추어야 합니다.

첫째, 인간의 죄를 대속하는 완전한 속죄제물은 인간이어야 합니다. 왜냐하면, 죄지은 것은 인간이기 때문입니다. 인간의 죄를 대신할 완전한 희생은, 인간이어야 합니다.

둘째, 완전한 제물은 인간이어야 할 뿐 아니라, 죄 없는 인간이어야 합니다. 죄인이 다른 사람의 죄를 속할 수 없습니다. 자기의 죄를 먼저 갚아야 합니다. 인간의 죗값은 죽음입니다. 자신의 죗값을 치르고 나면 대신할 생명이 없습니다. 그러므로 완전한 제물은 죄 없는 인간이어야 합니다.

셋째, 완전한 속죄 제물은 만인을 위한 영원한 효력이 있어야 합니다. 구약의 희생제물은, 만인을 위하지 못할 뿐만 아니라, 영원한 효력이 없었습니다. 대속 제물이 영원한 효력을 가지려면 제물의 영원한 존재성을 요구합니다. 그러므로 완전 제물은 죄 없이 완전하고 영원히 한 인간이어야 합니다. 이런 속죄제물은, 동물은 절대 불가하며, 인간 중에도 불가합니다. 그러나 그것이 하나님이 원하시는 제물입니다.

이 성부 하나님의 음성을 듣고 7절에 "그때에 내가 말하기를 내가 왔나이다 나를 가리켜 기록한 것이 두루마리 책에 있나이다"라고 고백합니다. 이어서 8절에 "나의 하나님이여 내가 주의 뜻 행하기를 즐기오니 주의 법이 나의 심중에 있나이다." 이것은 자신이 하나님이 원하시는 완전한 제물이 되어서 하나님의 뜻을 이루어 드리기를 원한다는 뜻입니다. 엄청난 헌신과 순종입니다.

도대체 이렇게까지 자신을 희생 제물이 되겠다고 하나님의 부름에 순종하였던 이분은 누구일까요? 다윗은 아닙니다. 왜냐하면, 그도 죄인이었기 때문에 완전한 제물이 될 수 없습니다. 이분은 누구인가? 바로 우리 구주 예수님이십니다. 성자 예수님은 자신을 완전한 제물로 내어놓으시려고 성부의 뜻을 따라 자원하셨습니다.

어떻게 이런 해석을 할 수 있습니까? 그 증거가 히브리서 10장 5-7절입니다. 5절은 시편 40편 6절의 인용입니다.

> 그러므로 주께서 세상에 임하실 때에 이르시되 하나님이 제사와 예물을 원하지 아니하시고 오직 나를 위하여 한 몸을 예비하셨도다.

이 구절에서 "주께서 세상에 임하실 때에"라고 할 때, 주는 바로 성자 예수 그리스도이십니다.

> 본래 하나님을 본 사람이 없되 아버지 품속에 있는 독생하신 하나님이 나타내셨느니라. 요1:18

예수님은 본래부터 하나님의 품속에 있던 하나님이십니다. 그 성자 예수님이 완전한 희생제물을 원하시는 성부의 뜻을 이루시려고 세상에 탄생하셨다는 뜻입니다.

히브리서 10장 5절에는 시편에 없는 내용이 들어 있습니다. "오직 나를 위하여 한 몸을 예비하셨도다." 오웬John Owen은 그의 히브리서 주석에서 "오직 나를 위하여 한 몸을 예비하셨도다"라는 구절에 대하여 "아버지께서는 만물을 명하시는 가운데 몸을 준비하셨으며 성령께서는 실제로 그 몸을 만드셨으며 아들은 친히 그 몸을 입으셨다"라고 설명하였습니다.1) 성부는 뜻을 세우시고, 성령은 다윗에게 예언하시고, 성자는 예언된 것을 순종하셨습니다. 그 순종으로 인간의 몸을 입고 세상에 오셨습니다. 예수님의 온전한 순종이 우리를 위한 완전한 제물이 되어주신 것입니다.

예수님의 순종 없이는 우리의 구원도 없습니다. 시편 40편 6-7절입니다. "번제와 속죄제는 기뻐하지 아니하시나니 이에 내가 말하기를 하나님이여 보시옵소서 두루마리 책에 나를 가리켜 기록된 것과 같이 하나님의 뜻을 행하러 왔나이다 하셨느니라." 이 구절에서 "왔나이다"라는 동사는 능동태입니다. 예수님은 성부의 뜻에 순종하여서 스스로 십자가 죽음을 선택하셨다는 뜻입니다. 그 순종의 몸을 입고, 세상에 오신 예수님은, 전 생애를 걸쳐, 완전한 제물을 원하시는 아버지의 뜻을 자신의 몸으로 이루셨습니다.

마태복음 26장 39절에 겟세마네 동산에서 "내 아버지여 만일 할 만하시거든 이 잔을 내게서 지나가게 하옵소서 그러나 나의 원대로 마시옵고 아버지의 원대로 하옵소서 하시고"라고 기도하신 이 잔은 바로 예수님의 십자가에서 받을 죽음의 고난을 의미합니다. 요한복음 1장 29절에 요한이 예수님을 보고 "세상 죄를 지고 가는 하나님의 어린 양"이라고 선포하였습니다. 이 하나님의 어린양이 바로 하나님이 원하신 완전한 제물입니다.

예수님이 어떻게 완전한 제물이 되셨는지 살펴보겠습니다.

첫째, 예수님은 완전한 인간이 되어 세상에 오셨습니다. 히브리서 10장 7절에 "이에 내가 말하기를 하나님이여 보시옵소서 두루마리 책에 나를 가리켜 기록된 것과 같이 하나님의 뜻을 행하러 왔나이다 하셨느니라." 이 구절에서 "왔다"라는 동사는 능동태입니다. 예수님은 성부의 뜻에 순종하여서 스스로 순종의 몸을 입고, 세상에 오셨고, 전 생애를 걸쳐, 자신의 몸으로 아버지의 뜻을 이루셨습니다. 예수님은 완전한 인간으로 오셨습니다. 예수님은 자신의 몸으로 완전한 제물의 첫째 조건을 만족하신 것입니다.

둘째, 예수님은 죄 없는 인간으로 사셨습니다. 히브리서 4장 15절에 예수님은 세상에 살면서 "… 모든 일에 우리와 똑같이 시험을 받으신 이로되 죄는 없으시니라." 왜 그렇게 하셨을까요? 예수님의 본성도 죄가 없으시며 세상에 사는 동안 죄 없는 인간으로 사신 것도 성부의 뜻을 온전히 이루어 드리기 위한 성자의 성부를 향한 완전한 사랑 때문입니다. 하나님은 왜 이런 속죄제물을 원하셨습니까? 우리를 영원히 속죄하심으로 영원한 하나님의 자녀 삼으시려는 성부의 절대 사랑 때문입니다. 예수님은 완전한 제물의 둘째 조건을 만족하신 것입니다.

셋째, 예수님은 영원한 효력을 가지는 제물이 되셨습니다. 예수님은 겟세마네 동산에서 "아버지여, 나의 원대로 마옵시고 아버지 원대로 하옵소서"라고 기도하시며 십자가 길을 가셨고 십자가 상에서 "다 이루었다!"고 고백하시며 죽으셨습니다. 요한복음 19장 30절입니다. "예수께서 포도주를 받으신 후에 이르시되 다 이루었다 하시고 머리를 숙이니 영혼이 떠나가시니라." 이 구절에서 영혼이 떠나간다는 동사는 능동태입니다. 예수님은 마지막 숨을 거두는 것조차 스스로 택하셨다는 뜻입니다. 죽기까지 걸음마다 말씀마다 성경에 기록된 예언들을 이루신 것입니다.

그런데 2천 년 전 예수님의 죽음이 어떻게 오늘 나를 위하여 영원한 효력을 발휘합니까? 히브리서 10장 12-14절에 "오직 그리스도는 죄를 위하여 한 영원한 제사를 드리시고 하나님 우편에 앉으사 그 후에 자기 원수들을 자기 발등상이 되게 하실 때까지 기다리시나니 그가 거룩하게 된 자들을 한 번의 제사로 영원히 온전하게 하셨느니라." 완전한 인간이신 예수님, 죄 없으신 제물이 되신 예수님은 십자가의 제물이 되셔서 완전히 죽으셨지만 죽음에서 부활하셔서 영원히 사신 주가 되셨습니다. 약속은 약속한 사람이 살아있을 때까지만 유효합니다.

예수님의 언약이 영원한 효력을 발생하는 분명한 이유 세 가지가 있습니다. 첫째 이유는 예수님은 죽음에서 부활하셔서 영원한 주가 되셨기 때문입니다. 둘째 이유는 예수님은 신실하셔서 자신의 약속을 영원히 지키시는 분이기 때문입니다. 셋째 이유는 예수님은 약속하신 것을 완벽하게 완성하시는 능력의 주님이기 때문입니다. 그래서 예수님의 모든 약속은 영원히 유효합니다. 히브리서 7장 25절에 말씀합니다.

> 그러므로 자기를 힘입어 하나님께 나아가는 자들을 온전히 구원하실 수 있으니 이는 그가 항상 살아 계셔서 그들을 위하여 간구하심이라.

예수님의 대속의 죽음이 영원히 효력이 있는 이유는 예수님은 영원히 사셔서 우리 위해 영원히 중보하시기 때문입니다.

저는 2009년 12월 7일에 있었던 뇌종양 제거 수술 후유증으로 왼편 전체의 움직임이 불편하여서 육신의 감옥에 갇혀 있는 것 같은 답답함을 느낄 때가 한두 번이 아닙니다. 어느 날 밤에는 밤새도록 걸어 다녔습니다. 왼편 팔다리가 완전히 정상으로 돌아왔기 때문이었습니다. 밤새도록 이 친구 저 형제에게 자랑하고 다녔습니다. 참 기분 좋은 밤이었습니다. 그런데 새벽기도 경종에 깨고 보니 꿈이었습니다. 꿈속에 걸어 다녔던 느낌이 너무나 생생해서 꿈속에 걸었던 것처럼 걸어보려고 하다가 넘어질 뻔했습니다. 그 순간 몰려오는 답답함에 몸을 떨어야 했었습니다.

저는 고작 2년인데도 이렇게 답답한데 예수님은 하나님이신 분이 인간의 몸으로 33년을 사셨고, 자기가 창조한 인간으로부터 환영도 받지 못하시고, 십자가에 못 박혀 죽어야 했었으니 얼마나 답답하셨겠습니까? 더군다나 예수님은 얼마든지 십자가에서 벗어날 수 있었음에도 스스로 완전한 제물이 되어주셨습니다.

골로새서 1장 27절과 2장 2절은 "하나님의 비밀은 그리스도"라고 했습니다. 예수님의 성육신은 하나님의 비밀이었습니다. 순종의 몸을 입고, 완전한 제물로 세상에 오신 예수님은, 우리를 향한 삼위일체 하나님의 사랑의 비밀이며 실체이십니다. 이 예수님의 희생을 무슨 예화로 담아낼 수 있겠습니까?

존 뉴톤이 여러 날 동안 책상에서 씨름하며 복잡한 공식들을 노트에 기록하고 있었고 뉴톤의 충직한 개는 옆에 조용하게 앉아있었습니다. 뉴톤이 잠시 방을 떠나자 개는 얼른 주인을 따라나갑니다. 그러다가 개는 책상 위에 등불을 건드려서 넘어뜨리게 되고 뉴톤의 수고가 담긴 노트를 다 태워버렸습니다. 뉴톤이 돌아와서 일어난 일을 보고 낙심하여 주저앉았습니다. 개는 자신이 무슨 일을 저질렀는지도 모른 체 마냥 주인이 좋아서 주인 옆에 엎드리고 앉아 있었습니다. 뉴톤은 눈물을 흘리면서도 개를 쓰다듬으며 이렇게 말했습니다.

"너는 네가 내게 얼마나 엄청난 일을 저질렀는지 절대 알 수 없을 거다."

예수님!
아버지의 사랑 따라 나를 위해 완전한 제물 되어주신 것을 감사합니다!
아버지의 사랑 따라 나를 위한 영원한 제물 되어주신 것을 감사합니다!

2. 예수님은 믿음의 증거

우리는 지금까지 예수님은 죄인을 위한 완전한 제물이 되어주시기 위해 성자이신 분이 인간의 몸을 입고 세상 죄를 지고 가는 하나님의 어린양이 되셨다는 사실을 정리하였습니다. 요한복음 19장 17-30절에 기록된 예수님의 십자가에서 죽으시는 내용에서 중요한 내용을 살펴보려고 합니다.

그 후에 예수께서 모든 일이 이미 이루어진 줄 아시고 성경을 응하게 하려 하사 이르시되 내가 목마르다 하시니. 요19:28

예수님은 십자가의 목마름도 성경에 예언된 것을 이루시려고 "내가 목마르다"라고 말씀하셨습니다. 그리고 30절에 기록하였습니다.

예수께서 신 포도주를 받으신 후에 이르시되 다 이루었다 하시고 머리를 숙이니 영혼이 떠나가시니라.

"다 이루었다"라고 하신 것은 성경에 예언하고 약속한 것들을 모두 다 이루셨다는 것을 의미합니다. "세상 죄를 지고 가는 하나님의 어린 양"의 희생의 제물이 되는 것을 다 성취하셨다는 것을 의미합니다. 죄인의 모든 죄를 대신 지시고 십자가에서 대속의 죽음을 감당하신 것입니다.

만일 사단이 하나님의 법정에서 간음의 현장에서 끌려나온 여인을 용서하신 예수님에게 "저 여인의 간음죄는 어떻게 됩니까?"라고 고소하면 예수님은 어떻게 대답하실까요? 이렇게 대답하셨을 것입니다.

"그의 죄는 내가 대신 지고 죽어줄 것이다."

만일 사단이 우리의 죄를 하나님의 법정에 고발하면서 우리를 죄인이니 자기에게 속한 자라고 고소하면 예수님은 뭐라고 대답하실까요?

"그의 죄도 내가 대신 지고 죽어주었다."

라고 대답하시며 우리를 변호하실 것입니다.

예수님이 2천여 년 전에 죽으신 것이 어떻게 지금 나와 무슨 상관이 있는 것인가? 이 질문에 명확한 답을 가지지 못하면 자주 의심의 벼랑에서 서성이게 됩니다. 사람이 약속한 것은 그 사람이 살아 있을 때까지라고 했습니다. 예수님의 대속의 언약은 예수님이 죽으심으로 효력이 완성되었습니다. 또한, 예수님의 대속의 약속은 영원히 유효합니다. 왜냐하면, 예수님은 영원히 사신 분이시기 때문입니다.

예수님은 영원한 제사장이 되셔서서히10:27, 항상 살아계시고히7:25, 신실하시며히10:23, 무한하신 능력으로 약속하신 것을 영원히히10:14 이루어주십니다. 그러므로 예수님의 대속의 죽음은 영원한 효력을 가집니다.

요한복음 19장 30절에 예수님은 다 이루었다고 하시고 머리를 숙이시니 "영혼이 떠나가시니라"라고 번역이 되어 있습니다. 떠나가시니라 라는 동사는 능동태입니다. 예수님 스스로 자신의 영을 떠나가게 하셨다는 의미가 됩니다. 이것은 예수님은 자신의 죽음도 스스로 선택하신 것임을 암시합니다. 죽음조차 스스로 택하실 만큼 성부 아버지의 뜻을 다 이루신 것입니다.

예수님은 우리를 위해 완전한 제물이 되어주시려고 사람의 몸을 입고 세상에 오셨고, 죄 없는 삶을 사셨고 영원한 대속물이 되어주시려고 십자가에서 죽어 주시고 부활하셔서 영원한 구주가 되어 주셨습니다. 그리고 하나님의 보좌 곁에서 우리의 영원한 중보자가 되어 주셨습니다.

우리가 믿는 성경이 진실이라는 것을 어떻게 압니까? 무슬림들은 코란이 진짜라고 주장하고, 불교도들은 자신들의 경전이 진짜라고 주장하며, 모르몬교도들은 모르몬경이 진짜라고 주장합니다. 그렇다면, 우리가 믿는 성경도 여러 종교가 주장하는 책 중의 하나에 불과한 것인가? 절대 아닙니다. 우리는 성경만이 진리인 줄 알고 믿습니다. 그 사실을 어떻게 압니까? 답은 간단합니다. 예수님이 증명해 주셨습니다. 예수님은 두루마리 책, 즉 성경에 기록된 예언들을 다 이루셨습니다. 성경이 진리라는 것을 예수님은 삶으로 보여주신 것입니다.

예수님의 탄생, 죽음, 부활과 승천하심으로 성경도 참이요, 하나님도 참이요, 종말도 참이며, 예수님의 죽음도 참이요, 예수님의 약속도 참이요, 예수님의 재림도 참이며, 우리의 구원도 참이며, 우리가 소망하는 천국도 참이요, 예수님이 구주이신 것도 참이며, 예수님이 우리에게 주시는 영생도 참인 것을 압니다. 책에 쓰인 대로 이루신 예수님이 우리가 믿는 증거입니다.

성경책에 있는 그대로 오셨던 예수님, 예수님을 기뻐합니다.

성경책에 있는 그대로 행하신 예수님, 예수님을 찬양합니다.
성경책에 있는 그대로 죽으신 예수님, 예수님을 사랑합니다.
성경책에 있는 그대로 부활하신 예수님, 예수님을 경배합니다.
성경책에 있는 그대로 승천하신 예수님, 예수님을 사랑합니다.
성경책에 있는 그대로 이루실 예수님, 예수님을 믿습니다.
성경책에 있는 그대로 구원하실 예수님, 예수님을 증거합니다.
성경책에 있는 그대로 다시 오실 예수님, 예수님을 기다립니다.

순종의 몸을 입고 오셔서 구원의 도를 완성하신 임마누엘 예수님은 반드시 다시 오십니다. 우리 예수님은 반드시 다시 오십니다. 우리는 그때까지 책에 있는 그대로 오신 예수님을 굳게 믿고 멋있게 순종하여 모든 도전을 이기며, 예수님을 잘 전하며, 예수님의 구원을 완성하는 예수님의 사람들이어야 합니다. 반드시 다시 오실 임마누엘 예수님을 온전히 순종함으로 기다릴 것입니다. 그러면 성부도 기뻐하시며 성령님도 도우십니다. 삼위일체 하나님을 찬양합니다.

3. 예수님의 죽음이 나의 죽음이 되는 이유

예수님은 하나님이신 분이 성경에 쓰인 대로 사람의 몸을 입고 세상에 오셨습니다. 예수님은 죄 없으신 삶을 사셨습니다. 예수님은 성경에 쓰인 대로 대속의 죽음을 죽으셨습니다. 그런데 이천 년 전에 있었던 예수님의 죽음이 나의 죽음이 되는 이유가 무엇입니까?

첫째는 예수님은 성경에 예언한 대로 죽으셨기 때문입니다. 이사야 53장 4-6절에 메시아의 속죄 죽음을 예언하였습니다.

> 그는 실로 우리의 질고를 지고 우리의 슬픔을 당하였거늘 우리는 생각하기를 그는 징벌을 받아 하나님께 맞으며 고난을 당한다 하였노라 그가 찔림은 우리의 허물 때문이요 그가 상함은 우리의 죄악 때문이라 그가 징계를 받으므로 우리는 평화를 누리고 그가 채찍에 맞으므로 우리는 나음을 받았도다 우리는 다 양 같아서 그릇 행하여 각기 제 길로 갔거늘 여호와께서는 우리 모두의 죄악을 그에게 담당시키셨도다

이 구절은 고난 당하는 메시아를 예언한 노래입니다. 모든 인간의 죄를 대신 지고 죽임을 당하는 메시아를 예언한 것입니다. 이어서 이사야 53장 7절입니다.

> 그가 곤욕을 당하여 괴로울 때에도 그의 입을 열지 아니하였음이여 마치 도수장으로 끌려가는 어린 양과 털 깎는 자 앞에서 잠잠한 양 같이 그의 입을 열지 아니하였도다

이 구절은 메시아가 하나님의 어린 양이 되어 세상 죄를 지고 변명도 하지 않고 받을 죽음을 예언한 것입니다. 또 이사야 53장 10-12절입니다.

여호와께서 그에게 상함을 받게 하시기를 원하사 질고를 당하게 하셨은즉 그의 영혼을 속건제물로 드리기에 이르면 그가 씨를 보게 되며 그의 날은 길 것이요 또 그의 손으로 여호와께서 기뻐하시는 뜻을 성취하리로다 그가 자기 영혼의 수고한 것을 보고 만족하게 여길 것이라 나의 의로운 종이 자기 지식으로 많은 사람을 의롭게 하며 또 그들의 죄악을 친히 담당하리로다 그러므로 내가 그에게 존귀한 자와 함께 몫을 받게 하며 강한 자와 함께 탈취한 것을 나누게 하리니 이는 그가 자기 영혼을 버려 사망에 이르게 하며 범죄자 중 하나로 헤아림을 받았음이니라 그러나 그가 많은 사람의 죄를 담당하며 범죄자를 위하여 기도하였느니라.

이 구절은 메시아의 죽음은 많은 사람의 죄를 담당하고 대신 죽임을 당할 것을 예언한 구절입니다. 바로 예수님이 이 메시아이심을 우리에게 보여주시고 알려주시고 증명해 주셨습니다. 첫째로는 예수님은 순종의 몸을 입고 세상에 오셨습니다. 둘째로는 예수님은 자신이 메시아로 오신 그리스도이심을 알려주셨습니다. 예수님은 자신이 하나님의 아들이신 것을 가르치심으로 알려주셨고, 자신이 그리스도이심을 선포하심으로 알려주셨고, 자신이 과연 그런 분이신 것을 치유와 기적을 행하심으로 보게 하셨습니다. 셋째로는 예수님은 성경대로 탄생하셨고, 성경대로 사셨고, 성경대로 죽으셨고, 성경대로 부활하셨고, 성경대로 승천하셨습니다.

요한복음 19장 17-37절에는 예수님은 십자가 상에서 죽는 순간에도 자신에 관한 성경의 예언들을 성취하셨습니다. 그 중 몇 가지를 살펴봅니다.

첫째는 요한복음 19장 24절은 십자가에 달려 고난 당하시는 예수님의 옷을 제비뽑아 가질 자를 정하는 내용입니다.

> 군인들이 서로 말하되 이것을 찢지 말고 누가 얻나 제비 뽑자 하니 이는 성경에 그들이 내 옷을 나누고 내 옷을 제비 뽑나이다 한 것을 응하게 하려 함이러라

"내 겉옷을 나누며 속옷을 제비 뽑나이다"라고 한 이 구절은 시편 22편 18절의 성취입니다.

둘째는 요한복음 19장 28절에 예수님께서 죽음이 임박할 때 목마르다고 신음하시는 내용입니다.

> 그 후에 예수께서 모든 일이 이미 이루어진 줄 아시고 성경을 응하게 하려 하사 이르시되 내가 목마르다 하시니

십자가에서 고통스럽게 죽어 가면서도 예수님은 성경에 예언한 것으로 이루려 하시려는 강렬한 의지를 볼 수 있습니다. 내가 목마르다 하신 부르짖음은 "그들이 쓸개를 나의 음식물로 주며 목마를 때에는 초를 마시게 하였사오니"라고 예언한 시편 69편 21절의 성취입니다.

넷째는 요한복음 19장 36절에 "이 일이 일어난 것은 그 뼈가 하나도 꺾이지 아니하리라 한 성경을 응하게 하려 함이라"라고 한 구절도

"그의 모든 뼈를 보호하심이여 그중에서 하나도 꺾이지 아니하도다"라고 예언한 시편 34편 20절의 예수님의 죽음에 관한 예언의 성취입니다.

다섯째는 요한복음 19장 37절에 "또 다른 성경에 그들이 그 찌른 자를 보리라 하였느니라"라고 한 것은 스가랴서 12장 10절의 "… 그들이 그 찌른 바 그를 바라보고 그를 위하여 애통하기를 독자를 위하여 애통하듯 하며 그를 위하여 통곡하기를 장자를 위하여 통곡하듯 하리로다"라는 예언의 성취입니다.

이 많은 구절이 예수님의 죽음에 대한 예언 구절이며 그 예언들이 그대로 다 이루어졌다는 것은 예수님의 죽음은 모든 성경 예언의 성취라는 것을 증명합니다. 그것은 곧 이사야 53장의 예언도 그대로 성취되었다는 것을 의미합니다.

첫째로 예수님은 모든 사람의 죄로 말미암은 형벌을 대신 받으셨습니다. 그러므로 나의 죄로 말미암은 형벌도 예수님이 나 대신 받으신 것이 분명합니다.

둘째로 예수님은 모든 사람의 죽음이라는 형벌을 대신 받으셨습니다. 그러므로 나의 죽음의 형벌도 예수님이 나 대신 받으신 것이 분명합니다.

셋째로 예수님은 완전한 제물이 되셔서 정말로 죽으셨습니다. 그러므로 죄인 된 옛 나도 예수님과 십자가에서 죽은 것이 분명합니다.

어떻게 이것이 가능합니까? 예수님께서 나의 죄를 대속하셨다는 것을 믿음으로 가능합니다. 예수님을 믿음으로 죄인 된 옛 나는 완전히 죽는 것입니다. 예수님은 정말로 죽으셨습니다. 그 예수님을 믿음으로 죄인 된 옛 나도 정말로 죽었습니다. 그러면 지금 살고 있는 나는 무엇인가? 지금 사는 "나"는 새 생명을 받은 "나"입니다. 그래서 바울도 갈라디아서 2장 20절에 고백하였습니다.

> 내가 그리스도와 함께 십자가에 못 박혔나니 그런즉 이제는 내가 사는 것이 아니요 오직 내 안에 그리스도께서 사시는 것이라 이제 내가 육체 가운데 사는 것은 나를 사랑하사 나를 위하여 자기 자신을 버리신 하나님의 아들을 믿는 믿음 안에서 사는 것이라

믿음으로 예수님은 오늘 나의 구주가 되어주셨습니다. 그 예수님을 내가 믿습니다. 죄인 된 옛 나도 예수님의 십자가에 완전히 영원히 죽은 것도 믿습니다. 이제 나는 내 안에 예수님이 사시는 새로운 나인 것도 믿습니다. 오직 믿음으로 얻는 은혜입니다.

예수님! 예수님의 죽음은 죄인 된 옛 나의 죽음임을 믿습니다!
죄인 된 나는 영원히 죽고 예수님 안에 새로운 내가 삽니다!

2. 예수님의 부활 나의 권세

1. 예수님의 부활 사건의 의미

예수님은 자신의 공생애의 마지막이 가까울수록 제자들에게 자신의 죽음과 부활에 대하여 반복하여 강조하셨습니다. 예루살렘 입성하시기 전에 두 번이나 말씀하셨습니다. 그 첫 번째가 마태복음 16장 21절입니다.

> 이때로부터 예수 그리스도께서 자기가 예루살렘에 올라가 장로들과 대제사장들과 서기관들에게 많은 고난을 받고 죽임을 당하고 제삼 일에 살아나야 할 것을 제자들에게 비로소 나타내시니

예루살렘 입성 전 두 번째 예언하신 것은 마태복음 20장 18-19절입니다.

> 보라 우리가 예루살렘으로 올라가노니 인자가 대제사장들과 서기관들에게 넘겨지매 그들이 죽이기로 결의하고 이방인들에게 넘겨주어 그를 조롱하며 채찍질하며 십자가에 못 박게 할 것이나 제삼 일에 살아나리라

예수님은 자신이 어떠한 죽음으로 죽게 될 것과 또한 제 삼일에 살

아나실 것을 분명하게 말씀하셨습니다. 위의 두 구절에 제 삼일이라고 할 때 정관사가 붙여져 있습니다. 그것은 막연한 삼일이 아니라 '분명하게 제삼 일째 되는 날'을 의미합니다.

그럼에도, 제자들은 예수님께서 제 삼일에 부활하실 것을 믿지 못하였습니다. 누가 예수님의 부활을 믿었습니까? 예수님의 부활을 믿고 예수님이 죽으신지 삼 일째 되던 날 예수님의 무덤에서 부활하실 예수님을 기다린 자는 아무도 없었습니다. 한 명도 없었습니다. 예수님이 부활하신 날 새벽에 여인들이 예수님의 무덤을 찾았지만, 그들은 부활하신 예수님을 만나러 간 것이 아니었습니다. 예수님의 시체에 향유를 넣으려고 갔던 것입니다.

그렇다면, 제자들은 예수님의 부활을 전혀 믿지 않았던 것일까요? 아마 언젠가는 부활하신다는 믿음은 가졌을지 모르나 정확하게 죽으신지 삼 일 만에 부활하실 것은 믿지 못하였습니다. 왜 그랬을까요? 예수님의 죽으신 모습을 목격한 그들에게는 그 처참한 십자가 처형을 당한 자가 살아날 수 있을 것을 믿을 수 없었습니다. 밤새도록 끌려 다니며 구타당하고, 살점이 떨어져 나가고 하얀 등뼈가 드러날 정도의 가혹한 채찍질에 온몸이 찢기고, 주먹으로 구타당한 머리에 씌운 가시관에 찔린 상처 때문에 흘러내리는 피, 십자가에서 손발에 대못이 박히고 온몸이 뒤틀어지는 고통, 옆구리까지 창으로 찔리며 모든 피와 물을 다 쏟아버린 몸, 그 몸이 부활한다는 것은 믿기 어려운 일이었을 것입니다. 들이쉬고 내쉬는 숨결마다 움직여야 하는 상체 때문에 찢어지는 못 박힌 손발에 가중되는 고통 중에 숨을 거두어야 했던 그런 처절한 죽음을 당한 후의 부활은 참으로 믿기 어려운 사실이었습니다.

예수님이 부활하시던 날 아무도 부활하신 예수님을 맞이하려고 기다렸던 자는 한 사람도 없었습니다. 그만큼 예수님의 부활은 믿기 어려운 사건이었습니다.

그럼에도, 요한복음 20장은 십자가에서 죽으셨던 예수님은 자신이 예언하신 대로 또 성경이 예언한 대로 삼 일 만에 부활하셨다고 증언합니다. 할렐루야! 부활의 예수님을 찬양합니다. 예수님의 부활은 어떤 의미가 있습니까?

첫째, 예수님은 하나님의 아들이심이 틀림없다는 증거입니다.

둘째, 예수님의 모든 말씀이 진실임이 틀림없다는 증거입니다.

셋째, 예수님은 우리의 죄를 사하신 구주이심이 분명하다는 증거입니다.

넷째, 예수님은 죽음의 권세를 이기시는 분임이 분명하다는 증거입니다.

다섯째, 예수님의 부활은 우리의 부활이 틀림없다는 증거입니다.

여섯째, 예수님은 우리의 영원한 대제사장이심이 분명하다는 증거입니다.

일곱째, 예수님은 우리의 영원한 목자이심이 틀림없다는 증거입니다.

여덟째, 예수님은 우리의 영원한 중보자이심이 분명하다는 증거입니다.

아홉째, 예수님은 우리의 영원한 보호자이심이 틀림없다는 증거입니다.

열 번째, 예수님은 우리 위해 반드시 다시 오실 것임이 분명하다는 증거입니다.

이외에도 예수님의 부활이 의미하는 것은 많습니다. 예수님의 모든 사역이 부활로 집결되었다고 해도 과언이 아닐 것입니다. 예수님의 십자가의 죽음과 부활은 어느 인간도 흉내 낼 수 없는 사건들이었습니다. 어떤 종교의 창시자에서 볼 수도 없고 그들이 따라 할 수도 없는 대사건들입니다. 우리가 믿는 예수님의 정체성의 진정성을 확증해 주는 역사적인 유일한 사건들이었습니다.

사단은 온갖 수단과 방법을 동원해서 예수님의 길을 막으려고 했으나 실패하였습니다. 예수님이 십자가에 죽으신 후에도 사단은 그가 가진 마지막 권세로 예수님을 묶어두려고 했습니다. 그의 마지막 권세는 사망입니다. 그러나 그의 마지막 무기인 사망의 권세로도 예수님을 가두지 못했습니다. 예수님의 생명의 권세는 사망의 권세보다 강합니다. 예수님은 예언하신 대로 삼 일 만에 무덤에서 부활하셨습니다.

만약 베드로와 제자들이 예수님의 부활하실 것을 믿었다면 어떻게 하였을까요? 만약 내가 베드로였다면 그리고 예수님이 삼 일 만에 부활하실 것을 그대로 믿었다면 어떻게 하였을까? 삼일 전날 온 예루살렘 도성을 돌아다니며 외쳤을 것입니다.

"당신들이 십자가에 달아 죽인 예수님은 이 밤에 부활하신다. 예수님 무덤으로 가서 부활하실 예수님을 맞이하러 나와 함께 가자."

그리고 다른 제자들과 함께 예수님 무덤에서 부활하실 예수님을 맞으려고 기다리고 있었을 것입니다. 그랬다면 제자들은 인류 역사상 가장 놀랍고 위대한 사건을 목격할 수 있었을 것입니다. 아쉽게도 그들은 그런 기회를 놓쳐버리고 말았습니다. 유다가 예수님이 삼 일 만에 부활하실 것을 믿었다면 어떻게 하였을까요? 예수님을 배반하지도 않았을 것입니다. 배반한 후에라도 부활의 예수님을 기다려서 예수님의 용서를 빌었을 것입니다.

오늘 우리도 마찬가지입니다. 부활 승천하신 예수님은 반드시 다시 오십니다. 우리는 그때가 언제인지 알지 못합니다. 그러나 예수님이 언제 다시 오시더라도 맞이할 준비를 하고 살 것입니다.

아멘 주 예수여 오시옵소서! 언제라도 오시옵소서.
내일 오셔도 좋습니다. 언제라도 오시옵소서!
내년에 오셔도 좋습니다. 언제라도 오시옵소서!
십 년 후에 오셔도 좋습니다. 언제라도 오시옵소서!
백 년 후에 오셔도 좋습니다. 언제라도 오시옵소서!
아멘 주 예수여 오시옵소서!
마라나타! 주님을 기다리며 살겠습니다.

2. 부활하신 예수님이 제자들에게 주신 말씀 네 가지

부활하신 예수님은 두려워서 문 잠그고 숨어 있던 제자들에게 나타나셔서 도마에게 십자가에서 받으신 손의 못 자국과 옆구리의 창

자국을 보여주시며 믿음을 가지라고 하셨습니다. 그리고 요한복음 20장 19-23절에 네 가지 중요한 말씀으로 제자들을 위로하십니다.

> 이 날 곧 안식 후 첫날 저녁때에 제자들이 유대인들을 두려워하여 모인 곳의 문들을 닫았더니 예수께서 오사 가운데 서서 이르시되 너희에게 평강이 있을지어다 이 말씀을 하시고 손과 옆구리를 보이시니 제자들이 주를 보고 기뻐하더라 예수께서 또 이르시되 너희에게 평강이 있을지어다 아버지께서 나를 보내신 것 같이 나도 너희를 보내노라 이 말씀을 하시고 그들을 향하사 숨을 내쉬며 이르시되 성령을 받으라 너희가 누구의 죄든지 사하면 사하여질 것이요 누구의 죄든지 그대로 두면 그대로 있으리라 하시니라

이 말씀에서 제자들에게 부여하신 네 가지 중요하고 새로운 사실들이 있습니다.

첫째, 제자들은 새 신분을 받은 자들이 되었습니다. 19절과 21절에서 두 번씩이나 언급하신 말씀입니다.

너희에게 평강이 있을지어다!

이 말씀이 새 신분이 되는 이유는 다음과 같습니다. 우리의 평강은 언제 누리게 됩니까? 하나님과 화목해질 때 참 평강을 얻습니다. 어떻게 제자들이 참 평강을 누리게 되었습니까? 예수님을 믿음으로 말

미암아 누리게 되었습니다. 믿음으로 예수님의 십자가의 죽음으로 죄인 된 옛사람은 완전히 죽고 믿음으로 이제는 예수님을 구주로 영접한 자들이 되어서 의인으로 인침을 받아서 하나님과 화목 된 자로서 새 생명을 받은 자들이 되었습니다. 믿음으로 온전한 하나님의 자녀로서의 신분을 받은 자들이 된 것입니다. 이 새 신분은 예수님을 믿음으로 구주로 영접한 모든 자에게 주시는 신분입니다. 예수님을 믿음으로 하나님과 화평한 관계 안으로 들어가게 되므로 하나님의 자녀라는 엄청난 축복의 새 신분을 부여받은 것입니다.

둘째, 제자들은 새 사명을 받은 자들이 되었습니다. 20절에 부활하신 예수님을 만나서 기뻐하는 제자들에게 22절에 말씀하십니다.

아버지께서 나를 보내신 것 같이 나도 너희를 보내노라!

이제부터 제자들은 예수님에 의해 세상으로 보냄을 받은 자들이 되었습니다. 새 사명을 받은 자들이 되었다는 뜻입니다. 이들이 받은 사명은 무엇입니까? 이들은 3년 동안 예수님의 사랑을 받으며 예수님의 은혜에 녹는 삶을 살면서 첫째는 예수님의 가르침에서 예수님에 관한 진리들을 배웠으며 둘째는 예수님의 선포하신 말씀에서 예수님의 메시아 되심을 깨달았으며, 셋째는 예수님의 행하신 모든 일을 목격하며 예수님의 죽음도 보았고 이제는 부활하신 예수님을 직접 만나고 예수님이 참으로 그런 분이신 것을 확신하게 되었습니다. 이들이 세상에 보냄 받아서 할 일은 한 가지밖에 없습니다. 예수님의 그리스도이심, 우리의 참 구주이심을 온 세상에 전하고 알리는 일입니다. 이 위대한 사명을 행하는 것보다 더 중요하고 긴급한 일은 세상에는 없습니다. 부활하신 예수님의 보냄을 받은 제자들은 이런 놀라운 새 사명을 받은 자들이 되었습니다.

셋째, 제자들은 새 권능을 받은 자들이 되었습니다. 21절에 예수님은 제자들을 향하여 숨을 내쉬며 말씀하셨습니다.

성령을 받으라!

예수님의 성령님은 이제 제자들 안에 내재하시게 됩니다. 성령님은 제자들이 알 수 없었던 하나님의 비밀이신 그리스도를 알게 해 주시고, 제자들이 갖출 수 없는 능력을 공급하시며, 제자들이 가지지 못한 지혜를 주시고, 사단과 죄악의 권세를 다스리는 성령님의 권능을 받게 되었습니다. 새로운 권능의 삶이 시작되게 됩니다.

넷째, 제자들은 새 권세를 받은 자들이 되었습니다. 성령 받으라 하신 예수님은 22절에 놀라운 말씀을 제자들에게 주셨습니다.

너희가 누구의 죄든지 사하면 사하여질 것이요 누구의 죄든지 그대로 두면 그대로 있으리라.

이 구절은 제자들에게 사죄의 권세를 부여하신 것으로 오해하기 쉬운 구절입니다. 그러나 사람이 사람의 죄를 사할 수는 없습니다. 성직자라고 해서 죄를 사할 권세와 죄 용서하지 않을 권세를 가진 것은 아닙니다. 그러면 본문의 의미는 무엇일까? 이 구절에 "너희"는 예수님의 제자들을 의미합니다. 즉 예수님의 몸 된 교회를 의미합니다.

주님께서 예수님은 그리스도이심을 알리는 구원역사의 사명을 주님의 제자들 즉 교회 외에는 부여하신 적이 없습니다. 그러므로 예수님의 사람들이 침묵해버리면 세상은 죄 사함의 길을 알 수도 없고 받을 수도 없습니다. 즉 "누구의 죄든지 그대로 두면 그대로 있으리라"라는 의미입니다.

반면 예수님의 제자들 즉 예수님의 교회가 예수님의 죄 사함의 은혜를 알리고 전하면 죄 사함과 구원의 역사가 듣는 자들에게 일어나게 될 것입니다. 그러므로 제자들이 그리고 제자들의 제자들이 입을 열어 세상 사람들에게 예수님을 증거 하기 시작하면 세상은 죄 사함의 은혜를 받기 시작하게 될 것입니다. 즉 "너희가 누구의 죄든지 사하면 사하여질 것"입니다.

제자들에게 주신 새 신분, 새 사명, 새 권능, 새 권세는 제자들에게 주신 예수님의 약속이기도 합니다. 예수님은 제자들에게 부여하신 이 네 가지 특권을 특권이 되도록 힘을 실어주신다는 뜻입니다. 이 특권들을 사용할 때마다 예수님의 권능이 제자들과 또한 모든 예수님의 사람들과 함께 할 것입니다.

이 네 가지는 예수님의 사람이라면 누구나 가지는 독특한 권세(독권)입니다. 예수님의 사람은 언제 어디서나 이 네 가지 독권을 누리게 됩니다. 그러므로 예수님의 부활 권세는 우리에게 주어진 우리의 권세입니다.

기억하십시다. 예수님의 사람은 예수님이 부여하신 (1) 새 신분의 특권, (2) 새 사명의 특권, (3) 새 권능의 특권, (4) 새 권위의 특권을 받고 누리는 자가 된 것을 잊지 마십시다. 아멘!

성령님이시여!
내 안에 평강으로 넘치게 하소서!
내 맘을 사명으로 불타게 하소서!
내 영에 권능으로 강하게 하소서!
내 삶을 권세로 전진하게 하소서!

3. 예수님의 보혈에 잠겨 사는 사람들

1. 도마의 고백

열두 제자 중에 의심 많은 제자로 알려진 도마는 부활하신 예수님이 처음 나타나셨을 때에 제자들과 함께 있지 않았습니다. 다른 제자들이 부활하신 예수님을 만났다고 전하는 말을 믿지 않았습니다. 25절에 예수님 손의 못 자국을 보지 않고는 믿을 수 없으며 자기 손으로 예수님의 옆구리 상처 자국을 만져보기 전에는 믿지 않겠다고 고집을 부립니다. 예수님의 부활을 도저히 믿을 수 없다는 말입니다.

무슨 이유로 도마가 다른 제자들과 함께 있지 않았는지 알 수 없습니다. 어쩌면 예수님이 죽음이 너무 비참하고 깊은 실망감에 방황하고 있었을지도 모릅니다. 그런 도마의 방황하는 마음을 아신 예수님은 도마가 다른 제자들과 함께 있을 때에 다시 나타나 주셨습니다. 순전히 도마를 위한 걸음이었다고 생각할 수 있습니다. 그리고 27절에 도마에게 말씀하십니다.

> 도마에게 이르시되 네 손가락을 이리 내밀어 내 손을 보고 네 손을 내밀어 내 옆구리에 넣어 보라 그리하여 믿음 없는 자가 되지 말고 믿는 자가 되라

이렇게 하여 도마가 부활하신 예수님을 직접 눈으로 확인하고 손

으로 만져본 순간은 도마의 모든 것이 뒤집히는 순간이었습니다. 도마에게는 온 세상이 뒤집어 지는 순간이었을 것입니다. 그의 생각, 그의 안목, 그의 고백, 그의 믿음, 그의 삶 모든 것이 새롭게 조명되는 심령의 대폭발을 일으킨 사건이었습니다. 그로 말미암아 의심 많은 도마의 입으로부터 신약성경의 고백 중의 절정이 되는 고백, 고백 중의 고백을 하였습니다. 28절에서 도마가 고백합니다.

나의 주님이시요 나의 하나님이시나이다!

물론 예수님께 드린 고백입니다. 이 도마의 고백은 신약 성경 전체를 대표하는 고백이요 구약성경 예언의 결론이 되는 고백입니다.

도마의 고백에서 부활의 예수님을 믿는 자들의 권세를 두 가지 권세를 정리할 수 있습니다.

첫째는 예수님이 주님이 되어 주십니다. 예수님께 속한 자가 된다는 뜻입니다. 예수님께 속한 자는 예수님의 다스림과 인도하심과 보호하심 아래 있게 됩니다.

둘째는 예수님이 하나님 되어 주십니다. 하나님은 사람이 만날 수 없는 하나님, 알 수도 없는 하나님, 들을 수도 없는 하나님, 교제할 수도 없는 하나님이십니다. 그 하나님께서 예수님을 통하여 만나주시는 하나님, 알려주시는 하나님, 들려주시는 하나님이 되어주십니다.

예수님을 믿는 자가 악한 귀신에 들릴 수 있을까요? 아닐까요? 라는 질문에 뜻밖에 많은 그리스도인이 당황해 하는 경우를 자주 봅니다. 정답이 무엇일까요? 간단합니다. 진정 예수님의 사람에게는 악한 영들이 절대로 들어올 수 없습니다. 세 가지 중요한 이유 때문입니다.

첫째 이유는 예수님의 사람들은 예수님의 소유가 된 사람들입니다. 예수님께서 절대로 악한 영들에 자신의 양들을 내어주시는 법이 없습니다. 요10:27-29 참조

둘째 이유는 예수님의 사람들의 영은 성령님이 내재하여 주시기 때문입니다. 성령님은 하나님의 권세를 가지신 분이십니다. 성령님이 들어와 계신 자의 영을 감히 다른 어떤 영들이 손대지 못합니다. 그러므로 진정한 예수님의 사람들은 악한 영들이 들어올 수 없습니다.

셋째 이유는 성경이 우리에게 확증하여 주기 때문입니다. 예수님은 예수님의 사람들은 악한 자가 만지지도 못한다고 말씀하십니다.

하나님께로부터 난 자는 다 범죄하지 아니하는 줄을 우리가 아노라 하나님께로부터 나신 자가 그를 지키시매 악한 자가 그를 만지지도 못하느니라 요일5:18

이 구절에서 "하나님께로부터 난 자"는 예수님의 사람들이며 "하나님께로부터 나신 자"는 예수님을 의미합니다. "그를 지키시매" 할 때 "그"는 하나님께로부터 난 자들로서 곧 예수님의 사람들을 의미합니다. "악한 자"는 사단입니다. 정리하면 예수님은 예수님의 사람 된 자들을 악한 사단이 만지지도 못하고 손도 대지 못하도록 지켜주십니다. "하나님께로부터 난 자"는 단수로 되어 있습니다. 그 의미는 예

수님은 자기 사람들을 한 사람 한 사람 일일이 지켜주시는 것을 의미합니다. 할렐루야!

이 말씀은 곧 요한계시록 5장 9-10절에 천사들의 노래와 연결됩니다. 두루마리를 취하신 어린 양 예수님께 노래하며 경배합니다.

그들이 새 노래를 불러 이르되 두루마리를 가지시고 그 인봉을 떼기에 합당하시도다 일찍이 죽임을 당하사 각 족속과 방언과 백성과 나라 가운데에서 사람들을 피로 사서 하나님께 드리시고 그들로 우리 하나님 앞에서 나라와 제사장들을 삼으셨으니 그들이 땅에서 왕 노릇 하리로다 하더라

특히 10절에 예수님이 피로 사신 백성은 "땅에서 왕 노릇 하리로다!"라고 노래합니다. 어디서 왕 노릇합니까? 땅에서부터 시작합니다. 그러면 어떤 것들 위에 왕 노릇합니까? 죄의 권세와 사단의 권세와 죽음의 권세 위에 왕 노릇합니다. 할렐루야!

예수님의 사람들은 이 어둠의 권세 위에 왕 노릇 하는 존재가 되었습니다. 그러면 사단과 악한 영들은 우리와 전혀 상관이 없습니까? 그렇지는 않습니다. 우리에게 손대지는 못하지만, 저들에게는 마지막 무기가 있습니다. 손대지 못한다는 것은 무엇을 의미하는 것일까요? 사단과 악한 영들과 죄의 권세가 예수님의 사람들을 더는 조종할 권세를 완전히 잃어버린 것을 의미합니다. 그들은 더는 강제로 우리로 하여금 죄를 짓도록 하지 못합니다.

그러면 저들의 마지막 무기가 무엇입니까? 거짓말입니다. 사단은

온갖 거짓말로 믿는 자들을 유혹합니다. 온갖 이유를 제공하며 죄악을 정당화하고 합리화할 거짓 이유를 제공합니다. 그러나 예수님의 사람들이 그 거짓말을 뿌리치면 저들은 아무것도 할 수 없습니다. 사단과 악한 영들은 우리를 거짓으로 유도하며 우리 스스로 죄에 빠져들도록 거짓 이유를 제공할 뿐입니다. 만약 우리가 그들의 거짓말에 속아서 죄를 짓게 되는 것은 우리 의지로 죄를 범하는 것입니다. 그러나 죄 중에 빠졌다가도 우리가 정신을 차리고 회개하고 예수님께 돌이키면 사단은 우리를 막을 수 없습니다. 아멘!

왜 믿는 자가 죄에 빠집니까? 시험 들었기 때문이라는 이유는 핑계는 되어도 정당한 이유는 되지 못합니다. 진정한 예수님의 사람은 죄의 유혹과 거짓말에 속아서 죄에 빠져들더라도 계속해서 죄를 지으며 살지는 못합니다. 왜냐하면, 우리 안에 임재하신 성령님께서 우리의 영을 불편하게 만들기 때문입니다. 성령님은 예수님의 사람들 안에서 역사 하시며 죄를 즐기지 못하게 하십니다. 그래서 회개하고 돌아서면 사단은 우리에게 길을 비켜 주어야만 합니다. 그래서

예수님은 우리의 불변의 요새이시며

우리의 굳건한 반석이시며

우리의 선하신 목자이시며

우리의 막강한 권세이시며

우리의 영원한 구원이십니다.

아멘!

2. 예수님의 부활 권세를 누리며 사는 사람들

예수님의 죽음은 나의 죽음도 되며 나의 생명이며 또한 예수님의 부활은 우리의 부활이며 권세라 하였습니다. 이 부활의 권세를 누리며 사는 사람들은 어떤 사람들일까요? 부활의 권세를 누리며 세상을 호령하였던 사람들이 허다합니다.

어느 개혁자에게 제자가 와서 알려주었습니다. "온 세상이 선생님을 대적합니다." 개혁자가 대답합니다. "그렇다면, 나는 온 세상을 대적하겠네."

존 녹스John Knox 비석에 적힌 글입니다. "여기에 흙으로 빚은 얼굴을 두려워한 적 없는 자가 누워 있다."

우리나라는 짧은 기독교 역사에도 불구하고 위대한 빛나는 별 같은 믿음의 선배들을 많이 배출했습니다. 다음 글은 "한국교회 순교자 기념 사업회"로 『순교신서』의 박관준 장로에 대한 글을 옮겼습니다.

박관준은 1875년 4월 13일 평북 영변에서 토호 박치환의 4남 2녀 중 셋째 아들로 태어났다. 원체 많은 돈을 가진 부호의 아들인 박관준은 어릴 적 방탕하여 한때는 병까지 얻게 되었다. 이 병으로 인하여 인생의 허무감정을 갖게 된 그는 나름대로 심령의 안식을 얻기 위해 구도를 했다. 불교는 물론 시천교侍天敎에서 3년을 수도 생활까지 했으나 마음의 평화를 얻지 못하여 방황하고 있던 중, 1905년 30세 되던 해에 묵상에 잠겨 있다가 "십자가 종교에 들어가라" 는 영음을 듣고 기독교에 입문하였다.

의사가 되는 것이 가장 인간답게 사는 길이고 예수를 위해 사는 길이라고 믿고, 의학을 공부해서 십자의원을 개원해서 환자들에게 전도하기에 힘썼다. 그러다보니 치료비를 받는 경우보다 투입하는 약값이 더 많았다. 십자의원을 개원한 후 교회를 개척해 장로가 된 후에는, 평양으로 이주해 병원을 개원했.

1935년 그는 특별한 계시를 받았다. "나를 위해 피를 흘릴 자가 누구냐?"는 부름에 "제가 흘리겠습니다" "그래? 그러면 너는 나의 십자 군병이 되거라"라는 계시였다.

1938년 9월 9일 평양 서문밖 교회에서 모인 장로교 제27회 총회가 신사참배를 가결되자, 박장로는 너무 답답한 나머지 미나미 총독을 면회하여 결판을 내려고 평양에서 13회나 서울총독부에 올라왔으나 면회를 못했다. 그러는 가운데 "모든 종교는 일본제국의 승인하에 신봉할 수 있도록 하는 종교단체법을 상정통과할 것이라는 소식을 듣고 보성여학교 교사직을 사임한 안이숙과 일본에 건너가 일본 신학교에 재학중인 25세 박영창과 함께 전조선 총독 우가끼, 문부대신 아라끼. 척무장관 야다를 찾아보았지만 그들의 마음을 돌이킬 수 없었다.

1939년 3월 22일 세 사람은 방청권을 구입하여 제74회 일본제국의회일본제국중의원-국회의사당 방청석에 들어갔다. 일본 국회가 사무절차를 밟아 종교법안이 상정될 때 야스후지 의원이 단상에 오르는 순간 박관준장로는 번개처럼 뛰어나가며 손안에 든 대봉투를 아래층의 사당안으로 내던지며 "나는 여호와 하나님의 사명자다" 소리를 질렀다. 의회장은 순식간에 아수라장이 되었고 박장로는 즉석에서 체포되고 경시청에 32일 간 구금되어있는 동안, 왜 신사참배를 반대하는가에 대해 일본 언론은 앞 다투어 보도했다.

한국으로 송치 된 그는 1941년 봄 천황에 대한 반역자로 투옥되었고 옥중에서도 신사참배를 반대했음은 물론 1945년 1월 1일부터 70일 금식기도에 돌입했다. 금식기도 70일째 되는 3월 10일 내일은 밖으로 나가 3일간 성경을 가르치고 하나님 앞으로 오라" 하는 소리를 들었고 1945년 3월 11일 병보석으로 나와 평양 기독병원에 입원했다. 박장로는 병원에서도 문병자들에게 전도하고 "신사참배는 안됩니다 … 열심히 예수를 믿읍시다"라고 하다가 3일 후인 3월 13일 오전 10시 가족이 모인 앞에서 이사야 11장 10-16절을 유언하고 순교했다.

그의 시신은 가족들에 의해 평양교회의 공동묘지인 돌박산에 순교자 주기철 최봉석 목사가 묻혀있는 그 옆자리에 안장되었다[1])

이런 사람은

첫째, 환경에 굴복하지 않는 사람들입니다. 우겨 싸는 것 같은 환경을 만나도 모든 염려를 부활의 주님께 맡기고 오히려 큰소리치며 사는 자들입니다. 이들은 환경보다 크신 예수님을 바라보며 승리하기까지 전진할 줄 압니다. 때로는 울면서도 다윗처럼 전진하며 때로는 두려워하면서도 모세처럼 전진하며 때로는 연약해도 디모데처럼 전진합니다. 부활의 권세를 누리는 사람들은 환경에 굴복하지 않는 사람들입니다.

둘째, 사람의 권세에 굴복하지 않는 사람들입니다. 사람의 권세가 사람을 두렵게 만들 때가 잦습니다. 그러나 부활의 권세 안에서 사는 자들은 사람을 두려워하지 않습니다.

셋째, 죽음의 권세에 굴복하지 않는 사람들입니다. "예수님 위해 살다가 죽으면 죽지"라는 기상으로 살아갑니다. 그 현저한 예가 예수님의 제자들입니다. 이들은 다 같이 예수님 위해 목숨을 내놓았습니다.

마태는 에티오피아에서 순교의 고난을 받고 검으로 받은 상처로 죽었습니다.

마가는 이집트 알렉산드리아에서 죽었는데, 말에 끌려 죽도록 길거리로 끌려 다녔습니다.

요한은 사도 중 자연사한 유일한 분입니다. 그러나 죽을 때까지 예수님의 증인으로 살았습니다.

베드로는 십자가에 거꾸로 못 박혀 순교했습니다.

야고보는 예루살렘에서 순교했습니다.

세베대의 아들 야고보는 예루살렘에서 순교했습니다.

바돌로매는 아시아 선교사로 아르메니아에서 설교하다 순교하였습니다.

안드레는 그리스의 파트라스에서 X모양의 십자가에 못 박혀 순교하였습니다.

도마는 인도에 교회를 세우려고 선교하다가 창에 찔려 순교하였습니다.

유다는 예수 안의 믿음을 부인하기를 거절하여 화살을 맞아 죽음당했습니다.

맛디아는 가룟 유다의 자리를 메운 사도로서, 돌로 때려 맞고 나서 참수 받았습니다.

빌립도 에어라폴리스에서 순교하였습니다.

우리나라 역사에도 위대한 신앙의 선배들이 적지 않습니다. 주기철 목사, 손양원 목사, 최봉석 목사, 길선주 목사, 이기풍 목사, 김익두 목사님들과 고찬익 장로 등 빛나는 별과 같은 증인들이 있습니다.

오늘도 이런 믿음의 선배들을 보면서 믿음의 길을 걸어야 하겠습니다. 부활의 권세를 누리면서!

3. 예수님의 보혈의 은혜와 권세를 누리며 사는 길

예수님의 부활은 나의 부활이 되는 동시에 나의 권세라고 했습니다. 예수님의 보혈의 은혜와 권세를 누리며 사는 길은 무엇인가?

예수께서 다시 크게 소리 지르시고 영혼이 떠나시니라 이에 성소 휘장이 위로부터 아래까지 찢어져 둘이 되고 땅이 진동하며 바위가 터지고 무덤들이 열리며 자던 성도의 몸이 많이 일어나되

27:50-52

예수님께서 숨을 거두실 때에 우리에게 예수님의 보혈의 은혜와 권세를 누리는 길을 제시합니다. 그 세 가지 길은,

첫째, 확신하며 사십시다. 예수님이 죽으실 때 땅이 진동하고 바위가 터진 것입니다. 진동한다는 동사는 지진과 같은 격렬한 진동이며 바위가 터질 때 터진다는 단어는 "박살이 난다. 또는 완전히 갈라진다"는 뜻으로 폭발적인 표현입니다. 이 바위가 52절에 나오는 무덤 막은 돌들로 연결하면 예수님의 죽음은 죽음 아래 가두는 권세가 폭발해 버린 것을 상징합니다.

상징적 의미는 예수님의 죽음은 첫째로는 우리의 죄를 폭발시켜서 지워버림과 둘째로는 우리의 죽음을 박살 내 분해해 버림을 의미합니다. 예수님은 일편단심으로 자신의 몸을 완전한 제물로 희생하심으로 우리의 죄를 완전히 폭파시켜 버리셨습니다. 예수님은 일편단심으로 자신의 죽음으로 우리의 죽음을 단번에 터뜨려서 날려버리셨습니다. 아멘! 예수님의 죽으심으로 예수님은 죽음의 권세를 분해해 버렸습니다. 그래서 존 오웬은 『예수님의 죽음은 죽음의 죽음 *The Death of Death in the Death of Christ*』이라는 멋진 제목으로 책을 쓰기도 했습니다.3)

예수님의 십자가의 죽으심으로 우리의 죄와 죽음이 분해하여 버린 것을 확실하게 믿으십시다. 우리와 하나님 사이에 죄로 말미암아 막힌 담을 다 헐어버리신 것을 확신하십시다. 사단은 우리를 예수님

의 십자가 밖으로 끌어내려고 할 때 우리는 확신함으로 십자가 보혈 아래 있을 것입니다. 사단은 절대로 우리를 예수님 밖으로 끌어내지 못한다는 사실을 확신하며 사십시다.

둘째, 누리며 사십시다. 예수님이 죽으실 때 성전의 성소 휘장이 갈라진 것입니다. 이 휘장은 지성소에 들어가는 둘째 휘장으로 실로 짠 약 10센티가 넘는 두께로 칼로 자를 수 없을 정도로 견고합니다. 대제사장만 일 년에 한 번 지성소에 들어갈 때 이 휘장을 지나서 지성소로 나갑니다. 대제사장도 자신의 죄를 속하지 않은 채로 이 휘장을 지나면 죽어야 합니다. 죄인이 거룩하신 하나님 임재 앞에 서지 못하기 때문입니다. 예수님이 십자가에서 돌아가실 때에 이 휘장이 위로부터 아래로 갈라진 것은 하나님이 갈라놓으신 것을 의미합니다. 이후로 지성소는 더는 가릴 필요가 없어졌습니다. 갈라졌다는 단어는 바위가 터진다는 단어와 같은 단어입니다. 하나님은 지성소를 막은 휘장을 폭파시켜 버리셨습니다. 그러려고 성자 예수님의 몸을 깨뜨리시고 그 보혈의 피로 속죄소를 적신 것입니다. 이제부터는 예수님 보혈의 휘장 안으로 들어오는 자는 누구든지 죄 사함을 받고 하나님을 직접 만날 수 있게 되었습니다.

그러므로 우리는 사단이 우리를 거짓 정죄할 때에 성소 휘장을 찢으신 하나님 아버지께서 우리를 악한 사단이 손대지 못하게 하신 은혜를 선포하고 누리십시다. 예수님의 사람은 더는 사단의 권세 아래 있지 않고 자유하게 된 것을 누려야 합니다.

셋째, 선포하며 사십시다. 예수님이 죽으실 때 무덤에서 죽었던 성도들이 많이 살아난 사건은 이해하기 어려운 만큼이나 예수님의 죽음은 죽음의 권세를 파괴한 것으로 멈추지 않고 죽은 자들에게 생명을 주어 살려내는 권세가 되는 증거입니다. 이들이 예수님이 부활하시고 나서 도시에 들어가서 자신들이 살아난 것을 보여주었습니다. 대단히 놀라운 사건이었을 것인데 이 기록 이후에는 성경에 언급되지 않습니다. 그 이유를 이렇게 이해할 수 있을 것입니다. 이들이 살아난 사건도 놀라운 일이었지만 예수님 부활의 영광 앞에서는 그 빛을 잃는다는 사실을 말해준다는 사실입니다. 그러나 이들이 살아난 것은 예수님의 죽음은 우리의 생명이 되는 확실하다는 증거를 우리를 위해 남겨주신 것입니다.

그러므로 예수님의 사람은 죄인 된 옛 사람은 예수님의 십자가에서 죽은 것을 확신하며 살아야 합니다. 그 사실을 선포하며 살 것입니다. 사단이 우리를 거짓말로 낙심하게 할 때 사단에 매여서 죄의 종이었던 나의 옛 사람은 죽었다고 선포하십시다. 예수님 안에서 새 생명을 얻고 살게 되었다고 선포하십시다. 아멘!

4. 구원의 본질

구원의 본질을 바르게 정리하는 것은 대단히 유익합니다. 사단은 온갖 속임수와 거짓말로 우리를 미혹하려고 하기 때문입니다. 구원의 본질을 정리하기는 쉽지 않으나 지금까지 살핀 것을 토대로 하여 다음과 같이 정리할 수 있겠습니다.

> 내 죄를 지시고 보혈을 흘려주신 예수님을 믿음으로 죄인 된 옛 나는 예수님과 함께 십자가에서 죽고 죽음에서 부활하신 예수님을 구주로 영접하므로 의인 된 나는 예수님의 보혈 안에서 하나님의 자녀의 권세로 산다.

믿음이 다르고 영접이 다르지 않습니다. 믿음과 영접은 같이 갑니다. 예수님을 믿지 않으면 예수님을 구주로 영접하지 못합니다. 예수님을 구주로 영접하지 않는 것은 예수님을 믿는 믿음이 아닙니다.

반면 예수님을 구주로 영접하는 자는 하나님의 자녀가 되는 권세를 얻게 되니 하나님의 자녀 된 권세로 살 것입니다. 이 권세는 사단과 죄와 죽음의 권세 위에 왕 노릇 하며 살게 합니다. 예수님의 보혈의 휘장 안으로 들어온 자가 죄를 거부하면 죄는 다시는 우리를 이전처럼 농락하지 못합니다. 예수님을 믿는 자가 사단을 대적하면 사단은 더는 우리를 조종할 능력이 없습니다. 예수님 보혈의 휘장 안으로 들어온 자는 죽음이 절대 묶어두지 못합니다.

> 예수님의 죽음은 죄인 된 옛 나의 죽음입니다.
> 예수님의 죽음은 나의 죽음인 동시에 나의 생명이 되었습니다.
> 예수님의 부활은 새로운 나의 부활입니다.
> 예수님의 부활은 나의 부활인 동시에 나의 권세가 되었습니다.

제6부 예수님의 사명에 불타오른 사람들

제자도의 본질

리빙스톤David Livingstone의 장례식에서 있었던 일입니다. 어떤 거지차림의 남자가 군중을 헤집고 장례식을 보려고 했습니다. 사람들이 눈살을 찌푸렸겠지요. "이 사람 왜 이래?"라고도 했을 것입니다. 그때 그는 이런 말을 했습니다.

"나는 리빙스톤의 장례를 꼭 봐야 할 사람입니다. 나는 당신들보다 그와 더 잘 아는 사이입니다. 그와 나는 같은 주일학교에 다녔습니다. 다만, 나는 예수님을 반대하는 결심을 했고 그는 예수님을 위해 살겠다고 결심하였을 뿐입니다."[1]

그 남자는 자신을 위해 살았고 리빙스톤은 예수님을 위해 삶을 불태웠습니다. 그는 수많은 아프리카의 영혼들을 예수님께 인도했습니다. 리빙스톤은 이런 말을 했습니다.

"하나님의 뜻 안에서 아프리카의 심장에 있는 것이 하나님의 뜻을 벗어나 영국 왕의 자리에 앉아 있는 것보다 나는 더 좋다."[2]

리빙스턴의 마지막에 대한 인상적인 일화를 소개합니다.

"1873년 5월 1일 그의 아프리카 하인이 그가 침대 옆에서 기도하는 자세로 무릎을 꿇고 숨져 있는 것을 발견했다. 그들은 노인을 사랑했기 때문에 그의 시체와 개인적인 서류들을 그가 이전에 소속한 선교회가 있는 해안까지 옮겨다 주는 것만이 자신들의 존경하는 마음을 표하는 방법이라고 생각했다. 그의 심장을 꺼내 무푼두Mpundu 나무 밑에다 묻고 시체는 아프리카의 뜨거운 햇볕 아래 말려 미이라로 만들어 2,400km가 넘는 해안까지 운반하였다."3)

새 생명의 역사는 이렇게 예수님의 사명으로 불타는 사람들에 의해서 일어났습니다. 이번 과에서 예수님의 사람들에게 예수님이 간절히 바라시는 사명의 삶이 무엇인지 배우며 무엇을 위해 우리의 삶을 산화시켜 불태우며 살 것인지 알아보며 제자도의 본질을 정리하게 됩니다.

제자도의 본질을 어떻게 정리할 것인가? 어느 교회나 단체가 만든 제자훈련 과정을 수료한다고 제자가 되는 것은 아닙니다. 제자도의 본질이 정리되지 않으면 아무리 제자훈련을 많이 받아도 제자가 되지 못합니다. 더구나 예수님의 사명에 인생을 건다는 것은 불가합니다.

한 때 한국교회 내에서 소명 받았다고 하면 다니던 직장 사표 내고 재산 정리해서 신학교 가서 공부하고 목사나 선교사 되는 것으로 인식하였습니다. 그러면 소명은 목회자나 선교사들이나 받는 것이며 다른 사람들은 소명 없는 자들이거나 소명 받지 못한 자라는 의미가 됩니다.

과연 예수님의 사명이라는 것은 무엇을 의미하는 것이며 제자도의 본질과 사명과의 관계를 어떻게 정리할 것인가는 예수님을 믿는 자들에게는 대단히 중요한 주제가 됩니다. 이것은 우리의 일생의 목적과 비전과 관련되는 것이므로 제자도의 본질이 무엇인지를 바르게 정리하는 것은 대단히 중요합니다.

교회마다 제자훈련 과정이 있고 단체마다 제자훈련 교재가 만들어져 있습니다. 한국교회에서 제자훈련이 강조되고 중요하게 여기게 된 것은 대단히 격려가 되는 일입니다. 제자훈련은 반드시 해야 합니다. 그런 만큼 제자훈련의 핵심과 본질을 잘 이해해야 합니다. 제자훈련의 핵심과 제자훈련의 본질을 제대로 정립하지 못하면 예수님이 명령하신 제자양육과 제자훈련은 도구로 전락해 버리기 쉽습니다. 그렇게 되면 제자훈련의 핵심과 본질이 흐려지게 되며 모양과 활동은 닮겠지만, 그 결과는 전혀 다른 방향으로 갈 수 있을 것입니다.

제자 훈련의 핵심에 대하여 생각해보겠습니다. 제자 훈련의 핵심을 어떻게 정리하는가에 따라서 제자훈련의 목적과 이유가 결정됩니다.

"제자훈련 했더니 우리 교회가 이렇게 성장했습니다. 교회부흥을 원합니까? 그러면 제자훈련 하십시오."

만약 제자훈련을 강조하면서 이렇게 말한다면 제자훈련을 교회부흥의 도구로 전락시키는 결과를 가져오게 됩니다. 그런 관념에서 제자훈련을 하려고 한다면 제자훈련의 핵심은 흐려지고 사람 많이 모이게 하는 훈련 교재가 무엇일까, 즉 방법에 더 많은 노력과 관심을 기울이게 될 것입니다. 제자훈련을 이런 정도로 이해하게 되면 슬픈 일이 되고 맙니다. 결국, 제자훈련은 교회성장, 교회부흥이라는 거창한 목적을 위한 도구로 전락하고 말 것이기 때문입니다.

같은 맥락에서 보면 선교도 마찬가지입니다. 선교의 핵심과 본질도 제자도의 핵심과 본질에 그 근거를 두어야 합니다.

"선교를 열심히 했더니 교회가 성장하였습니다. 교회 재정의 반 이상을 선교비로 씁니다. 그래서 우리 교회가 이렇게 성장했습니다. 교회부흥을 원합니까? 그러면 선교하십시오."

만약 선교를 강조하면서 이렇게 말한다면 선교를 교회 부흥의 도구로 전락시켜 버리는 모양이 되고 맙니다. 선교나 제자훈련은 도구화로 해서는 결코 안 될 것입니다. 선교와 전도와 제자훈련의 핵심과 본질을 제대로 정리하지 않으면 우리도 모르는 사이에 예수님이 명령하신 지상명령至上命令을 도구로 전락시키게 될 것입니다.

이 장에서는 제자도의 본질을 정리하게 됩니다. 제자도의 본질을 바르게 정리하게 되면 전도, 선교, 제자훈련의 핵심과 본질도 바르게 정리될 것입니다. 그렇게 될 때 전도에도 전심으로 불타오르게 될 것이며 선교의 열정도 타오르게 될 것입니다. 성령님의 역사가 일어나게 될 것입니다. 예수님이 기뻐하시는 열매를 맺어 드리게 될 것입니다.

제자도의 본질이 무엇이며 바르게 정리하므로 인하여 예수님께서 기뻐하시는 일에 우리 일생을 불태울 수 있기를 바랍니다. 우리 속담에 이런 말이 있습니다.

호랑이는 죽어서 가죽을 남기고 사람은 죽으면 이름을 남긴다.

그러나 예수님의 사람들이 죽으면 무엇을 남기게 되겠습니까? 이름을 남기는 것이 아닙니다. 이야기를 남기게 됩니다. 예수님의 이야기를 남기는 것입니다. 우리 이름을 남겨서는 안 됩니다. 진정한 예수님의 사람은 삶을 통해서 남길 것은 오로지 예수님의 이야기를 남기는 것입니다. 예수님의 제자들이 남겨 준 것도 전부 예수님 이야기뿐입니다. 예수님이 남겨주신 이야기도 전부 예수님 자신에 관한 이야기뿐이었기 때문입니다.

우리는 어차피 무엇인가를 위해 인생을 투자하며 삽니다. 한 번밖에 없는 내 인생을 과연 무엇을 위해 불태우며 살 것인가에 대한 답을 제자도의 본질에서 찾을 수 있습니다. 예수님의 사람은 일생을 살면서 남기는 이야기들도 예수님 이야기로 가득해지면 행복합니다. 아멘!

성령님!
내 일생을 살고 남기는 이야기가 전부 예수님 이야기이게 하여주십시오!

1. 예수님의 사랑을 입은 사람들

1. 요한복음 21장 1-14절의 배경과 제자들

예수님은 잡히시던 날 마태복음 26장 32절에 "내가 살아난 후에 너희보다 먼저 갈릴리로 가리라" 하셨고 마태복음 28장 10절에 부활하시고 무덤을 찾아온 자매들에게 "무서워하지 말라 가서 내 형제들에게 갈릴리로 가라 하라 거기서 나를 보리라" 하시며 제자들을 갈릴리로 가게 하셨습니다. 부활하신 예수님은 제자들을 갈릴리에서 만나기 전에 두 번 만나셨지만, 본격적인 만남은 아니었습니다. 이제 갈릴리에서 부활하신 이후에 본격적으로 만나주시는 장면입니다. 요한복음 21장에는 일곱 제자만 나옵니다. 나머지 4명의 제자는 어디 있었는지 언급이 없지만 오는 중이었을 것입니다.

갈릴리 바닷가에서 예수님을 기다리는 제자들은 어떤 자들이었습니까? 그들은 실패자들이었습니다. 마지막 졸업시험에 낙방한 자격상실자들이었습니다. 삼 년 동안 예수님의 사랑을 쏟아 붓도록 받았던 자들이 예수님이 끌려가실 때 두려워서 도망쳐 버린 비겁한 배반자들이었습니다. 핍박이 겁나서 숨어버린 겁쟁이들이었습니다.

제자들이 예수님을 버릴 것이라는 예수님의 말씀을 듣고 베드로는 마태복음 26장 33절에서 예수님에게 따지고 대들 듯이 "모두 주를 버릴지라도 나는 결코 버리지 않겠나이다"라고 큰소리까지 쳤습니다. 마태복음 26장 35절에서 베드로가 "내가 주와 함께 죽을지언정 주를 부인하지 않겠나이다"라고 고백하니 모든 제자도 그와 같이 고백하였습니다. 누가복음 22장 33절에서는 "주여 내가 주와 함께 옥에도, 죽는 데에도 가기를 각오하였나이다!"라고 맹세하면서 죽을지라도 예수님을 따르겠다고 큰소리쳤습니다.

그러나 바로 그 밤에 예수님은 잡혀가시고 제자들은 다 도망쳤습니다. 베드로는 멀찍이 예수님을 따라가면서 대제사장의 뜰 안에 들어갔습니다. 사람들이 예수님을 결박하고 얼굴에 침 뱉기도 하고 주먹으로 치며 손바닥으로 때리며 조롱합니다. 그때 베드로는 예수님을 세 번 부인합니다. 첫 번째는 조용하게 부인하더니 두 번째는 맹세하고 부인하였고 세 번째는 저주하며 맹세하면서 예수님을 모른다고 부인하였습니다.

이 사건에서 누가복음은 다른 복음서들이 보고하지 않는 절묘한 장면을 전해줍니다. 누가복음 22장 54-62절에 베드로가 예수님을 세 번 부인합니다. 60절에서 베드로가 "이 사람아 나는 네가 하는 말을 알지 못하노라"고 말할 때에 닭이 곧 울었습니다. 바로 그때 절묘한 장면을 설명합니다. 누가복음 22장 61-62절입니다.

주께서 돌이켜 베드로를 보시니 베드로가 주의 말씀 곧 오늘 닭 울기 전에 네가 세 번 나를 부인하리라 하심이 생각나서 밖에 나가서 심히 통곡하니라눅22:61-62

"주께서 돌이켜 베드로를 보시니"라고 할 때 돌이킨다는 동사는 몸을 돌리는 움직임을 의미하며, '보신다'는 동사는 '주목하다'는 뜻으로 두 동사 모두 능동태입니다. 다시 말하면 예수님이 베드로를 보신 것은 우연히 일어난 일이 아니라는 의미입니다. 예수님께서 의도적으로 몸을 돌려서 똑바로 베드로를 주목하여 보셨다는 것을 의미합니다.

이 장면의 중요한 점은 예수님은 사람들과 대화하다가 우연히 베드로와 눈이 마주친 것이 아니었다는 점입니다. 이때에 예수님은 밤새도록 결박당한 체 일곱 번 씩이나 여기저기로 끌려 다니며 조롱과 폭력을 당하고 있었습니다. 닭은 새벽에 웁니다. 밤에 붙잡혀서 닭이 우는 새벽까지 핍박을 당하신 것입니다. 예수님은 그때까지 결박당한 체 고문과 구타로 얼굴에는 피가 흘러내리고 있었을 것입니다.

그리고 예수님을 둘러싼 사람들이 적지 않았습니다. 베드로와 예수님 사이에는 적지 않은 사람들이 있었습니다. 베드로가 예수님을 세 번째 부인하고 닭이 울 때 바로 그때에

예수님은
의도적으로
결박당한 몸을 돌려서
피 흐르는 얼굴을 들고
베드로를 똑바로
쳐다보셨습니다.

베드로의 눈과 예수님의 눈이 사람과 사람 사이를 가르고 허공에서 마주친 것입니다. 그때 베드로는 어떻게 했습니까? 62절에 예수

님의 눈길을 외면하고 돌아서 버렸습니다. 그리고 밖에 나가서 심히 통곡하였습니다.

이때 베드로는 어떻게 하는 것이 옳았겠습니까? 이 질문에 많은 분이 예수님께 엎드려서 용서를 구해야 한다고 대답합니다. 그런 행동은 예수님이 처한 상황을 생각하면 호화로운 이야기입니다. 지금 예수님은 피를 흘리며 부당하게 고소당하며 조롱과 폭력을 당하고 있습니다. 그런 상황에서 예수님 앞에 나가서 용서를 구한다는 것은 너무 현장감과는 동떨어진 행동입니다. 그러면 베드로는 어떻게 하는 것이 옳았겠습니까? 이해를 돕도록 이야기로 전개해 보겠습니다.

아들당신이라고 하십시다이 어머니와 함께 길을 가다가 어떤 이유에서든지 어머니가 깡패들에게 끌려가서 골목에서 비참하게 집단 구타를 당하고 있습니다. 당신은 두려워서 다가가지는 못하고 골목 이쪽 멀리서 안타까워하며 서 있는데 깡패 중 한 명이 와서 묻습니다.

"야 너 이 사람과 무슨 관계야?"

겁을 먹고 아무 상관없는 사람이라고 부인하고 위기를 모면합니다. 잠시 후에 또 다른 깡패가 와서 묻습니다. 그때도 모른다고 부인합니다. 세 번째는

"저 사람과 나는 아무 상관없어요. 저 사람을 죽이든지 살리든지 맘대로 하세요.."

라고 말하고 위기를 벗어나는 데 바로 그때 피를 흘리며 죽을 정도로 얻어맞고 있던 어머니가 몸을 돌리고 머리를 들고 당신을 쳐다보시고 당신의 눈과 어머니의 눈이 마주쳤을 때 어떤 느낌이 들겠습니

까? 그때에 당신이 이 사람이라면 어떻게 하시겠습니까? 이런 급박한 상황에서 어머니에게 다가가서 용서를 구하는 것은 호화로운 행동입니다. 우선 어머니에게 달려가서 피 흘리는 어머니를 끌어안고 "어머니와 함께 죽겠습니다!"라고 하던지, 아니면 어머니를 깡패들로부터 막아서고 "이 놈들아, 날 먼저 죽여라!"라고 악을 쓰던지, 아니면 깡패들에게 달려들든지 해야 하지 않겠습니까? 그런데 피를 흘리는 얼굴을 들고 바라보던 어머니의 눈길을 외면하고 도망쳐서 집으로 와버렸다고 하십시다.

그때의 좌절감과 패배감, 죄책감과 무력감을 베드로와 제자들의 심정에 비유할 수 있을 것입니다. 갈릴리 바닷가에서 예수님을 기다리던 베드로와 제자들은 이런 패배자들이었습니다. 마지막 졸업시험에 실패한 실패자들이었습니다. 자격상실자들이었습니다. 이런 제자들이 부활하신 예수님을 만나려고 기다리는 것입니다.

제자들의 심정을 이해하기 위해 앞의 어머니 이야기를 이어가겠습니다. 그렇게 겁을 먹고 집으로 도망쳐서 문을 걸고 두문불출하고 있는데 삼일 후에 전화가 왔습니다. 어머니였습니다.
"아들아, ○○공원에서 세시에 만나자."
그래서 약속한 장소에서 깡패들에 의해서 맞아 죽었을 수도 있었던 어머니를 기다리는 마음에는 살아있다는 반가움과 그 어머니를 배신한 죄송함의 감정이 교차할 것입니다. 제자들의 마음도 그와 같았을 것입니다. 어쩌면 베드로 같은 경우에는 후회감과 절망감에서 이런 생각을 했을 것입니다.

"내 주제도 모르고 예수님의 제자가 되겠다고 따라나섰다가 이런 꼴을 당한 거야. 나 같은 것은 평생 갈릴리 바다에서 생선 비린내 냄새나 맡고 살다가 죽어야 하는 거야. 부끄럽지만 나는 예수님을 마지막으로 만나고 고향으로 돌아간다."

이것이 갈릴리 바닷가에서 예수님을 기다리고 있던 제자들의 심정이었을 것입니다. 이런 제자들의 입장이 요한복음 21장 1-14절에 깔린 배경입니다.

예수님!
나도 제자들처럼 실패자일 뿐입니다.
주님 앞에 엎드리오니 불쌍히 여겨주십시오!

2. 베드로의 사랑

갈릴리 바닷가에서 예수님을 기다리던 베드로가 요한복음 21장 3절에서 "나는 물고기 잡으러 가노라"라고 합니다. 다른 제자들도 "우리도 함께 가겠다" 하고 배를 타고 고기잡이를 나갑니다. 이 제자들의 행동을 어떻게 이해해야 하는지는 요한복음 21장을 이해하는 데 중요한 길잡이가 됩니다. 예수님을 기다리다 속히 오시지 않으니까 지루해서 심심풀이로 낚시나 하러 가자는 경우는 아닌 것 같습니다. 왜냐하면, 이들의 고기잡이는 심심풀이 정도가 아니었습니다. 직업적인 어부들의 고기잡이 수준이었습니다.

첫째 이유는 이들은 밤이 새도록 고기잡이를 하였습니다. 3절에 이들은 밤이 새도록 고기잡이를 하였다고 합니다. 이것은 직업적인 어부들이 하는 고기잡이입니다. 어부들이 큰 배를 타고 깊은 곳으로 나가서 불을 밝히고 고기떼들을 모으고 그물로 고기를 잡는 것입니다. 제자들이 이 밤에 그렇게 고기잡이를 하였습니다. 그런데 이상하게 밤새도록 고기를 잡았으나 한 마리도 잡지 못했습니다. 이들은 갈릴리에서 고기잡이로 잔뼈가 굵은 사람들입니다. 그런 제자들이 밤새도록 한 마리도 잡지 못한 것은 이상한 일입니다. 그럼에도, 이들은 새벽이 밝아올 때까지 고기를 잡았습니다. 직업적으로 고기잡이하였다는 의미입니다.

둘째 이유는 이들이 고기잡이한 배는 큰 배였습니다. 6절에 보면 "다른 제자들은 육지에서 거리가 불과 한 오십 칸쯤 되므로 작은 배를 타고 물고기 든 그물을 끌고 와서" 육지에 올라왔습니다. 이들이 작은 배로 옮겨 타고 육지로 올라가야 할 만큼 이들이 고기잡이한 배는 큰 배였습니다. 직업적인 어부들이 사용하는 배를 타고 고기잡이를 했다는 뜻입니다.

그러면 고기잡이를 나간 베드로의 행동은 무엇을 의미하는 것인가? 베드로는 옛 어부의 삶으로 돌아가겠다는 마음의 표현이었던 것입니다. 제자의 자격을 상실하고 실패자가 되었으니 예수님을 마지막으로 만나 뵙고 작별인사를 하고 옛 어부의 삶으로 돌아가겠다는 의지가 보이는 행동입니다.

밤새도록 한 마리도 잡지 못하고 새벽이 되어 해변으로 돌아오던 베드로의 심정은 어떠했을까? 이런 이야기로 베드로의 심정을 풀어

보겠습니다.

자격 없는 자가 목사 되었다가 큰 실수를 저질렀다고 가정합니다. 모든 공적인 직분을 사임하고 시장에 옷가게를 열었습니다. 그러나 첫날 가게 문을 열었는데 옆집과 앞집 가게들에는 많은 사람이 들락거리는데 이분이 연 가게에는 강아지 한 마리도 들어오지 않습니다. 그날 어둠이 깔리면서 가게 문을 닫는 마음이 얼마나 쓸쓸할까! 이런 마음이 들지 않겠습니까?

"이제는 사람들조차 날 피하는구나!"

이렇게 패배감에 절망감을 더하는 무게로 주저앉아 버리고 싶을 것입니다.

베드로의 심정은 그와 같았을 것입니다. 밤이 새도록 한 마리도 잡지 못하고 해변으로 배를 몰고 돌아오는 그 마음은 깊은 좌절감으로 부서져 내렸을 것입니다. 이 고독감은 경험해 보지 않은 자는 이해하지 못합니다.

"이제 물고기들조차 나를 피하는구나!"

이런 생각에 베드로의 마음은 무너지고 있었을 것입니다. 굳게 다문 입에는 좌절감을 물고 가슴에는 절망감을 묻은 채 묵묵히 해변으로 돌아오는 베드로와 제자들에게 침묵이 흘렀을 것입니다. 그때 바닷가에서 예수님이 "애들아 너희에게 고기가 있느냐?" 요21:5 라고 물으십니다. 이전 베드로 같았으면 "당신 누구 약 올리는 거요?" 하고 반발하였을 법했을 텐데 순박하게 대답합니다. "없나이다." 그때 예수님은 "그물을 배 오른편에 던지라 그리하면 잡으리라" 하십니다. 제자들이 그물을 던지고 그물을 들 수 없을 만큼 많은 물고기를 잡게 되었습니다.

그러자 7절에 "예수께서 사랑하시는 그 제자" 즉 요한복음의 저자인 사도 요한이 베드로에게 "주님"이라 합니다. 요한은 형님뻘이 되는 베드로 옆구리를 찌르며 "베드로 형, 예수님이야, 예수님"이라고 한 것입니다. 요한은 3년 전에 있었던 일을 기억하였던 것입니다. 그 때는 깊은 곳으로 가서 그물을 던지라 하셨던 주님은 지금은 배 오른편에 던지라고 해서 그물 가득하게 물고기를 잡은 것입니다.

요한의 말을 듣고 베드로는 어떻게 했습니까? "시몬 베드로가 벗고 있다가 주님이라 하는 말을 듣고 겉옷을 두른 후에 바다로 뛰어 내리더라."요21:7 베드로의 이 순간적인 행동은 의미하는 것이 많습니다. 갈릴리의 새벽 바다는 차갑습니다. 베드로는 왜 순간적으로 물로 뛰어들었을까? 어떤 분이 이 질문에 "예수님으로부터 도망가려고"라고 대답하였습니다. 나중에 베드로와 예수님이 대화하는 장면이 나오는 것을 보면 그런 이유는 아니었다고 하겠습니다. 이 베드로의 순간적인 행동을 이해하기 위하여 또 다른 이야기로 풀어보겠습니다.

두 아들이 엄마가 외출할 일이 있어 집에서 놀고 있습니다. 서로 장난치다가 막내가 엄마가 아끼는 물건을 깨뜨리고 맙니다. 형이 틈만 나면 "어어, 너 엄마 돌아오면 죽었다, 죽었어"라고 놀립니다. 현관 문소리만 나면 막내는 자기 방으로 달려가서 침대 밑으로 숨습니다. 그런데 어머니는 밤이 늦도록 돌아오지 않습니다. 한밤이 되어서야 어머니가 현관문으로 들어서면서 "애들아, 엄마 왔다"라고 합니다. 형은 자다가 눈을 비비며 방에서 어정어정 걸어 나오면서 "엄마, 왜 이제 왔어?"라고 투덜거립니다. 그러나 막내는 형의 다리 사이로 달려가서 "엄마"라고 좋아서 소리치며 엄마 품에 뛰어듭니다. 막내에게는 엄마에게 꾸중 듣는 것은 나중의 일입니다. 집으로 돌아온 엄마가 반가워서 품속으로 뛰어드는 것입니다.

순간적으로 물속으로 뛰어들어서 예수님에게로 헤엄쳐 가는 베드로의 심정도 이와 같을 것입니다. 베드로의 순간적인 행동은 베드로가 평소에 예수님을 얼마나 사랑했는지 보여주는 장면입니다. 얼마나 예수님을 사랑했으면 차가운 새벽 바다로 뛰어들었을까! 그물 가득 잡힌 고기들을 끌어올리고 그물을 걷고 나서 배를 저어서 해변으로 노를 저어서 또 작은 배로 갈아타고 예수님께 가기에는 베드로에게는 너무 긴 시간이었습니다. 다른 제자들에게 "고기들은 자네들이 다 가져!"라고 외치고 바다로 뛰어들어 예수님에게 헤엄쳐 가는 베드로! 비록 실패는 했어도 예수님을 사랑하는 그의 마음은 여전히 순수하고 뜨거웠습니다. 장한 베드로! 차가운 새벽 물살을 가르며 예수님께 헤엄쳐 가는 장한 베드로에게 박수를 보내고 싶은 장면입니다.

예수님!
베드로보다 더 큰 실수를 저지르며 삽니다.
그래도 베드로처럼 주님께 헤엄쳐 가겠습니다.
베드로의 예수님께 향한 순수한 사랑을 제게도 부어주십시오!

6부. 예수님의 사명에 불타오른 사람들_제자도의 본질

3. 갈릴리 바닷가에서 예수님이 제자들을 위해 하신 일

밤새도록 노력했으나 한 마리 고기도 잡지 못한 채 좌절감에 빠져서 돌아오는 제자들을 예수님은 새벽 갈릴리 바닷가에서 만나주셨습니다. 제자들에게 그물이 가득 차도록 물고기를 잡게 하시고 나서 그들과 만나시는 장면이 요한복음 21장 8-14절에 나옵니다. 8절에 제자들이 "육지에 올라보니 숯불이 있는데 그 위에 생선이 놓였고 떡도" 있었습니다. 자기를 배반하고 도망했던 제자들. 한 제자는 자기를 원수의 손에 팔아넘겼고, 수제자 베드로는 저주하며 맹세까지 하면서 예수님을 부인했습니다.

예수님은 이런 제자들을 만나려고 새벽에 갈릴리 바닷가를 찾아오셨습니다. 그리고 요한복음 21장 12-13절에서는 예수님은 제자들을 위해서 손수 아침식사를 만드시고 제자들을 맞아주십니다.

예수께서 이르시되 와서 조반을 먹으라 하시니 제자들이 주님이신 줄 아는 고로 당신이 누구냐 감히 묻는 자가 없더라. 예수께서 가셔서 떡을 가져다가 그들에게 주시고 생선도 그와 같이 하시니라

예수님께서 직접 떡과 생선을 요리하셨을 뿐 아니라 직접 제자들에게 일일이 나누어주셨습니다. 갈릴리의 새벽 바닷가에서 일어났던 이 장면은 많은 이야기를 우리에게 전해줍니다. 이 예수님의 행동의 의미를 바로 이해하는 것은 다음에 나오는 베드로와 예수님의 대화 핵심을 이해하는 데에 도움이 됩니다. 이 장면은 대단히 감상적인 의

미가 담겨 있습니다.

우리 같으면 배반한 제자들을 어떻게 대했을까? 아이가 온종일 어머니 속을 푹푹 썩이며 애를 먹였다고 상상해 보십시다. 어머니는 화가 머리끝까지 시꺼멓게 타오르고 있습니다. 저녁 먹을 때가 되어서 저녁상을 차려놓고 식구들이 다 둘러앉았을 때 어머니는 어떻게 할까요? 화가 난 어머니는 이렇게 할 수 있을 것입니다.

"야, 이 녀석아! 어디 수저에 손을 대냐! 아직 수저에 손대지 마라. 밥 먹기 전에 먼저 정리할 것이 있다. 너 온종일 엄마를 왜 그렇게 애 먹였느냐?."

마찬가지로 예수님도 이렇게 하실 수도 있었을 것입니다.

"야, 베드로! 접시에 손대지 마. 식사하기 전에 먼저 해결할 일이 있다. 넌 내가 예언까지 하며 경고했는데 뭐라고 하면서 날 부인했어? 말해보라. 이것 정리하고 나서 식사한다."

그러나 예수님은 제자들에게 그 일에 관하여는 한마디 말씀도 않으시고 제자들을 위하여 손수 아침 요리를 하시고 손수 제자들에게 음식을 일일이 나누어 주셨습니다.

예수님이 요리하신 이 아침식사의 맛이 어떠했을까요? 환경이나 감성적인 요소를 배제하고 직업적인 요리사가 예수님이 요리하신 이 아침식사를 맛본다면 그 맛을 어떻게 평가했을까요? 이 질문에 어떤 분은 맛이 별로였을 것 같다고 대답하는 분들이 적지 않았습니다. 이유는 "예수님이 언제 요리를 해 보셨겠습니까?" 또는 "그때 바닷가에 무슨 재료가 있어서 맛있게 요리를 할 수 있겠습니까?"라고 설명합니다. 그렇지 않습니다. 이 아침식사는 인류역사상 가장 맛있는 식사였을 것입니다. 왜냐하면, 우주 만물을 창조하신 예수님, 죽음에서 부활하신 예수님이 직접 사랑하는 제자들을 위해 요리하셨기 때문입니다.

성경적 근거가 있는가? 라고 물으면 근거가 있다고 하겠습니다. 요한복음 2장에 가나안의 혼인 잔칫집에 포도주가 떨어졌습니다. 예수님은 자신의 때가 오지 않았음에도 신랑 신부를 위해서 물로 포도주를 만들어 주셨습니다. 그 물이 색깔만 포도주 색깔로 변한 것이 아니었습니다. 잔칫집 포도주를 동나도록 마신 자들이 예수님이 만들어 내어놓은 포도주 맛을 보고 놀라서 어디서 이런 맛있는 포도주가 있었느냐고 물었을 정도였습니다. 그러므로 갈릴리 바닷가 이 아침식사는 인류 역사상 가장 맛있는 식사였을 것입니다.

아침식사 맛이 왜 중요한가? 배반한 제자들의 잘못을 일절 언급하지 않으시고 직접 요리를 해서 제자들에게 나누어 주신 것은 예수님이 제자들의 실수를 용서하신다는 무언의 언어였습니다.

예수님과 베드로의 사랑에 관한 세 번의 대화를 대개는 베드로가 예수님을 세 번 부인한 사건과 연관시켜서 예수님의 세 번의 회개의 기회와 용서를 베푸시는 사랑의 배려라고 설명합니다. 물론 그런 의미가 전혀 없는 것은 아니겠지만, 예수님이 제자들을 용서하신 것은 아침식사를 나누어 주시는 예수님의 손길에서 다 표현되었습니다. 예수님의 말없이 나누어 주신 아침식사는 제자들의 잘못을 무조건 용서하시는 예수님의 무언의 용서였습니다. 이 무언의 용서는 말로 표현되는 용서보다 더 강렬한 표현이었습니다.

오늘도 예수님은 우리의 잘못을 용서해 주시기를 기뻐하십니다.

잘못과 실수를 저질렀어도 오직 우리가 할 일은 다시 예수님 앞으로 나가는 일입니다. 예수님 앞에 남아 엎드리는 자들을 외면하시지 않으십니다.

예수님이 자신들의 잘못을 따지지도 않으시고 묵묵히 아침을 나누어 주시는 예수님의 사랑을 받은 제자들은 어떤 마음이었을까요? 아마 여러 가지 생각들이 들었을 것입니다.

첫째 생각은 "부활하신 예수님이 여전히 우리를 변함없이 사랑하시는구나"라는 확신을 했을 것입니다. 이날 아침에 제자들이 받은 식사는 부활하신 예수님의 또 하나의 사랑의 표였습니다. 예수님이 잡히시던 날 제자들의 발을 일일이 씻어주신 것은 십자가의 예수님이 제자들에게 남겨주신 사랑의 마크였다면 이 아침식사는 부활하신 예수님이 제자들에게 남겨주신 용서와 사랑의 마크였습니다.

둘째 생각은 "예수님이 나를 다시 한 번 제자로 불러주시면 이제부터 나는 예수님을 위해 생명이라도 내 놓겠다"라고 생각했을 것입니다.

이 부분을 공부하면서 이 설명을 듣던 어느 육군 원사 형제가 제자들의 심정을 충분히 이해한다면서 자신의 간증을 들려주었습니다. 그분이 젊은 상사였을 때 자신의 부대에서 큰 사건이 생겼습니다. 이 상사는 그 사건의 책임을 지고 군복을 벗어야 할 상황이었습니다. 젊은 나이에 불명예제대를 하면 이력서마다 따라다니니 젊은 청년의 앞길이 막혀버리는 일이었습니다. 어느 날 사단장의 호출이 있었습니다. "드디어 오늘은 옷 벗는 날이구나." 생각하고 사단장실에 노크를 하고 들어가서 의자에 앉아있는 사단장에게 거수경례를 하고 차렷 자세로 책상 앞에 서 있었습니다. 별 두 개인 장군이 이 상사에게 책상 앞의 의자를 가리키며 앉으라고 친절하게 말하였습니다. 속으로 "마지막 친절이구나"라고 생각하고 의자에 앉아서 부동자세로 호령이 떨어지기를 기다리고 있었습니다. 그때 그 장군은 이런 말을 말하였다고 합니다.

"이 상사! 고생이 많지? 이 일은 내가 처리할 테니 더는 걱정하지 말고 열심히 근무하게."

이 말에 이 상사는 놀랍고 감사해서 벌떡 일어나서 "장군님, 감사합니다." 거수경례를 하였다고 했습니다. 그리고 속으로

"이 장군님이 내 생명이라도 내어놓으라고 하면 내 생명도 내어놓겠다"라며 생각했다고 합니다. 얼마나 고마웠으면 생명도 내어 놓겠다고 마음을 먹었을까!

제자들도 부활하신 예수님으로부터 직접 아침식사를 받으면서 예수님 위해 생명이라도 내어놓겠다고 속으로 다짐하였을 것입니다. 제자들은 예수님으로부터 지독한(!) 사랑을 받고 있음을 확인한 사람들이 되었습니다.

이것이 제자도의 본질의 첫 번째 단계입니다. 그것은 예수님의 지극한 사랑을 받고 있음을 확인하는 것입니다. 이제 요한복음 21장의 심장부로 들어갑니다.

2. 예수님을 사랑하는 사람들

1. 예수님과 베드로와의 대화

갈릴리 바닷가에서 부활하신 예수님께서 제자들에게 사랑과 용서가 담긴 아침식사를 손수 만들어서 직접 나누어 주셨습니다. 이 침묵의 용서는 말로 하는 용서보다 더 진한 감동으로 제자들에게 심장을 벅차게 만들었을 것입니다. 제자들은 부활하신 예수님이 자신들의 잘못을 용서해 주신 것과 더불어 부활하시고 나서도 여전히 변함없이 자기들을 사랑하시는 것을 알았습니다. 예수님의 지독하도록 진한 사랑을 받고 있다는 사실을 재확인하였습니다. 이 얼마나 감동적인 장면이었을까!

요한복음 21장 15-17절에 아침식사를 먹고 나서 예수님의 질문과 베드로의 대답 그리고 예수님의 부탁 말씀이 세 번 반복됩니다.

> 그들이 조반 먹은 후에 예수께서 시몬 베드로에게 이르시되 요한의 아들 시몬아 네가 이 사람들보다 나를 더 사랑하느냐 하시니 이르되 주님 그러하나이다 내가 주님을 사랑하는 줄 주님께서 아시나이다 이르시되 내 어린 양을 먹이라 하시고 또 두 번째 이르시되 요한의 아들 시몬아 네가 나를 사랑하느냐 하시니 이르되 주님 그러하나이다 내 양을 치라 하시고 세 번째 이르시되 요한의 아들 시몬아 네가 나를 사랑하느냐 하시니 주께서 세 번째 네가 나를 사랑

하느냐 하시므로 베드로가 근심하여 이르되 주님 모든 것을 아시오매 내가 주님을 사랑하는 줄을 주님께서 아시나이다 예수께서 이르시되 내 양을 먹이라

예수님의 첫 질문이 "요한의 아들 시몬아 네가 이 사람들보다 나를 더 사랑하느냐?"라고 물으신 것입니다. 이 질문은 무엇을 의미하는 것인지 살펴보도록 하겠습니다. "이 사람들보다"라는 비교 구문에서 "이 사람들"은 헬라어로나 영어로나 우리말로도 똑같이 목적격으로 이해될 수도 있고 주격으로도 이해할 수도 있습니다. 주격이라면 이런 의미가 될 것입니다.

"시몬아 네가 이 사람들이 나를 사랑하는 것보다 나를 더 사랑하느냐?"

목적격이라면 다른 의미가 됩니다.

"시몬아 네가 이 사람들을 사랑하는 것보다 나를 더 사랑하느냐?"

그러나 헬라어로 이 사람들이라는 단어는 사람뿐만 아니라 사물이나 어떤 것이 될 수도 있습니다. 그러면 목적격으로 다음과 같은 의미가 될 것입니다.

"시몬아 네가 이런 것들을 사랑하는 것보다 나를 더 사랑하느냐?"

예수님은 이 질문에서 어떤 것과의 비교를 의미하셨을까? 어쩌면 이 세 가지를 다 포함한 의미가 될 수도 있을 것입니다. 그러나 베드로의 대답은 비교급에 질문에 대한 답이 아니었습니다. 만약 예수님의 질문에 비교가 중요하였다면 예수님께서도 이렇게 반응하셨을 것입니다.

"야, 베드로야, 내가 그렇게 질문하지 않았다. 네가 이 사람들보다 나를 더 사랑하느냐? 이 질문에 대답해 보아라."

그러나 예수님의 두 번째와 세 번째 질문에서는 비교 구문을 빼셨습니다. 이것은 두 가지를 의미합니다. 첫째는 예수님은 비교적 고백을 원하신 것이 아니라는 사실과 둘째는 예수님은 베드로의 비교하지 않는 진실한 사랑의 고백을 듣기 원하신 것입니다.

이 구절에서 많이 주의를 받는 점은 예수님의 질문과 베드로의 대화에서 나오는 사랑이라는 단어의 변화입니다. 신약성경 언어인 헬라어에서 사랑이라는 명사에는 네 가지가 있습니다. 첫째는 "에로스"로 성적인 사랑, 둘째는 "스톨게"로 가족혈족에 대한 자연적인 사랑, 셋째는 "필리아"로 친구에 대한 우정의 사랑, 넷째는 "아가페"로 사랑 중에서 가장 고상한 차원의 사랑으로 조건 없는 사랑, 이렇게 네 가지로 구분합니다. 성경에 사랑은 주로 아가페를 사용합니다.

재미있는 점은 예수님과 베드로의 사랑한다는 단어의 변화입니다. 예수님의 첫 질문은 아가페를 사용하셨습니다.

"시몬아, 네가 나를 '아가페오' 하느냐?"

이 질문에 베드로는 필리아로 대답합니다.

"주님, 그러합니다. 내가 주님을 '필레오' 하는 줄 주님이 아십니다."

그러나 예수님은 두 번째 질문에도 여전히 아가페를 사용하십니다.

"시몬아, 네가 나를 '아가페' 하느냐?"

이 질문에 베드로도 여전히 필레오로 대답합니다.

"주님 그러하나이다 내가 주님을 '필레오' 하는 줄 주님께서 아시나이다."

그러나 예수님의 세 번째 질문에는 아가페 대신 필리아를 사용하십니다.

"시몬아, 네가 나를 '필레오' 하느냐?"

세 번째 질문에 베드로는 여전히 필리아로 대답합니다.

"주님 그러합니다. 내가 주님을 '필레오' 하는 줄 주님이 아십니다."

이 단어의 변화에서 감상적인 해석과 감동적인 설교들이 등장합니다. 저도 처음 신앙생활을 시작하면서 어느 유명한 목사님이 헬라어의 변화에서 매우 감상적인 내용으로 설교하시는 것을 듣고 매료당했습니다. 그분의 설교를 들으면서 그분의 헬라어 실력이 부러웠습니다. 제 마음에 나도 언젠가 헬라어를 공부할 것이라고 마음먹은 적이 있었습니다.

지금은 사랑이라는 단어의 변화에서 영적 원리를 찾으려 하는 것은 타당하지 않다고 결론을 내리게 되었습니다. 이유를 설명하면;

첫째는 예수님과 베드로가 헬라어로 대화하지 않았습니다. 아람어나 히브리어였을 것입니다. 성경에 사용된 히브리어로 사랑이라는 단어는 헬라어와는 달리 아하브와 헤세드 두 가지입니다. 헤세드라는 히브리어는 사랑이상의 의미가 있는 단어입니다. 그러므로 히브리어는 헬라어와 같이 사랑이라는 표현이 다양하지 않습니다.

둘째는 요한복음은 사랑을 표현할 때 필레오와 아가페오를 무작위로 단어를 바꾸어 사용하는 경향이 있습니다. 예를 들면 요한복음은 요한복음의 저자로 알려진 사도 요한을 예수님이 사랑하시는 제자로 표현합니다. 요한복음 20장 2절에서는 "예수께서 사랑하시던 그 다른 제자"라는 표현에서는 필레오를 사용하지만 21장 7절에 "예수께서 사랑하시는 그 제자"라고 할 때는 아가페오를 사용합니다. 또한, 예수님께서 나사로를 사랑하신다는 표현에서 11장 3절에는 필레오를 사용하지만 11장 5절에는 아가페오를 사용하고 11장 36절에서는 필레오를 사용합니다.

셋째는 성부아버지께서 성자예수님을 사랑한다고 할 때 필레오 라는 동사를 사용하였습니다. 예로 요한복음 5장 20절에 "아버지께서 아들을 사랑하사"에 사용된 성부의 성자에게 향한 사랑을 필레오라는 단어를 사용하여 표현하였습니다. 요한복음 16장 27절에서 예수님이 제자들에게 "아버지께서 친히 너희를 사랑하심이라"는 표현에서도 사랑한다는 단어는 필레오입니다.

그러므로 헬라어로 사랑이라는 단어의 변화에서 예수님과 베드로의 "사랑 대화"의 원리나 교훈을 찾으려고 하는 것은 타당하지 않다고 결론 내릴 수 있습니다.

그러면 예수님과 베드로의 "사랑 대화"의 초점은 무엇일까?

2. "네가 날 사랑하느냐?"라고 질문할 자격

예수님과 베드로의 사랑 대화에서 우리는 비교 구문이 중요하지 않은 것과 사랑이라는 단어의 변화도 본질적인 의미를 부여하지 않는다고 결론을 내렸습니다. 많은 주석가들이나 설교자들이 이 세 번의 대화를 베드로의 세 번 부인한 실수에 대한 예수님의 용서와 격려로 초점을 맞추지만, 제자들의 실수에 대한 예수님의 용서는 조반을 먹으면서 표현되었다고 하였습니다.

그러면 이 사랑 대화의 초점은 무엇일까? 이 질문의 답을 찾으려고 먼저 어떤 사람이 "네가 날 사랑하느냐?"라고 질문할 자격을 가지는지 생각해 보겠습니다. "네가 날 사랑하느냐?"라고 사랑을 요구할 수 있는 자격에는 두 종류가 있습니다.

첫째는 "신분의 자격"으로 사랑을 요구할 수 있습니다. 부모가 자식에게 부모 사랑하여 달라고 요구하는 것은 부모라는 신분의 자격으로 이 질문을 할 수 있습니다. 아들에게 실망한 어머니가 아들에게 묻습니다.

(거칠고 화가 난 음성으로)

"야, 이 못난 녀석아, 나는 네게 누구냐?"

"제 어머닌데요."

"그러면 너는 내게 무어냐?"

"어머니의 아들이잖아요. 다 아시면서."

"그러면 이놈아, 물어보자. 넌 이 애미를 사랑하느냐?"

라고 물을 때는 어머니라는 신분의 자격으로 아들의 사랑을 요구하는 것입니다. 하나님도 창조주의 자격으로 인간에게 하나님을 사랑하라고 명령하실 수 있습니다. 이것이 첫 번째 자격입니다.

둘째는 "사랑하는 자의 자격"으로 사랑을 요구할 수 있습니다. 자식을 사랑하는 어머니가 아들에게 묻습니다.

(부드럽고 자상한 음성으로)

"내가 사랑하는 아들아, 나는 네게 누구냐?"

"제 어머니세요."

"그러면 너는 내게 누구냐?"

"어머니께서 사랑하시는 어머니의 아들입니다."

"그러면 내 사랑하는 아들아, 넌 이 엄마를 사랑하니?"

라고 물을 때는 사랑하는 자의 자격으로 아들의 사랑을 확인하는 것입니다.

그러면 예수님은 어떤 자격으로 베드로에게 "네가 나를 사랑하느냐?"라고 물으셨을까? 물론 예수님은 위의 두 가지 자격을 다 갖추신 분입니다. 그러나 예수님께서 제자들을 얼마나 사랑하셨는지를 생각하면 후자의 자격으로 물으신 것이 틀림없습니다. 예수님은 베드로를 먼저 사랑하시는 자의 자격으로 베드로에게 "네가 나를 사랑하느냐?"라고 물으신 것입니다.

베드로가 저주하며 맹세까지 하면서 예수님을 부인하던 순간에 예수님의 눈과 베드로의 눈이 마주쳤다고 했습니다.눅22:61 그때 베드로를 바라보셨던 예수님의 눈빛은 어떤 눈빛이었을까요? 우리 같았으면 무서운 눈빛으로 째려보았을 것입니다.

"야 베드로 너! 무엇이 어째? 내가 널 얼마나 사랑해 주었는데 나를 이렇게 배신해? 이럴 수가 있는 거냐? 너 내 부활하거든 두고 보자."

그러나 예수님의 눈빛은 전혀 다른 눈빛이었습니다. 연민이 가득한 눈길로 이런 의미를 담고 베드로를 바라보셨을 것입니다.

"내 사랑하는 베드로야, 내가 말해주지 않았더냐! 너의 연약함을 내가 안다. 그래서 내가 너를 위해 죽는 거야. 사랑한다, 베드로야. 내가 부활하면 반드시 너를 만나리라."

예수님은 사랑하는 자의 자격으로 베드로에게 물으셨습니다.

"요한의 아들 시몬아 네가 나를 사랑하느냐?"

예수님의 질문에 베드로는 어떻게 대답하였습니까? 베드로는 더는 누구와도 어떤 것과도 비교하여 고백하지 않았습니다. 마태복음 26장 33절에서 "모두 주를 버릴지라도 나는 결코 버리지 않겠나이다"라고 큰소리쳤던 이전 베드로 같았으면 아마 이런 식으로 대답했을 것입니다.

"아니 예수님, 그걸 말이라고 하십니까? 이 사람들보다 제가 주님을 더 사랑하는 줄 주님이 아시잖아요?"

그러나 이제 베드로는 자신 안에 있는 예수님께 향한 진실한 사랑을 고백한 것입니다. 비교적으로 표현되는 사랑은 무지하게 클 수도 있지만, 형편없이 작을 수도 있습니다. 비교의 대상에 따라서 달라지기 때문입니다. 그러나 진실한 고백은 비교가 필요 없습니다. 그 고백 그대로면 됩니다. 베드로의 고백은 이런 내용입니다.

"예수님, 사랑합니다. 내 안에 있는 예수님 사랑을 주님은 아시지 않습니까? 그 사랑만큼은 진실합니다. 예수님, 진심으로 사랑합니다."

그러나 만일 누가 "네가 나를 사랑하느냐?"라는 예수님의 질문에

"하나님의 아들이시오, 천지를 창조하신 창조주시오, 삼위일체의 제2위이시며, 십자가에 나의 죄를 대신하여 죽으시고 부활하셔서 하나님 보좌 우편에 계신 분이시며…"라며 중얼중얼 고백하면,

예수님은 말씀하실 것입니다.

"야, 쓸데없는 말은 멈추어라. 네가 날 사랑하는지 말해 보아라."

예수님은 우리의 진실한 사랑의 고백을 듣기 원하십니다.

예수님은 우리 모두에게 이 질문을 하기 원하십니다. 우리도 예수님 앞에서 이 질문에 대하여 진실하게 대답을 하여야 합니다. 어떻게 대답하시겠습니까?

"예수님 그렇습니다. 내가 주님을 사랑하는 줄 주님께서 아십니다."

진심으로 이렇게 대답할 수 있는 사람은 진정으로 복된 자입니다. 예수님의 질문을 받는 것도 축복이요, 예수님의 사랑을 받고 있다는 사실은 더 큰 축복이며, 예수님을 진심으로 사랑하게 되는 것은 지고한 축복입니다. 그러나 기억하십시다. 우리가 예수님을 사랑하기 전에 예수님이 먼저 우리를 사랑하신다는 사실을 잊지 말아야 합니다. 예수님의 이런 사랑을 알게 될 때 우리도 베드로처럼 고백할 수 있을 것입니다. 베드로를 바라보셨던 예수님의 눈길은 오늘도 우리를 향하고 있습니다. 예수님은 우리를 바라보시고 말씀하십니다.

"사랑하는 내 아들아, 네 연약함을 내가 잘 안다. 그래서 내가 너를 위하여 죽어주었다. 내가 너와 함께 하니 힘을 내어라. 내 오른손으로 너를 잡고 있단다."

나의 예수님이시여! 내가 예수님의 사랑으로 사는 줄 압니다. 우리는 날마다 순간마다 예수님의 베푸시는 이 사랑과 은혜로 삽니다.

예수님!
주님의 사랑 받는 것으로 만족합니다.

주님을 내 심장으로 사랑하게 하여 주소서!

4. 예수님이 가장 간절히 원하시는 것

이제 예수님과 베드로의 사랑 대화의 핵심으로 들어가게 됩니다. 세 번이나 같은 대답을 하는 베드로에게 예수님은 세 번이나 명령을 하셨습니다. 예수님의 세 번의 명령은

첫 번째는 내 어린 양을 먹이라 하셨고

두 번째는 내 양을 치라 하셨고

세 번째는 내 양을 먹이라 하셨습니다.

세 번의 답에 사용된 헬라어가 다 다르며 먹이라와 치라는 단어도 다릅니다. 그러나 이 차이에서 의미상 차이를 두는 것보다 더 같은 의미로 보는 것이 옳습니다. 굳이 어린양은 초신자이며 그냥 양은 묵은 신자라고 구분하여 의미를 부여하려는 것과 "먹이라"와 "치라"의 차이에서 원리를 찾으려는 시도는 "필레오"와 "아가페오"의 차이에서 교훈과 원리를 찾으려는 것과 같이 무의미하다고 보는 것이 옳습니다.

그렇다면, 이 세 번의 명령은 다 같은 의미라고 봅니다. 그러면 왜 예수님은 같은 명령을 세 번씩이나 부탁하셨습니까? 이 질문의 대답에 따라서 이 사랑 대화의 의미가 결정됩니다.

아이가 처음으로 학교 가게 되면 어머니는 긴장합니다. 어느 어머니가 처음으로 학교 가는 아들을 깨워서 얼굴을 씻어주며 말합니다.

"아들아, 오늘 학교 가면 선생님 말씀 잘 들어야 해. 알았지?"

"알았어, 엄마."

어머니가 아들에게 아침을 차려주고 나서 아침을 먹는 아들을 보고 다시 말합니다.

"아들아, 오늘 학교 가면 선생님 말씀 잘 들어야 한다?"

"엄마, 알았다니까."

그래도 엄마는 마음이 놓이지 않습니다. 현관문에서 신발을 신겨주며 또 말합니다.

"아들아, 오늘 학교 가면 선생님 말씀 잘 들어야 해. 잊으면 안 돼!"

"엄마 한 번만 더 하면 백번이야, 백번."

어머니는 아들에게 이런 말을 들을 줄 알면서도 같은 말을 반복합니다. 왜 그럴까요? 중요하기 때문입니다. 아들에게 매우 중요하다고 여기니까 핀잔을 받을 줄 알면서도 어머니는 같은 말을 반복하는 것입니다. 중요하니까!

왜 예수님은 같은 명령을 세 번씩이나 부탁하셨습니까? 이 질문의 답도 간단합니다.

중요하니까!

이 명령이 예수님에게 얼마나 중요하였으면 세 번씩이나 거듭 명령하셨겠습니까! 예수님은 이 명령을 언제부터 제자들에게 부탁하시기 원하셨을까요? 베드로에게 "네가 나를 사랑하느냐?" 질문하실 때부터 이 부탁을 하시려고 질문하셨습니다. 아닙니다. 그 이전부터입니다. 부활하셔서 자매들에게

> 가서 내 형제들에게 갈릴리로 가라 하라 거기서 나를 보리라 마 28:10

라고 하실 때부터 이 부탁을 하시려고 하셨습니다. 그러나 사실은 3년 전 갈릴리 어부들을 제자로 삼으시려고 부르실 때부터 이 부탁하시기 원하셨습니다. 그러나 그때 제자들은 이 명령을 받을 준비가 되어 있지 않았습니다. 그래서 그들을 부르실 때 예수님은

> 나를 따라오라 내가 너희를 사람을 낚는 어부가 되게 하리라 마 4:19

라고 하셨습니다. 그리고 3년 동안 가르치셨습니다. 부활하신 예수님을 눈으로 목격한 제자들은 새 사명에 생명 거는 자들이 된 것입니다. 이들에게서 시작되는 예수님의 생명수는 에스겔 47장의 예언을 이루게 될 것입니다. 성전 문지방에서부터 흘러나오기 시작하는 물이 동편으로 스며 나와서 3절에서는 발목을 적시고 4절에서는 무릎과 허리를 적시는 물이 되더니 5절에는 사람이 건너지 못할 강물이 됩니다. 8절에는 그 물이 죽은 바다에 이르니 이 물로 말미암아 바닷물이 살아납니다.

> 이 강물이 이르는 곳마다 번성하는 모든 생물이 살고 또 고기가 심히 많으리니 이 물이 흘러 들어가므로 바닷물이 되살아나겠고 이 강이 이르는 각처에 모든 것이 살 것이며 또 이 강가에 어부가 설

것이니 엔게디에서부터 에네글라임까지 그물 치는 곳이 될 것이라 그 고기가 각기 종류를 따라 큰 바다의 고기 같이 심히 많으리와 겔47:9-10

제자들은 10절에 이 생명 강가에 어부들이 되어서 (1) 예수님의 생명수로 온 세상을 적시며, (2) 예수님의 사람들을 길러내어서, (3) 잃어버린 하나님의 동산으로 들어가서, (4) 영원한 생명을 누리게 하는, 위대한 하나님의 구원역사를 예루살렘에서부터 시작하게 될 때가 온 것입니다.

부활하신 예수님은 도망쳤던 제자들을 형제라고 부르며 갈릴리에서 새롭게 시작하려고 하십니다. 이 시작은 다시 시작하자는 것이 아닙니다. 본격적으로 시작하자는 것입니다.

예수님의 세 번의 명령에 공통으로 표현하신 것이 있습니다. "내 양" "내 어린 양" "내 양"이라는 예수님에게 속한 양이라는 표현입니다. 제자들이 길러내고 돌보며 양육하는 것은 자신들의 양이 아닙니다. 철저하게 예수님의 양입니다. 목회자들이 축복권 저주권 영권 물권 운운하면서 은연중에 "목사 대우 잘하면 자손들이 복 받아!"라는 식으로 교인들이 자기를 따르게 하는 것은 예수님의 양을 도둑질하는 것과 다름없습니다. 목회자가 해야 할 일은 오직 한 가지입니다. 내게 맡겨주신 양들을 예수님의 양으로 잘 길러내는 것입니다. 예수님은 베드로와 제자들에게 예수님의 양들을 예수님의 양으로 잘 길러내라고 명령하시는 것입니다.

갈릴리 바닷가에서 들려주시는 예수님의 명령이 얼마나 무게가

실렸을까? 이 무게에 눌려서 흘러가던 갈릴리의 새벽 구름도 걸음을 멈추고 귀를 기울였을 것입니다. 날아가던 새벽 바닷새도 날갯짓을 멈추고 귀를 기울였을 것입니다. 밀려오던 갈릴리의 새벽 파도도 숨을 죽이고 걸음을 멈추고 귀를 기울였을 것입니다. 예수님의 표정은 진지하였을 것입니다. 예수님의 목소리는 떨렸을 것입니다.

갈릴리 바닷가에서부터 시작되는 예수님의 생명수는 흐르고 흘러서 우리와 예수님 사이의 시간과 공간의 골짜기들을 흐르게 될 것입니다. 예수님의 눈길은 그 세월의 골짜기를 돌고 흘러서 한반도에 이를 날도 보셨습니다. 예수님의 얼굴은 2천 년 후 전기도 없는 한반도 시골에 태어나서 예수님의 부름에 응답하고 일어서게 될 한 소년을 떠올리시며 얼굴이 상기되시어서 이 부탁을 하셨을 것입니다. 때가 오면 전기도 없는 산골에서 태어난 소년이 그 물을 마시고 새 생명 얻는 날을 보시고 제자들을 갈릴리로 불러서 본격적으로 시작하시려는 것입니다. "가서 내 형제들에게 갈릴리로 가라." 하시고 갈릴리에서 만난 제자들에게 "내 양을 먹이라." 하신 것은 천국에서 지성소로 지성소에서 나의 갈릴리로 일편단심 나를 향해 다가오시는 예수님의 발길이었습니다.

그래서 저는 갈릴리에서 나의 갈릴리로 오시는 예수님 숨결 소리에 흥분합니다.

그래서 저는 나의 갈릴리에서 잡아주시는 아버지의 오른손을 꼭 잡고 삽니다.

그래서 저는 날마다 예수님의 심장 채워주시는 성령님의 숨결을

쉬며 삽니다.

예수님은 베드로에게 "요한의 아들 시몬아 네가 나를 사랑하느냐?"라고 물으신 것은 "내 양을 먹이라"라는 부탁하시려고 질문하신 것이라고 하였습니다. 이것이 예수님과 베드로 사이에 있었던 사랑 대화의 핵심이었습니다. 이 부탁이 그리도 중요하셨다면 왜 바로 이 말씀을 강조하실 것이지 복잡하게

사랑하느냐?
사랑합니다.
그래? 그러면 내 양을 먹이라.

묻고 대답하고 부탁하는 과정을 세 번이나 거쳐야 하셨을까? 라는 의문을 가져 볼 수 있을 것입니다. 이 점을 바르게 이해하는 것이 예수님과 베드로 사이에 있었던 "사랑 대화"의 초점을 이해하는 데에 도움이 됩니다.

만약 갓 태어난 사랑하는 아이를 누구에게 맡기고 여러 날 여행을 해야 할 경우가 생겼다고 하십시다. 누구에게 이 아이를 맡기겠습니까? 대화 형식으로 이어가겠습니다.

"가장 믿을 만한 사람에게 맡겨야지요."
"가장 믿을 만한 사람이 누구입니까?"
"제 어머니이십니다."
"왜 어머세요?"
"제가 가장 믿을 만하니까요."

"왜 어머니가 가장 믿을 만하세요?"

이렇게 물으면 대개 머뭇거리는 경우를 자주 봅니다. 그 대답은 단순하면서도 명쾌합니다. 어머니는 자신보다 나를 더 사랑하시기 때문에 내 사랑하는 아이를 맡겨도 믿을 만한 분이십니다. 그 어머니에게 내가 사랑하는 아들을 맡아주시면 나를 사랑하시는 그 사랑으로 내가 사랑하는 내 아들을 돌보아 주실 것이 분명합니다.

그렇습니다. 예수님도 믿을 만한 자들에게 예수님의 사랑하시는 양을 맡기기 원하십니다. 그러기 때문에 베드로에게 이 명령을 주시기 전에 "요한의 아들 시몬아 네가 나를 사랑하느냐?"라고 물으신 것입니다. 여기서 목양의 중요한 원리 하나를 정리하게 됩니다.

예수님은
예수님을 사랑하는 자들에게
예수님께서 사랑하시는 자들을
맡기기 원하십니다.

이 표현은 곰곰이 새겨보아야 할 것입니다.

예수님은
예수님을 사랑하는 자들에게
예수님께서 사랑하시는 자들을
맡기기 원하십니다.

오늘도 예수님은 마음 놓고 예수님의 양을 맡기시며 "내 양을 먹이라"라고 부탁할 자를 간절히 찾으십니다. 그런 자들에게 예수님은 예수님이 사랑하시는 양들을 맡기고 싶어 하십니다. 오늘도 그런 자들을 찾으십니다.

예수님의 열두 제자들은 이 예수님의 부탁하신 말씀에 인생을 걸었습니다. 유다는 제 갈 길로 갔지만 사도행전 1장에서 맛디아가 충원되었으니 여전히 열두 제자들이었습니다. 열두 제자들은 하나같이 이 예수님의 부탁에 순교 당하기까지 일생을 불태웠습니다. 사도 요한은 백세가 되도록 살았습니다. 그러나 다른 제자들은 한 번만 순교하였을 때 요한은 여러 번 순교한 셈입니다. 한 번 순교한 것도 어렵지만, 백세가 되도록 핍박과 순교의 위협을 겪으며 예수님을 증거하며 사는 것은 더 어려운 일입니다. 이처럼 예수님의 열두 제자들은 예외 없이 예수님의 이날 새벽 갈릴리 바닷가에서 명령하시며 부탁하신 일에 일생을 불태웠습니다. 한 점 후회도 없이.

어떻게 그럴 수가 있었을까? 헌신이었을까? 열정이었던가? 아닙니다. 이유는 한 가지입니다. 이들 열두 제자들은 갈릴리 바닷가에서 부활하신 예수님의 변함없으신 사랑을 확인한 후로부터 "어떤 예수님으로부터 어떠한 사랑을 받는지." 인식하였습니다. 예수님의 그 지독한(!) 사랑에 감동하여 그들도 예수님을 지독하게(!) 사랑하는 자들로 변했습니다.

여기서 제자도의 본질의 두 번째 단계를 정리하게 됩니다. 그것은 예수님의 지독한 사랑으로 말미암아 예수님을 지독하게 사랑하는 것입니다.

제자도의 본질의 세 번째 단계는 예수님을 지독하게 사랑하므로 예수님의 부탁에 일생을 거는 것입니다. 예수님의 지극한 사랑 때문에 예수님을 지극히 사랑하는 제자들은 "내 양을 먹이라"라고 명령하신 예수님의 부탁에 일생을 투자하였으며 전부 순교하기까지 이 일에 인생을 불태웠던 것입니다.

"내 양을 먹이라"라는 부탁을 받은 자는 예수님의 사명을 받은 자입니다. 예수님의 사명을 받은 증거에는 두 가지 차원이 있습니다.

첫째 차원은 내적 증거입니다. 예수님의 지독한 사랑을 받고 있음을 확인하고 예수님을 또한 진실하게 사랑함으로 인하여 예수님의 양을 길러내는 일에 일생을 불태우기를 원하는 심정이 있으면 내적 증거를 가진 것입니다. 이런 증거를 가지게 되면 직장을 다니던지 회사를 운영하든지 학생을 가르치던지 인생의 목표와 가치가 새롭게 정립되기 시작합니다. "예수님의 양을 길러내는 일"을 사명으로 삼고 이런 일에 열정을 쏟으며 인생을 사는 일에는 후회가 없습니다.

둘째 차원은 외적 증거입니다. 예수님의 사명을 받은 외적 증거는 가시적인 증거입니다. 어머니가 되려면 어머니의 마음을 가져야 합니다. 그러나 그것만으로는 어머니가 되지는 못합니다. 자녀가 있어야 합니다. 예수님의 사명 받은 외적 증거도 간단합니다. "내 양으로 길러 다오." 하시며 예수님께서 맡겨주신 양이 있다면 예수님의 사명을 받은 자입니다. 우리를 돌아보면 그런 영혼들이 많이 있을 것입니다. 어머니면 아이들일 것입니다. 아이들도 내 아이라고 보기 전에 예수님께서 예수님의 양으로 잘 길러달라고 맡기신 예수님의 아이라는 것을 인식하여야 합니다. 배우자와 직장 동료, 사업장에서 만나는 자들, 학교에서 만나는 사람들, 내 삶의 테두리 안으로 보내주신 이들을 볼 때 예수님이 맡기신 양으로 보이게 될 것입니다. 이런 사람이 꼭 목사가 되지 않더라도 선교사가 아니라도 예수님의 사명 받은 자입니다.

갈릴리 바닷가에서 목소리가 떨리도록 부탁하신 예수님의 명령에 일생을 불태우며 번져간 그 영혼의 불길이 타고 타올라서 한반도에까지 옮겨 붙었습니다. 예수님의 생명수를 흐르게 한 불길입니다. 이 불길은 우리의 영혼을 타고 번져가야 합니다. 아멘!

성령님!
내 가슴에 댕겨진 불길이 예수님의 생명으로 영혼들을 적시게 하여 주십시오!

3. 예수님의 사명에 붙타는 사람들

1. 현대 교회에 예수님이 가장 바라시는 것

예수님이 오늘 우리에게 가장 원하시는 것이 무엇일까요? 이 질문에 대부분이 선교와 전도라고 대답합니다. 물론 선교와 전도는 중요하지만, 선교와 전도는 일입니다. 예수님은 일보다 더 근본적으로 원하시는 것이 있다는 것을 인식하는 것은 대단히 중요한 일입니다. 그것이 무엇일까요?

현대교회는 각종 화려한 프로그램들과 전도 활동과 선교의 열정으로 일하기에 바쁩니다. 물론 이러한 것들은 반드시 해야 할 일들이지만 이런 일들의 동기와 원인을 제대로 알지 못하면 일로만 바쁜 교회와 교인들로 교회가 채워질 것입니다.

그런 현대교회들을 보고 예수님은 말씀하시기 원하실 것 같습니다. 갈릴리 바닷가에서 고기잡이하는 일에 마음이 매여 있던 베드로와 제자들에게

"애들아 너희에게 고기가 있느냐?"

라고 물으셨던 예수님은 먼저 아침식사를 나누며 예수님이 그들을 얼마나 사랑하시는지 확인시켜 주셨습니다. 마찬가지로 일들로 부산한 현대교회에 예수님은 묻기 원하시는 것 같습니다.

"애들아, 잠깐 멈추어라. 그리고 내 말을 들어다오."

하시며 한 가지 질문을 원하시는 것 같습니다.

"너희는 내가 너희를 얼마나 사랑하는지 알고 있느냐?"

그렇습니다. 이 예수님의 사랑을 받는 것이 동기가 되어서 선교가 나오고 예수님을 사랑하는 것이 원인이 되어서 전도가 시작되는 것입니다. 일이 먼저가 아니라 일을 하게 하는 근본 이유를 아는 것이 먼저입니다. 그것은 예수님과 예수님의 사랑의 깊이와 무게를 제대로 아는 것입니다. 이것이 기초가 되지 않으면 일하다가 시험에 빠지기도 하며 일하면서도 힘이 들고 일에 지쳐서 정작 붙잡아야 할 본질을 놓쳐버리게 됩니다.

전도도 교회에서 하라고 하니까 한다든지, 또는 교회의 프로그램이니까 참여한다는 식으로는 기쁨이 없습니다. 나를 자신의 생명보다 더 사랑하시는 예수님의 사랑을 받고 보니 저 이웃 영혼에 대한 예수님의 안타까움이 내 속에서 일어나게 됩니다. 그래서 어떻게 하든지 주님께서 부탁하신 한 영혼이라도 예수님께 인도하는 것이 소망이 되고 기쁨이 됩니다. 그래서 전도에 열심을 내는 것입니다.

선교도 마찬가지입니다. 예수님을 알지 못했던 이 한반도의 영혼들을 향하신 예수님의 사랑을 누군가의 가슴에 먼저 채우시고, 그 사랑을 채운 사람들을 조국을 떠나서 바다 건너, 국경 넘어 한반도를 위한 선교사로 보내주신 것입니다. 그로 말미암아 세계역사에 외면당하던 한반도에 예수님의 생명수가 흐르는 땅이 되게 하신 것입니다. 예수님의 사랑을 맛본 사람들을 통하여 예수님의 사랑이 오늘 나에게까지 부어 흐르게 하신 것입니다. 이제 그 사랑의 불길이 내게도 점화되어 이웃에게도 예수님을 전하게 되고 직장에서도 예수님의 증인이 되어 살고, 사업장에서도 예수님의 향기를 드러내기 원하는 것입니다. 예수님의 사랑 때문에 바다도 건너고 국경도 넘어가서 외면당한 영혼들을 찾아가는 것입니다.

갈릴리 바다에서 밤새도록 그물을 내려도 한 마리도 잡지 못하고 돌아온 제자들이 예수님의 말씀대로 바닷가에서 바로 배 옆에 그물을 던졌더니 그물 가득히 잡혔습니다. 이 밤에 제자들은 물고기들로 말미암아 두 번의 기적을 체험하였습니다.

첫째 기적은 밤새도록 고기를 잡았으니 한 마리도 잡지 못한 기적입니다. 이것은 우연이 아니었습니다. 어떻게 밤이 새도록 수없이 그물을 내렸는데 한 마리도 잡지 못했을 수가 있을까? 이 사실이 또 하나의 기적이었습니다.

둘째 기적은 새벽 바닷가에서 고기가 잡히지 않을 시간과 장소에서 느닷없이 그물 가득히 고기를 잡게 된 기적입니다. 어떻게 이런 기적이 일어났습니까? 예수님이 행하신 기적이었습니다. 요한은 그때 잡은 고기 숫자가 153마리인 것까지 기억하고 있었습니다.

이 두 가지 기적 중에 어느 기적이 더 큰 기적일까요? 확률적으로 보면 당연히 밤새도록 한 마리도 잡지 못한 것입니다. 어떻게 이런 일이 일어났을까요? 누가 이런 기적이 일어나게 했을까요? 당연히 예수님이 하신 일이지요. 그렇다면, 예수님이 이런 첫째 기적을 통해서 제자들에게 주시는 메시지가 있을 것입니다.

"얘들아, 너희는 이제부터 갈릴리 바다에서 고기잡이로 일생을 보낼 자들이 아니다. 아무리 수고해봐야 남는 것 없는 일이다. 그러므로 새로운 사명자의 삶을 살 준비를 하자."

그리고 두 번째 기적에서 주시는 메시지는 이렇게 표현할 수 있을 것입니다.

"얘들아, 지금 너희가 그물 가득히 잡힌 물고기를 보고 놀라고 좋아하지만, 이제부터 너희는 천국그물에 가득히 담겨서 구원받고 영생 얻는 영혼들 때문에 기뻐하게 될 것이다."

이것은 예언이 담긴 격려의 메시지라고 볼 수 있습니다.

예수님의 지극한 사랑을 받고 사는 것을 확인하고 또 예수님을 지극히 사랑하며 사는 예수님의 사람은, 삶의 수단이 무엇이든지 생활 형편이 어떠하든지 발을 디디고 살아가는 삶의 현장에서, 예수님의 생명이 흐르게 하는 사람이 되어야 합니다. 광야 같은 인생을 살아가는 이들에게 영생의 물을 마시도록 예수님께 인도하는 사명자의 삶을 살아야 할 것입니다. 그러면 예수님께서 구원하시는 능력을 제자들이 그물 가득 찬 물고기를 보고 놀라고 기뻐한 것 이상의 감격과 기쁨이 있을 것입니다.

이 모든 일의 원인은 내게 부으시는 예수님의 사랑이 어떠한지를 알고 그 사랑을 베푸시는 예수님이 어떤 분인지를 인식하는 것입니다. 이 모든 일의 동기는 예수님의 사랑 받음으로 인하여 예수님을 사랑하게 되어서 예수님께서 사랑하는 영혼들을 예수님께 인도하는 일에 열정을 태우는 것입니다.

여러 해 전에 한 열정이 넘치는 청년을 만나서 식당에서 커피를 마시면서 네 시간 동안이나 긴 대화를 나눈 적이 있었습니다. 그 청년과 나누었던 대화 일부를 옮겨보겠습니다.

"목사님의 비전은 무엇입니까?"
"나는 비전이 없네."
"에이, 그럴 리가 있습니까?"
"굳이 비전이라고 한다면 내게 맡겨주신 모든 영혼을 예수님께 잘 인도하는 것이네."
"저의 비전은 21세기 빌리 그래함 같은 세계적인 부흥사가 되는 것입니다. 그리고 저는 예수님 위해서 죽을 수 있습니다."
"예수님 위해 죽을 수 있다고 장담하는 형제가 부럽네. 그런데 형제는 예수님 위해 죽기 전에 그 비전부터 먼저 죽이게. 만약 예수님께서 형제에게 이름 없는 곳에서 이름 없는 목사로 살라 하시면 어떻게 하겠는가?"

대화가 다른 주제로 옮겨갔습니다.

"저는 모세와 같은 위대한 지도자가 될 수 있습니다."
"그렇다면, 한 가지 물어보겠네. 하나님께서 모세를 위해 이스라엘을 붙여주셨나? 이스라엘 백성을 위해 모세를 세우셨나?"
"…"
"또 물어보겠네. 예수님께서 목사를 위해 교인들을 목사에게 붙여

주시는가? 아니면 교인들을 예수님의 양으로 돌보라고 목사를 세우시는가? 오해하지 말게. 목사는 예수님의 양들을 예수님의 양이 되도록 돌보아 달라고 예수님께서 목사를 교회에 세워주시는 것일세. 이것을 잊으면 목사는 썩는 걸세."

나중에 그 형제에게 들은 이야기지만 이 대화 후에 그 형제는 저를 교만한 목사, 다시 만나고 싶지 않은 목사로 생각했다고 하였습니다. 저는 그 형제의 열정이 예수님에게 쏟아진다면 정말 형제의 말처럼 예수님을 위한 놀라운 일을 하게 될 사역자의 가능성을 보았습니다. 반면 그 열정이 예수님 아닌 것으로 부어지면 부정적인 영향을 끼칠 가능성도 보았습니다. 학생들과 약속도 제쳐놓고 그 형제와 그런 긴 대화를 하게 한 것은 예수님의 사랑 때문이었습니다. 그리고 몇 년 후에 그 형제가 비행기를 타고 저를 만나러 와서 일주일 동안 제자 훈련을 마치고 갔습니다. 그러고 나서 또 몇 년 후에 편지를 적어서 보내온 글 일부입니다.

"목사님을 만나기 전까지만 해도, 많은 사람 앞에서 설교하는 것만이 하나님께 쓰임 받는 것으로 생각했었습니다. 그래서 빌리 그래함처럼, 무디처럼, 조용기 목사님처럼 사용해 달라고 기도했었습니다. 작년, 한국에서 월드컵 열풍이 불 때, 광화문 앞에 모인 수만의 인파를 보고 이런 인파 앞에서 설교하게 해 달라고 울면서 기도했었습니다. 얼마 전, 한 집사님이 제게 질문을 하셨습니다. "형제의 꿈이 뭐죠?" 그때, 문득 목사님과의 첫 번째 만남이 떠오르더군요. "저는 꿈이 없습니다"라고 말했습니다.

현재 이 형제는 이름 없는 곳에서 이름 없는 목사가 되어 예수님의 양들을 길러내는 열심히 길러내는 자랑스러운 무명의 목사용사로 살아가고 있습니다. 지금도 그 형제와 그 형제가 목회하는 교회를 위하여 기도할 때마다 내 주님께 중보기도를 올려 드립니다. 형제와 형제가 돌보는 교회의 성도들을 사랑하는 주님의 심정을 제게 부어주시기 때문입니다.

2. 예수님의 사명으로 불타는 사람들의 특징

예수님의 사명에 불타올라서 생명을 걸고 일생을 투자한 사람들이 적지 않습니다. 그중에는 제일 먼저 예수님의 열두 제자들이 있었습니다. 요한을 제외한 열한 제자는 모두에서 순교하였습니다. 오직 한 가지 이유 때문이었습니다. 예수님을 전한다는 것입니다. 한 세기를 살고 죽었던 요한은 로마에서 기름 가마솥에 볶음 당하는 순교에 직면했었으나 기적적으로 죽음을 면했습니다. 그 후 밧모 섬 감옥소에서 계시록을 썼습니다. 요한은 사도 중의 자연사한 사람으로 유일한 분입니다. 그러나 사실은 그는 다른 제자들보다 더 많이 순교하였습니다.

그러므로 예수님의 제자들은 한 명도 예외 없이 하나같이 예수님을 전하는 일을 위하여 순교하기까지 자신들의 일생과 생명을 걸었습니다. 이들의 예수님의 사명에 불태운 열정으로 말미암아 세계만

방으로 예수님의 복음과 생명의 역사가 퍼져 나가기 시작하게 된 것입니다.

사도 이후에 초대교부 중에서 뛰어난 증인으로 폴리캅Policarp을 들 수 있습니다. 그는 2세기경에 서머나의 감독이었습니다. 터커Ruth A. Tucker는 그의 책 『선교사 열전』에서 "사랑의 사도 요한의 수하에서 공부했기 때문에 예수님을 육체적으로 만난 사람들과 그 후 세대를 연결하는 사람이다"라고 브루스의 글을 인용하여 폴리캅을 소개하였습니다.4)

주 후 156년에 아시아 지방에서 기독교박해가 일어났을 때에 체포되어 86세의 나이에 순교하였습니다. 관리들이 폴리캅을 감금하고 기독교인들의 명망을 받는 그로 하여금 신앙을 부인하게 하여서 기독교인들을 낙심하게 할 작정이었습니다. 관리들은 그를 감금하고 황제를 신이라고 고백하는 것이 무슨 해가 될 것이 있느냐며 자신의 생명을 구하라고 설득하였습니다. 터커는 그의 순교 장면을 유세비오의 글을 인용하여 소개하였습니다. 그 글의 일부를 옮깁니다.

" … (감옥의) 형리는 그를 더욱 졸라맸다. '그리스도를 저주한다고 맹세하라. 그러면 석방하겠다.' 폴리캅은 대답하였다. '나는 평생 그분의 종이었고 주님은 나에게 단 한 번도 서운하게 해주신 적이 없었소. 그런데 나를 구원해 주신 왕을 인제 와서 어떻게 부인할 수 있겠소?' 총독이 다시 위협하였다. '나에겐 사나운 짐승이 있다. 네가 그 사나운 짐승까지 무서워하지 않는다면 화형에 처할 것이다.' 다시 폴리캅이 대답하였다. '당신이 위협하는 불은 잠깐 타다가 꺼질 뿐이오. 그러나 당신이 모르는 불이 있는데, 그것은 앞으로 다가올 영원한 심판의 불로서 불신자들을 위해 예비한 것이오. 도대체 뭘 지체하는가? 조금도 두렵지 않으니 하고 싶은 대로 하시오.' 총독은 매우 놀랐다. 그리고 형리를 불러서 투기장의 중앙에 서서 세 번 외치게 하였다. '폴리캅은 그가 기독교인이라고 고백하였다!' 그때 둘러선 많은 불신자는 폴리캅을 불태워 죽여야 한다고 외쳐댔다. 그다음은 말할 나위도 없다. 군중이 달려와 장작더미와 땔감을 모아 쌓았다, 처형용 장작이 다 쌓였을 때 폴리캅은 기도하였다. 그러나 그는 아멘을 마저 말하지 못한 체 불길에 휩싸여 한 줌의 재로 변하였다."[5]

폴리캅이 마치지 못했던 아멘은 천국 입성하여 예수님 앞에서 외쳤을 것입니다.

우리나라에도 빛나는 별과 같은 믿음의 증인들이 있습니다. 길선주 목사, 김익두 목사, 주기철 목사, 손양원 목사, 이찬익 장로, 최봉석 목사 등 위대한 신앙의 선배들을 배출해 낸 한국 교회가 자랑스럽습니다. 그뿐만 아니라 이름 없는 무명의 전도자들도 많습니다. 그중에 박석현 목사님을 소개하려고 합니다.

박석현 목사는 평양 제33회 손양원 목사 김예진 목사와 동기 동창 졸업생이요 다 같이 육이오 때 공산군에 의해서 순교하였다. 박 목사는 외아들과 부인과 장모와 식모 등 5인이 함께 사형장에 끌려갔다. 박 목사는 사형 집행자들에게 "식모는 내 식구가 아니니 놓아 달라"고 말하자 공산군들은 그 식모를 석방하여 주므로 박 목사 가족들의 순교하던 정황을 보고 전하였다.

공산군들은 먼저 박 목사의 장모와 그 부인과 그 십 여세 되는 독자를 죽이고 맨 나중에 박 목사를 죽였는데 박 목사는 태연자약한 태도로 찬송을 불렀다 한다. 그 장모와 그 부인의 비참한 죽음을 보고 어린 독자의 애절 참혹한 죽음을 보는 박 목사의 심정 어떠하였으리오? 장모와 부인의 영혼도 주님께 부탁하고 피 흘리는 애독자의 영혼도 주님께 부탁하고 자기의 영혼도 예수님께 부탁하였던 것이다.

고생과 수고 다 지나간 후 광명한 천당에 편히 쉴 때
인애한 주님 모시고 서는 것 영원히 내 영광되리로다.6)

3. 제자도의 본질

제자도의 본질을 어떻게 정리하는가는 대단히 중요합니다. 제자도의 본질은 신앙생활에서 많은 것과 관련이 있기 때문입니다. 제자도의 본질에 대하여 여러 가지 대답이 나올 수 있습니다. 본과에서 살펴본 것을 토대로 하여 제자도의 본질을 세 단계로 정리할 수 있습니다.

첫째 단계는 예수님의 지독한(더 강렬한 표현을 찾지 못하여 이렇게 표현해 보았습니다) 사랑을 받고 있다는 것을 확인하는 것입니다.

예수님의 제자들은 3년 동안 예수님을 따라다니면서 그들은 성자이신 예수님으로부터 어떠한 사랑을 받았는지 체험하며 인식하였던 사람들이었습니다. 특히 예수님이 잡히시던 날 밤, 마가의 다락방에서 자신들의 더러운 발을 직접 일일이 씻어주시던 사랑은 평생 잊을 수 없는 사랑의 증거품이었을 것입니다. 제자들은 자신들의 발을 씻을 때마다 그날 밤 자신들의 발가락 사이까지 씻으시던 예수님의 손길을 회상하였을 것입니다. 또한, 부활하신 예수님께서 갈릴리 바닷가에서 새벽에 만나주시고 자신들의 잘못과 실수를 묻지도 않으시고 용서하여 주신 사랑은 이들의 모든 것을 녹여버리는 순간이었을 것입니다. 부활하신 예수님을 만나 뵙고 자신들이 받은 예수님의 사랑을 거듭하여 확인하였습니다.

이런 사랑을 받고 있다는 것을 확인하게 된 제자들은 예수님의 진정한 제자들로서 첫 걸음을 걷기 시작한 것입니다. 요한복음 20장 28절에서 의심하던 도마가 예수님에게 "나의 주님이시오. 나의 하나님이시니이다!"라고 고백하였습니다. 그 예수님이 나를 사랑하신다는 사실, 그것도 끝까지 지독한(!) 사랑으로 사랑하신다는 사실을 확인한 이후로 도마는 예수님을 위해 일생을 바쳐 살았습니다. 인도로 가서 창에 찔려 순교하기까지 예수님을 전하였습니다.

제자훈련 성경공부 과정을 다 마치고 졸업한다고 예수님의 제자가 되는 것이 아닙니다. 제자훈련 성경공부는 유익하며 반드시 필요하지만 제자도의 본질을 제대로 알아야 합니다. 본질적인 제자도의 첫 단계는 어떤 예수님의 어떤 사랑을 받고 있는지를 확인하고 인식하는 것입니다.

모든 그리스도인은 예수님으로부터 같은 사랑을 받고 삽니다. 다만, 그 사실에 대한 감동과 감격을 내 인생을 걸 만큼 실감하지 못하고 인식하지 못할 뿐입니다.

오늘 우리가 받는 예수님의 사랑은 2천 년 전 갈릴리 바닷가에서 제자들에게 쏟으신 그 사랑과 조금도 다르지 않습니다. 다만, 이 사랑을 제자들처럼 확인하지 못하고 인식하지 못할 뿐입니다. 그 이유는 예수님의 사랑이 너무 크고 깊고 넓어서 오히려 좁은 우리의 가슴에 담아내지 못하기 때문일 것입니다. 그러나 그 예수님의 사랑의 실체를 확인하고 인식하게 되면 인생은 일대 전환을 하게 됩니다. 제자도의 첫걸음을 내딛는 순간입니다.

둘째 단계는 예수님의 지독한(!) 사랑 때문에 예수님을 또한 지독하게(!) 사랑하는 것입니다. 예수님의 정체를 알고 예수님의 사랑을 확인하게 되면 나의 과거와 현재와 미래를 그 사랑에 조명하게 되며 그로 말미암아 예수님을 진실하게 사랑하지 않을 수 없습니다. 그래서 예수님의 지독한 사랑을 받고 있음을 확인한 사람은 도마처럼, 베드로처럼, 요한처럼, 폴리캅처럼, 생명을 다해 예수님을 사랑하게 됩니다.

예수로 살고 예수로 죽자고 외치던 주기철 목사처럼, "불신지옥! 예수천당!" 외치며 소똥에서 콩을 주워 먹으며 예수님을 전하던 최봉석 목사처럼, 나병환자들을 사랑하며 순교하기까지 그들 곁에 남아서 예수님을 보여주었던 손양원 목사처럼, 예수님의 사람에게는 오직 예수당만 있다고 예수님께 일생을 바친 길선주 목사처럼, 죽으면 죽으리라 일사각오로 예수님의 딸이 되어 살았던 안이숙 선생처럼, 우리나라 기독교 역사에 예수님을 지독하게 사랑하였던 믿음의 증인들이 빛나는 별과 같이 있습니다.

오늘도 이 땅에 그 예수님의 사랑의 물줄기를 이어 흐르게 하는 예수님의 사명으로 불타는 자들이 불길처럼 일어나기를 소망합니다.

셋째 단계는 "내 양을 먹이라!"는 예수님의 부탁을 사명으로 여기고 그 사명에 일생을 거는 것입니다. 예수님을 사랑하는 자는 예수님의 계명을 지킵니다. 의무와 책임 때문에 계명을 지키는 것이 아닙니다. 예수님을 사랑하기 때문에 예수님이 간절히 원하시는 마음을 알아 드리고 그 간절히 원하시는 것을 위해 기꺼이 일생을 바치는 것입니다.

요한복음 14장 15절입니다. "너희가 나를 사랑하면 나의 계명을 지키리라." 또 요한복음 14장 21절입니다. "나의 계명을 지키는 자라야 나를 사랑하는 자니 나를 사랑하는 자는 내 아버지께 사랑을 받을 것이요 나도 그를 사랑하여 그에게 나를 나타내리라."

예수님을 사랑하는 자는 그 사랑 때문에 예수님의 계명을 지킵니다. 그 사랑 때문에 갈릴리 바닷가에서 "내 양을 먹이라" 하신 부탁은 이들의 심령을 울리게 하였습니다. 그들의 심령이 예수님의 심령으로 공명을 일으키게 된 것은 그들의 예수님 사랑이었습니다. 예수님의 제자는 자신의 인생테두리 안으로 보내주신 영혼들을 어떻게 하든지 예수님의 사람으로 길러내는 일에 일생을 걸고 삽니다.

오늘도 한반도에는 이곳저곳에서 예수님을 사랑하는 목회자들이 적지 않습니다. 세계 곳곳에 가는 곳마다 교회를 세우며 예수님의 이름으로 모여 예수님을 사랑하는 한국인들이 적지 않습니다. 오늘도 핍박당하며 생명의 위험도 불사하고 선교지에서 예수님을 사랑하는 선교사들이 적지 않습니다. 이 시대에 한국인으로서 예수님의 사람이 되었다는 사실에 감격해 합니다.

예수님!
작은 자이지만 저도 예수님을 사랑합니다.
예수님을 더 깊이 알아가게 하여주십시오!
예수님을 더 절실하게 사랑하게 하여주십시오!
성령님!
내 안에 충만하셔서 예수님으로 충만하게 하여주십시오!
예수님의 생각이 내 생각이 되게 하여주십시오!
예수님의 마음을 내 마음에 채우게 하여주십시오!
예수님의 사람을 길러내는 일에 내 일생을 사용하여주십시오!

제7부. 예수님의 사람들, 하나님 역사의 현장

교회의 본질

교회가 본질을 잃어버리면 교회가 모양은 있어도 교회답지 못하게 됩니다. 그러면 소금이 그 맛을 잃어 길에 버려져서 사람들에게 밟히는 것과 같이 세상으로부터 조롱당할 것입니다. 교인들도 신앙의 본질을 찾지 못하고 교회가 교회의 본질을 잃어버리면 그리스도의 향기를 삶의 현장에서 생생하게 맛볼 수 없습니다.

지금까지 성경의 본질과 복음의 본질, 믿음의 본질과 구원의 본질 그리고 신앙생활의 본질과 제자도의 본질을 살펴보았습니다. 이번 과에서는 교회의 본질을 살펴보며 참된 교회, 예수님이 기뻐하시는 교회가 어떤 교회인지 알아보게 됩니다.

하나님 역사의 현장은 어디에 있다고 생각하십니까? 하나님의 역사의 현장에 서 있다면 그 감격은 어떠하겠습니까? 하나님 역사의 현장은 우리에게서 멀리 있지 않습니다. 예수님의 사람들의 삶 그 자체가 하나님 역사의 현장입니다. 바로 당신입니다. 우리 한 사람 한 사람의 삶의 역사가 모여 하나님 역사가 이루어져 갑니다. 그러므로 하나님의 역사에서는 이름 없는 한 사람의 역사가 중요합니다.

출애굽은 위대한 역사였으며 하나님의 역사였습니다. 이스라엘 백성은 그 위대한 역사의 현장이었습니다. 출애굽의 역사는 하나님께서 총 지휘하신 웅장한 오케스트라였습니다. 그러나 출애굽 역사를 이루는 현장에 동참한 사람들이 많습니다. 그 사람 중에 출애굽 역사의 주인공을 뽑으라고 하면 그 주인공은 누구이겠습니까? 많은 사람이 모세라고 합니다. 물론 모세는 위대한 지도자였습니다. 그러나 모세가 출애굽 역사의 주인공이 아닙니다. 만약 모세가 기적을 행하면서

"하나님께서 우리더러 애굽을 떠나라고 하셨으니 나를 따라 광야로 나가자."

라고 했을 때 출애굽 하는 날 사람들이 모세를 따라가는 대신 팔짱을 끼고 홀로 지팡이를 짚고 광야로 들어가는 모세를 구경만 하고 있었다면 그 사건을 출애굽 사건이라고 말하지 못합니다. 모세가 이스라엘 사람들에게 애굽을 떠나자고 할 때 사람들이

"떠나면 어디로 갑니까?"

"광야를 지나서 가나안 땅으로 간다."

"거긴 왜요? 광야는 어떻게 지납니까? 가나안에서는 무얼 합니까? 거기는 여기보다 살기 좋은가요?"

"아니다. 거기 가서 가나안 족속들을 다 쫓아내야 한다."

"아니 우리가 전쟁을 해요? 그리고는요?"

"그곳을 젖과 꿀이 흐르는 땅으로 건설하는 것이다."

"그러면 우리 집과 우리가 살아온 이 땅은 어떻게 합니까??"

"다 버리고 간다. 다시 돌아오지 않는다."

"그렇다면, 우리는 여기 남는 것이 좋겠습니다."

라며 떠나지 않았을 수도 있었습니다. 만약 애굽 땅이 찌들게 가난한 땅이며 먹고살 것이 없어 풀뿌리를 캐먹어야 하는 형편이라면 쉽게 떠날 수 있을 것입니다.

당시 애굽은 오늘로 치면 미국이나 한국처럼 잘 사는 나라였고 먹을 것이 풍부하였으며 문화가 발달한 나라였습니다. 이스라엘 백성도 비록 종살이는 하였지만, 고깃국 먹으며 배부르게 살았습니다. 노동의 대가를 넉넉히 받을 수 있었다는 것을 의미합니다. 종살이는 고통스러웠지만 먹고 사는 것은 걱정은 하지 않았습니다. 오늘도 회사나 직장을 다니며 내 인생의 시간과 실력을 교환하고 먹고사는 것과 크게 차이가 나지 않는 모습입니다. 그런 형편에서 집도 땅도 버리고 광야를 거쳐서 가나안으로 가자는 모세의 말을 듣고 이스라엘 백성이

"당신이 아무리 기적을 일으킨다고 해도 이 일은 너무 무모하네요. 당신이나 가 보세요."

라고 말하고 백성은 팔짱을 끼고 구경만 하고 모세가 홀로 애굽을 떠났다면 출애굽 사건은 없습니다. 그러나 놀라운 일은 모세의 말을 듣고 전 이스라엘 백성이 모세를 따라나섰다는 사실입니다. 이 무명의 이스라엘 백성의 한 사람 한 사람의 결단이 모여서 출애굽이라는 위대한 역사를 창출해 내었습니다. 이들이 출애굽하면서

"야, 지금 우리는 성경에 기록되어서 영원히 전해지는 위대한 역사를 만든다. 어서 모세 할아버지를 따라 떠나자."

라고 하지는 않았을 것입니다. 그러나 그들은 이 위대한 하나님 역사의 현장에 있었으며 그 위대한 역사의 주인공들이었습니다.

종교개혁을 말하면 마틴 루터, 존 칼빈, 츠빙글리의 이름들이 떠오릅니다. 흔히 루터는 종교개혁의 주인공이라고 말합니다. 그러나 위클리프John Wycliff와 후스John Huss 같은 분들이 루터보다 100년 또는 150년 전에 이미 종교개혁 활동을 시작하였습니다. 그들은 실패한 개혁자들이었고 루터는 성공한 개혁자로 보기 쉽습니다. 그들이 개혁을 외쳤을 때도 사람들이 따랐습니다. 그러나 로마 교황청이 주먹을 들었더니 많은 사람이 떠나가고 흩어져 버렸습니다. 그래도 개혁자들은 홀로 개혁의 길을 걸었습니다. 후스는 화형을 당하였고, 위클리프는 그 유골을 파내어 화형 시키기도 했습니다. 루터가 개혁을 시도할 때도 사람들이 그를 따랐습니다. 다만, 차이점이 있었다면 로마 교황청에서 주먹을 들고 위협할 때도, 여전히 루터를 따르는 사람들이 많이 있었다는 것입니다. 이것이 루터의 개혁은 성공할 수 있었던 이유 중의 하나였습니다. 그러면 루터 이전의 개혁자들은 실패자들이었던가?

그렇지 않습니다. 그들은 개혁에는 실패했어도 하나님 역사에는 실패자들이 아니었습니다. 루터 이전의 이런 개혁자들이 뿌린 씨앗이 자라고 열매를 맺어서 루터와 함께 개혁을 주도하는 사람들이 일어서게 된 것입니다. 그들은 뿌렸고 루터는 거두었으며, 그들은 불을 붙였고 루터는 그 불을 일으킨 것이었습니다. 그러므로 그들은 개혁운동에는 실패하였지만, 개혁의 불길을 시작한 개혁의 주인공들이었습니다.

마찬가지로 오늘 우리가 철저하게 예수님에게서 신앙의 본질을 찾고, 진정한 예수님의 사람들을 길러내며, 예수님이 중심이 된 교회들을 세우며, 초대교회 성도들의 신앙을 본받아서, 우리의 삶 자체가 예수님에게로 귀환하는 부흥을 일으키는 하나님 역사의 현장이 되어야 합니다. 진정한 예수님의 사람이라면 그 사람의 삶 그 자체가 하나님 역사의 현장입니다. 하나님 역사의 주인공들은 위대한 지도자들이 아닙니다. 그들은 그 역사의 시작일 뿐입니다. 그들로 말미암아 일어나는 무명의 헌신자들의 결단이 모여서 하나님의 역사가 이루어지기 때문입니다. 그래서 하나님 역사에는 한 사람 한 사람이 중요합니다.

하나님의 역사는 예수님의 몸 된 교회 외에는 맡기신 적이 없습니다. 그러므로 교회의 본질을 바르게 정리하는 것은 매우 중요합니다. 교회의 본질을 제대로 정리하지 못하면 엉뚱한 일을 하면서도 제대로 된 교회로 착각하며 혼란하게 만드는 일들이 일어나는 것입니다. 진정한 예수님의 사람들의 삶 그 자체가 하나님 역사의 현장입니다.

지금 당신은 어떤 역사책을 쓰고 계십니까? 당신이 진정한 예수님의 사람이라면 당신의 삶은 하나님의 역사책을 기록하고 있습니다. 그리고 이 역사는 교회라는 예수님의 몸을 통해서 이루어집니다. 과연 예수님이 기뻐하시는 교회는 어떤 교회입니까?

1. 예수님의 교회

1. 교회의 문제와 원인

 오늘날 교회의 문제가 많다는 것은 교회 안에서도 알고 교회 밖의 사람들도 알고 있습니다. 교회의 문제들을 지적하라면 누구나 할 말이 많은 시대입니다. 그러나 이런 문제들의 중심에는 교회의 지도자들에게 있다고 봅니다. 더 직설적으로 표현한다면 목사들의 책임이 크다는 뜻입니다. 어느 제법 큰 교회에서 부흥 집회를 인도하던 목사가 외칩니다.

 "이 정도의 교회의 담임목사면 적어도 그랜저는 타야지 소나타가 뭐야. 목사 대접을 이렇게 하는 게 아니야. 내일 저녁 집회에는 담임목사 자가용을 위해 헌금 준비들 해 오시오."

 담임목사는 침묵합니다.

 목사 중에는 목사에게 축복권과 저주권이 있다면서 교인들을 조종하려고 하고 목사 잘 대우 잘하면 집안이 복 받고 자녀가 잘되는 복 받는다며 목사대접 잘하라고 교인들을 가르칩니다. 언제 예수님께서 목사들에게만 축복권을 주셨던가? 성경에 축복권은 모든 예수님의 사람에게 주셨습니다. 언제 예수님께서 저주권을 목사들에게 주셨던가? 성경은 저주는 하나님께 달렸으며 원수 갚는 것도 하나님께 달렸으니 예수님은 그들을 축복하고 사랑하라고 하셨습니다. 그런데 목사들이 예수님의 양들에게 축복권, 저주권을 운운하며 은근히 위협하는 일은 바르지 않습니다. 물론 가르치는 자와 모든 좋은 것을 함께 하라고 성경은 가르치지만 이런 비인격적으로 위협하는 것은 절대 아닙니다.

명예욕에 빠진 목회자들이 저지르는 추한 일들은 입에 담기조차 부끄러운 일들이 많습니다. 총회 같은 데서 일어나는 갈등과 분쟁들은 세상 정치판에서나 볼 수 있는 일들입니다. 세속화된 목사들 늘어나고 있습니다. 총회장 출마에 엄청난 액수를 교회 헌금으로 쓴다는 이야기는 교회 밖의 사람들도 다 아는 이야기가 되어버렸습니다. 그래서 어떤 교단에서는 이런 폐단을 막으려고 총회장을 제비뽑기로 정하기도 합니다. 격려가 되는 이야기입니다.

교회 성장이라는 이름 아래 일어나는 어처구니없는 일들도 우리 마음을 슬프게 하는 일입니다. 이웃 교회가 마치 경쟁상대라도 되는 것처럼 교인 쟁탈전을 벌이는 것도 우리를 슬프게 하며, 양적 부흥을 위하여 수단과 방법을 가리지 않는 모습들도 우리의 마음을 아프게 합니다. 목사가 마치 교회의 주인인 것처럼 군림하는 모습도 우리를 불편하게 만듭니다. 이런 일들을 목격하면서 목사의 한 사람으로서 부끄럽기도 하여서 새벽에 하나님께 울부짖게 하는 이유가 되며 항상 저 자신을 돌아보며 자성하는 계기로 삼습니다.

목사뿐만 아니라 교인들도 본질에서 벗어난 모습을 자주 보게 됩니다. 어느 교회 장로들이 19년 이상 담임한 목사를 내보냈습니다. 이유는 겉으로는 담임목사의 무능이라고 내세웠지만, 실제 이유는 20년을 채우게 되면 원로목사 대우를 해야 하는데 원로목사를 위하여 지급해야 할 사례비가 아깝다는 것이었습니다. 교회 내에서도 마음에 드는 사람들, 마음에 들지 않는 사람들이 나누어져서 편 가르기와 다툼이 빈번하게 일어납니다. 장로가 목사를 세상 법정에 고발하고 목사가 교인을 고발합니다. 법조계 사람들이 말하기를 기독교인들이 싸우면 말릴 길이 없다고 한다는 말도 들었습니다. 길 가다가 사람들이 싸우면 "이 사람들아, 왜 싸워? 여기가 교회인 줄 알아?"라고 한다는 우스개는 다 아는 농담거리가 되어버렸습니다. 미국 입국비자 심사에 한국목사들을 더 까다롭게 조사를 한다고 합니다. 이유는 한국 목사들은 너무 거짓말을 많이 하기 때문이라고 합니다.

교회 세습, 교회 상업화, 목회 성공주의, 교권 투쟁, 교회분쟁, 교회의 세속화, 목회자 타락, 물질주의, 기복신앙, 오늘 우리 교회들은 수없는 문제들을 안고 있습니다.

목사도 교인도 어쩌다 한국교회가 여기까지 와버렸는지 가슴 아파하는 시대에 우리가 살고 있습니다. 이런 교회의 모습을 보고 예수님의 마음이 얼마나 아프실까? 생각하면 죄송하고 쓰리고 부끄럽기 한이 없습니다. 더구나 교회가 세상 사람들의 조롱을 받을 때 나의 주님이신 예수님의 이름이 더불어 부끄러움을 당하는 것이 괴롭습니다. 이런 글을 적는 마음이 불편한 것은 나도 그 중의 한 사람이 아니냐는 자책감 때문인가 생각이 듭니다. 그저 우리는 예수님의 은혜가 필요한 사람들입니다.

그러나 감사하게도 이 한국에는 훌륭한 목사님들과 좋은 교회들이 여전히 적지 않다는 사실입니다. 좋은 교회 세우려고 울부짖으며 목회하는 목사님들이 곳곳에 있다는 것이 소망의 이유가 됩니다. 그러나 그런 중에서도 경계할 일이 있습니다. 90점짜리가 100점짜리로 착각하는 일입니다. 90점짜리 교회는 좋은 교회입니다. 90점짜리 교회들로부터 본받아야 할 내용이 많습니다. 그러나 90점짜리 교회가 100점짜리 교회인 줄로 착각한다면 이것도 우리를 혼란스럽게 만드는 일이니 경계할 것입니다. 학교에서 학생이 90점 받으면 A 학점을 받습니다. 그러나 90점짜리 답은 정답이 아닙니다. 그런데 A 학점을 받았다고 만족하며 정답을 아는 것처럼 착각하고 지나쳐 버리면 이 학생은 정답을 알지 못합니다. 마찬가지로 교회도 90점짜리 교회가 100점짜리 교회인 줄 착각하면 무서운 착시현상을 일으켜서 교회가 본질에서 벗어나게 하는 일에 커다란 영향력을 끼치게 됩니다.

만약 어느 교회가 예수님을 꼴찌 자리에 모시고 예수님을 꼴찌 대접을 하면 누가 보아도 그 교회는 엉터리 교회인 줄 알 것입니다. 그러나 만약 어느 교회가 예수님을 2등 자리에 모셔놓고 일등자리를 사람이 차지하고 있으면 좋은 교회처럼 보일 수는 있어도 결코 좋은 교회는 아닙니다. 오히려 이 교회가 백 점짜리 교회인 줄 착각하게 하는 역할을 할 것입니다.

세상이 교회를 비난할 때마다 회개한다고 성명서를 내지만 그런다고 교회가 세상의 비난을 피하지 못합니다. 교회가 교회답게 서면 교회를 향한 세상의 핍박은 오히려 더 심해집니다. 그러나 차이점은 있습니다. 교회가 타락하면 세상으로부터 핍박과 조롱을 동시에 받습니다. 그러나 교회가 교회답게 서면 핍박은 받아도 존경을 함께 받습니다.

주기철 목사님이 순교하시자 일제 당국은 오정모 사모에게 사람을 모으지 말라고 장례식에까지 경계하였지만, 교인들은 사방에서 모여들고 신자들뿐만 아니라 불신자들까지 모여들어서 성대한 장례식을 치렀습니다.[1]

불신자들도 기독교를 따르지는 않았어도 특히 주목사님 같은 분들은 존경하였습니다. 한 때 한국 사회에서도 교회 장로요 집사라고 하면 불신자들도 믿어주었습니다.

교회의 가장 핵심적인 문제가 무엇인가? 이 질문을 한 마디로 대답한다면 예수님이 주인이신 교회에 인간이 주인의 자리를 차지하고 있기 때문이라고 하겠습니다. 교회의 머리는 예수님이시며 교회의 기초도 예수님이시며 교회의 이유도 예수님이시며 교회의 주인도 예수님이시며 교회의 끝도 예수님이십니다. 예수님 외에는 어떤 사람도 예수님의 자리를 차지해서는 안 됩니다.

예수님!
우리의 악함을 용서하여주십시오!
우리의 약함을 불쌍히 여겨주십시오!
우리의 교회들이 예수님께 귀환하게 하여주십시오!

2. 교회가 관심을 두어야 할 본질과 바른 교회

오늘이나 어느 시대나 교회가 관심을 기울여야 할 일은 어떻게 하면 예수님이 기뻐하시는, 예수님이 중심이 되는, 예수님이 주인이 되시는 교회를 만들 것인가 라는 것입니다. 예수님이 중심이 되는 교회로 세워지면 세상이 교회를 감당하지 못하며히11:38 세상 풍조가 흔들지 못하며 이단이 넘보지 못합니다. 그러므로 교회의 본질을 바르게 정리하는 것은 세상과 교회가 어두워질수록 절대적으로 필요합니다. 교회의 본질이 제대로 정리되지 않으면 모든 것이 혼란스러워집니다.

좋은 교회는 어떤 교회일까? 좋은 교회를 문제없는 교회라고 정리한다면 세상에는 좋은 교회는 하나도 없습니다. 많은 사람이 문제없는 교회를 찾아다니지만 문제없는 교회는 존재하지 않습니다.

스펄전 목사에게 어느 분이 찾아왔습니다. 그리고 자신이 교회에서 받은 실망들을 이야기하면서 문제없는 교회를 소개해달라고 부탁했습니다. 스펄전 목사는 이렇게 대답했다고 합니다.

"저도 그런 교회를 알고 싶습니다. 그런 교회를 찾게 되면 저에게 바로 연락해주시기 바랍니다. 지금 교회를 사임하고 그 교회에 등록할 것입니다. 그러나 당신은 제발 그 교회에 등록하지 마십시오. 당신이 등록하는 순간부터 그 교회는 문제가 생길 것이기 때문입니다."

그렇습니다. 문제없는 교회는 세상에는 없습니다.

문제없는 교회가 되려면 성자로만 모인 교회가 되면 됩니다. 그러나 세상에서 성자들만 모여서 문제없는 교회라고 자랑하는 자체가 이미 문젯거리입니다. 성자들로 모인 교회라면 당연히 교회 바깥세상의 어둠에서 방황하는 영혼들을 예수님께 인도하기 위하여 교회로 초대해 와야 하지 않겠습니까? 불신자들을 교회 안으로 초대해 들이는 순간부터 교회는 문제를 안게 됩니다. 아무리 좋은 교회라도 문제 없는 교회는 없습니다. 오히려 좋은 교회일수록 많은 문제를 안고 있다고 하겠습니다.

그러면 좋은 교회는 어떻게 정리할 수 있을까? 이런 교회이면 좋은 교회라고 정리할 수 있겠습니다. 문제가 많아도 문제들을 예수님이 기뻐하시는 방향으로 해결해 나갈 줄 아는 교회는 좋은 교회입니다. 교회가 풀어야 할 숙제거리가 많아도 그 숙제거리를 예수님이 원하시는 대로 풀어나가는 교회는 좋은 교회입니다. 사람의 이름이 아니라 오직 예수님의 이름이 높임 받는 교회를 만들어가기 위해 모든 열정을 투자할 수 있는 교회면 좋은 교회입니다.

두 종류의 교회에 대하여 생각해 보도록 하겠습니다. A 교회는 90점짜리 교회입니다. 매우 훌륭한 교인들로 구성되어 있고 신앙생활도 적극적이며 헌신적인 교인들이 많이 모인 모범적인 교회입니다. 그런데 자신들은 백 점짜리 교회로 여기는 교회입니다. 반면 B 교회는 50점짜리 교회입니다. 어설픈 교인들로 구성된 교회입니다. 문제도 많습니다. 그러나 교인들은 백 점짜리 교회가 어떤 교회인지를 잘 알고 그런 교회를 세우려고 애를 쓰는 중인 교회입니다. 어느 교회가 더 소망이 있는 교회일까요? B 교회입니다. 물론 A 교회가 B 교회와 교인들과 같은 인식과 목표를 가진다면 더 좋을 것입니다.

그런데 오늘날 목회자들은 어떤 교회에 관심을 기울이는가? 목회 성공에 마음을 쏟는 목회자들의 관심은 짧은 시간에 많은 사람이 모인 교회일 것입니다. 어떻게 하여 그런 교회는 단, 기간에 그렇게 많은 사람이 모이게 되었는지 그런 교회들을 탐방하기도 하고 그런 교회에서 운영하는 프로그램에 참여도 해보며 그들의 비결을 배우려고 합니다. 반면 예수님이 기뻐하시는 교회를 세우기를 원하는 목회자는 교회의 본질을 추구하며 방법과 수단을 배우려고 관심을 기울이기보다 예수님의 마음과 뜻을 헤아려서 주님이 기뻐하시는 교회를 세우는 일에 관심을 기울일 것입니다.

교인들도 마찬가지입니다. 설교의 은혜 받기 원하는 교인들에게는 설교가 마음에 드는 목사가 담임하는 교회에 관심을 둘 것입니다. 목사의 설교를 좋아하는 것은 좋은 일이지만 내 마음에 드는 설교를 듣기 원한다면 그것도 바른 자세는 아닙니다. 교회는 설교 듣는 것만으로 만족하는 것이 아닙니다.

관심을 받기 원하는 사람들은 자기들 마음에 들도록 대우해주는 교회에 관심이 갈 것입니다. 교회가 자신에게 관심을 주지 않는다는 느낌을 받으면 시험 들었다고 소문내고 다른 교회를 찾아갑니다. 그런 폐단을 없애려고 어떤 교회들은 수평 이동하는 교인은 등록을 받지 않는다고 해서 환영을 받기도 합니다. 그러나 이것도 의로운 것만은 아니라고 봅니다. 왜냐하면, 엉터리 교회에서 영적으로 방황하다가 제대로 된 교회를 찾아서 왔을 때에 우리 교회의 의로움만 내세우고 방황하는 영혼들을 내몰면 방황하는 그 영혼은 어디로 갈 것이며 얼마나 상처가 클 것인가를 고려하면 무조건 수평이동을 비난거리로만 볼 수는 없습니다.

수평이동을 비난하는 뒤에는 한 가지 전제가 있다는 것을 알아야 합니다. 모든 예수님의 교회가 건강하다는 것을 전제로 하는 논리입니다. 그것이 전제되어야 수평 이동하는 교인들에게 본 교회로 돌아가도록 권면 할 수 있는 것입니다.

교회의 본질이 무엇인가를 질문하면 많은 분이 당황합니다. 오랫동안 신앙생활을 하신 분들도 막상 교회의 본질을 적어보라고 하면 어려워합니다. 교회생활을 하면서도 교회의 본질을 제대로 정리하지 못하고 교회 생활을 하는 이들이 많다는 뜻입니다. 목회하는 분들에게 이 질문을 하여도 명쾌하게 정리하기보다는 신학적인 용어를 기술할 때가 잦습니다. 교회의 본질은 중요하면서도 외면당해온 주제가 되어버렸습니다.

이 모든 것을 고려할 때 오늘날 주님의 교회들이 교회의 본질을 제대로 정리하는 것이 더욱 중요해진다는 것을 절감합니다. 그러면 교회의 본질을 정리하려면 어떻게 하는 것이 옳은 것인지 그 방향을 바르게 정해야 합니다. 이름난 교회, 대형교회, 유명 목사가 담임하는 교회, 짧은 기간에 사람들이 많이 모이는 교회에서 교회의 본질을 찾을 것인가?

교회의 본질을 제대로 찾으려면 예수님과 직접 만나서 예수님의 교회를 시작했던 이들에게서 찾아야 합니다. 따라서 예수님의 제자들로부터 교회의 본질을 찾는 것이 옳습니다. 예수님의 제자들의 신앙의 본질에서 교회가 시작되었기 때문입니다. 예수님의 제자들에 의해서 시작된 초대교회에서 교회의 본질을 찾아야 바른 교회의 본질을 정리할 수 있을 것입니다. 이 교회들을 초대교회라고 부릅니다.

감사하게도 초대교회에 대한 기록이 사도행전에 나옵니다. 우리는 사도행전을 통하여 초대교회의 신앙의 본질을 찾아내고 초대교회의 신앙의 본질에서 초대교회 성도들의 신앙의 자세를 배울 수 있으며 초대교회의 신앙의 본질과 초대교회 성도들의 신앙 자세에서 예수님의 교회의 본질을 정리할 수 있을 것입니다.

예수님!
주님의 교회들이 본질을 회복하게 하소서!
주님의 사람 된 내 안에서부터 교회의 본질이 채워지게 하소서!

2. 교회의 본질

1. 초대교회의 신앙의 본질

교회의 본질을 찾는 것은 초대교회의 신앙의 본질로부터 시작해야 합니다. 많은 사람이 한국교회는 초대교회로 돌아가야 한다고 말합니다. 그 내용을 자세히 들어보면 대개 본질보다는 모양과 방법에 대한 내용이 대부분입니다. "초대교회는 건물 없는 교회였다. 그러므로 건물 없는 교회로 돌아가야 한다." "초대교회는 가정에서 모였다. 그러므로 한국교회는 가정교회로 돌아가야 한다." "초대교회에는 직업적인 사역자들이 없었다. 그러므로 목사 없는 교회 만들자." "초대교회에는 교단 교파가 없었다. 교단을 없애자." "초대교회는 평신도들이 사역했다. 평신도들을 설교하게 하자"라는 내용입니다. 교회의 본질을 바로 알게 되면 이런 내용은 교회의 모양과 형태와 방법에 관한 것들이며 교회의 본질이 아니라는 것을 알게 됩니다.

모양과 형태는 시대와 문화와 종족과 환경에 따라서 변할 수 있습니다. 그러나 본질은 변하지 않습니다. 모양이 달라진다고 해서 본질이 변하는 것은 아닙니다. 옷을 갈아입는다고 해서 사람이 변하지 않는 것처럼 형태를 바꾼다고 해서 본질이 변하는 것은 아닙니다. 본질을 이해하려면 모양과 형태Means & Forms가 담은 내용을 바로 알아야 합니다. 아무리 교회의 모양을 갖추어도 내용이 본질에서 벗어난다면 모양은 의미가 없어집니다.

사도행전 5장을 통해서 교회의 본질을 정리하여 보겠습니다.

사도들의 손을 통하여 민간에 표적과 기사가 많이 일어나매 믿는 사람이 다 마음을 같이하여 솔로몬 행각에 모이고 그 나머지는 감히 그들과 상종하는 사람이 없으나 백성이 칭송하더라. 믿고 주께로 나아오는 자가 더 많으니 남녀의 큰 무리더라행5:12-14

사도들이 표적과 기사를 많이 행하였습니다. 만약 오늘날 어느 목사가 사도들처럼 기적을 행하였다면 신유집회를 열면 사람들이 무수하고 모여들고 수개월 내에 큰 예배당 짓고 큰 교회로 만들고 굉장한 뉴스거리가 되고 그 목사는 유명한 인기인이 되었을 것입니다. 그러나 14절은 우리에게 신선한 소식을 전해줍니다.

믿고 주께로 나오는 자가 더 많으니 남녀의 큰 무리더라

사도들은 자신들에게 오는 자들을 주께 인도하고 주께 나오는 자가 되게 하였습니다. 사도들은 철저하게 모든 자를 자기들의 제자가 아니라 예수님의 제자 되게 하였습니다. 이렇게 하여 많은 사람이 사도들의 가르침을 따르게 되니까 17절에 대제사장들과 사두개인의 당파가 마음에 시기가 가득하여 18절에 사도들을 잡아 옥에 가두었습니다.

사도들은 감옥에 갇혀 있어야 할 자들이 아니었습니다. 주님은 천사를 보내어서 사도들을 옥문을 열고 풀어냅니다. 그리고 20절에 말

합니다.

> 가서 성전에 서서 이 생명의 말씀을 다 백성에게 말하라

이들은 감옥에 갇혔다가 풀려나면서도 그 기상이 조금도 감하지 아니하고 새벽부터 성전에 들어가서 또 가르칩니다. 27절에 이들은 다시 공회 앞에 끌려갔습니다. 그들이 심문합니다.

> 이르되 우리가 이 이름으로 사람을 가르치지 말라고 엄금하였으되 너희가 너희 가르침을 예루살렘에 가득하게 하니 이 사람의 피를 우리에게로 돌리고자 함이로다 행5:28

이것은 사도행전 4장 18절에 "도무지 예수의 이름으로 말하지도 말고 가르치지도 말라." 이미 사도들이 받은 경고였습니다. 그때 제자들은 "보고 들은 것을 말하지 아니할 수 없다"라고 큰소리쳤습니다.

사도행전 5장 28절에 종교의 거물들이 이 사람의 피를 우리에게로 돌리고자 한다며 사도들을 비난하였습니다. 그러나 마태복음 27장 25절에서 이들은 예수님을 십자가에 못 박게 해달라고 빌라도에게 졸라대면서 "그 피를 우리와 우리 자손에게 돌릴지어다!"라고 큰소리쳤던 자들이었습니다. 그러나 인제 와서 그 응보를 받지 않겠다고 하는 이들은 비겁자들이었습니다.

예수님의 이름은 언급도 하지 말라고 엄금하였는데 왜 자꾸 가르

치고 전하느냐고 재차 위협하는 이들에게 베드로와 사도들은 이번에도 그 기세가 조금도 꺾이지 않습니다. 이전에 제자들은 예수님을 배반하고 도망쳤던 겁쟁이들이었습니다. 그러나 29-32절에서 담대하게 대답하는 모습을 봅니다.

> 베드로와 사도들이 대답하여 이르되 사람보다 하나님께 순종하는 것이 마땅하니라 너희가 나무에 달아 죽인 예수를 우리 조상의 하나님이 살리시고 이스라엘에게 회개함과 죄 사함을 주시려고 그를 오른손으로 높이사 임금과 구주로 삼으셨느니라 우리는 이 일에 증인이요 하나님이 자기에게 순종하는 사람들에게 주신 성령도 그러하니라 하더라

베드로의 이 대답은 사도행전에 나오는 다섯 번째 설교라고 할 수 있습니다. 이 베드로의 대답에서 가장 중요한 것은 무엇일까? 많은 분이 "사람보다 하나님께 순종하는 것이 마땅하니라"라고 합니다. 물론 그것도 중요하지만 왜 그렇게 해야 하는지 그 원인이 더 중요합니다. 베드로의 대답에서 가장 중요한 것은 "너희가 십자가에 못 박아 죽인 예수님은 부활하셨다. 그분은 우리의 구주시다"라는 증언입니다. 베드로는 자신들이 이 일의 증인일 뿐만 아니라 자신들에게 임하신 성령님도 이 사실을 증언한다고 선언합니다. 멋지고 간략한 설교입니다.

이 베드로의 증언을 듣고 저들은 분노하여서 사도들을 죽여 없애버리려고 합니다. 이때에 가말리엘이라는 영향력 있는 율법 교사의

양심선언으로 사도들은 죽음의 위기를 벗어납니다. 그러나 이것도 성령님의 역사로 일어난 결과입니다.

이들은 가말리엘의 말을 듣고 40절에서 사도들을 불러들여 채찍질하며 한 가지만 엄격하게 금하였습니다. 예수님의 이름을 말하지 말라는 것입니다. 만약 사도들이 예수님의 이름을 언급하지 않았더라면 핍박을 면하였을 것입니다. 예수님 당시 채찍질은 잔인하여서 심할 경우는 등뼈의 흰 부분이 하얗게 보일 정도라고 하였습니다. 죽여서 없애버리려고 했었으니 이들이 맞은 채찍은 중한 체벌이었을 것입니다. 그러나 41절에서 사도들은 오히려 기뻐하였습니다.

사도들은 그 이름을 위하여 능욕 받는 일에 합당한 자로 여기심을 기뻐하면서 공회 앞을 떠나니라

사도들은 죽을 정도로 잔혹하게 채찍을 맞고 풀려나면서도 기뻐하였습니다. 무엇이 그들을 기쁘게 하였습니까? 핍박을 이기고 승리한 것 때문에 기뻐한 것이 아니었습니다. 오늘 이런 핍박을 견디고 이겨내었다면 아마 이 교회 저 교회에서 간증하고 다닐 것입니다. 그러나 이런 기쁨은 자기의 행위를 자랑하는 것입니다. 사도들이 기뻐한 것은 전혀 다른 이유였습니다. 자기와 같은 죄인들이 예수님의 이름을 위하여 능욕을 받는 일에 합당한 자로 여겨주시는 것을 기뻐하였습니다. 풀려난 이들이 무엇을 하였습니까? 늘 우리 같으면 "자 이제 우리는 좀 더 지혜롭게 행동하자"며 몸조심하지 않았겠습니까? 사도들은 어떻게 하였던가?

> 그들이 날마다 성전에 있든지 집에 있든지 예수는 그리스도라고 가르치기와 전도하기를 그치지 아니하니라 행5:42

이 구절에서 가장 중요한 내용은 무엇일까? "사도들은 날마다 어디서든지 전도하였다." "가르치기와 전도하기를 그치지 아니하였다." "집집마다 다니며 전도하였다." "그러므로 우리도 전도에 힘을 내며 제자 양육에 총력을 기울이는 것이 이 구절이 강조하는 가장 중요한 교훈이다."라고 할 수 있을 것입니다. 그러나 이런 것들은 모양이요 일입니다. 이 모양이 담은 내용이 더 중요합니다. 그러므로 42절에서 가장 중요한 내용은 바로 이 선포입니다.

> 예수는 그리스도시다!

이것을 전하려고 사도들은 가르치기와 전도하기를 그치지 않았습니다. 이것을 전하려고 날마다 성전을 찾았고. 이것을 전하려고 집집이 찾아다녔습니다. 이것이 초대교회 사도들의 핵심적인 신앙고백이었습니다.

(1) 초대교회 사도들의 신앙 고백

초대교회 사도들의 신앙고백의 핵심은 예수는 그리스도라는 고백입니다. 저는 처음 교회에 출석하면서 "예수 그리스도"라는 표현을 많이 들었습니다. 그때 '예수'는 이름First Name 이고 '그리스도'는 성Family Name인 줄로 알았습니다. 예를 들면 존 스미스John Smith라고 할 때 존은 이름이고 스미스는 집안의 성姓인 것처럼 예수 그리스도는 그리스도 집안의 예수라는 이름을 가진 사람으로 생각했습니다. 나중에서야 예수는 이름이며 그리스도는 직분인 줄 알게 되었습니다.

"예수"는 히브리어 여호수아라는 이름의 줄인 표현으로 여호와는 구원이시라는 의미입니다. 예수님을 믿는 유대인들은 예수님을 "예수아"라고 부릅니다. 예수님을 메시아로 영접한 유대인들은 기도할 때 "예수아"의 이름으로 기도합니다. 원래 히브리 발음이 그렇기 때문입니다.

"그리스도"는 히브리어로 "메시아"라는 단어를 헬라어 의미로 번역한 단어로 "기름 부음 받은 자"라는 뜻입니다. 구약성경의 메시아는 하나님께서 이스라엘 백성을 통하여 보내주실 것을 약속하신 구주를 의미합니다. 메시아는 그 백성을 죄악에서 구원하고, 매임에서 자유롭게 하며, 악한 원수의 세력을 몰아내고, 영원한 메시아 왕국을 세우고 다스리실 분이었습니다. 모든 선지자가 오실 것이라고 예언하였던 메시아가 그리스도이십니다.

억압받고 살던 유대인들은 메시아를 간절히 기다렸습니다. 메시아만 오시면 로마 원수의 식민지에서 벗어나고 다윗 왕국이 회복되고 평안과 축복을 누리며 살게 될 것을 소망하며 메시아와 메시아왕국의 도래를 기다렸습니다. 그러므로 예수 그리스도라는 표현은 예수님이 바로 그 메시아이신 그리스도시라는 뜻입니다.

사도행전 5장 12-42절에서 살펴보았듯이 제자들은 이 고백에 목숨을 걸었습니다. 무엇이 이들로 하여금 예수님이 성경에 예언한 바로 그 메시아라고 생명을 걸고 증언하게 한 것인가? 그들은 예수님과 3년을 함께 살았습니다. 사도들은 예수님의 생애를 통하여 예수님은 참으로 구약 성경과 모든 선지자가 예언하였던 그 메시아시라는 것을 확신하였던 것입니다.

첫째는 예수님의 행적이었습니다. 예수님의 부름 받은 후로 예수님과 함께 살면서 예수님의 행적을 직접 목격하였습니다. 예수님의 가르침을 직접 들었으며, 예수님의 능력을 직접 체험하며. 인간으로는 불가능한 일을 행하신 것을 3년 동안 목격하였습니다. 이들은 예수님은 스스로 선언하고 가르치신 대로 메시아이심이 틀림없다는 것을 직접 목격하고 확신하게 되었습니다.

둘째는 예수님의 죽음입니다. 예수님의 죽음은 충격이었습니다. 그토록 위대한 능력을 갖추신 분이 자신의 죽음을 예언하고, 예언한 대로 자기 몸을 십자가에 내어주고 그 무서운 형벌을 스스로 당하며, 세상 죄를 지고 가는 하나님의 어린 양으로서의 죽음을 눈으로 목격하였습니다. 이 사실이 예수님은 참으로 자신들의 죄를 대신 지고 죽으신 것을 확신하게 하였습니다.

셋째는 예수님의 부활입니다. 예수님의 생애가 죽음으로만 끝이 났었다면 제자들은 뿔뿔이 헤어졌을 것입니다. 그러나 예수님이 자신이 예언하신 대로 사흘 만에 부활하신 것을 목격하고 이들은 변했습니다. 예수님의 부활은 제자들의 모든 의심과 두려움을 날려버렸습니다. 예수님이 부활하신 사실은 그들로 하여금 예수님은 분명하게 메시아이심을 확고하게 믿게 하였습니다.

 넷째는 예수님의 승천이었습니다. 예수님의 승천은 제자들로 하여금 예수님은 참으로 하늘로부터 오신 하나님의 아들이시며, 메시아 되어 주시려고 세상에 오셨으며, 그분은 이제 부활하셔서 하나님 보좌 우편에 계신 영원히 살아계신 메시아이심도 확고하게 믿게 하였습니다.

 "예수는 그리스도"라는 고백은 초대교회 사도들의 신앙고백의 핵심이었습니다. 사도행전에는 예수는 그리스도라는 표현을 유대인들에게 사용하였던 것을 알 수 있습니다. 그리스도 즉 메시아가 누구인지 모르는 이방인들에게는 다른 표현을 사용합니다. 그것은 "예수는 주님이시다Jesus is the Lord"라는 표현입니다.

 우리도 예수님은 주님이라는 표현을 사용하지만 초대교회 성도들은 우리와 전혀 다른 무게로 이 고백을 하였습니다. 당시 로마제국의 통치 아래에 있던 모든 시민은 "시저는 나의 주님"이라고 고백해야 했습니다. 만약 "시저는 나의 주가 아니요"라고 하면 반역자의 죄목으로 잔인한 처벌을 받아야 했습니다. 재산을 압수당하고 공직에서 쫓겨나고 가족과 함께 감옥에 갇히며 몰락하는 시대였습니다. 심한 경우는 원형극장에 끌려나가서 맹수의 발톱에 찢겨 죽기도 했습니다. 반면 시저는 나의 주님이라고 고백하고 나서는 만 가지 신들을 믿어도 상관없었습니다.

 이런 환경에서 초대교회 성도들에게 "예수님은 나의 주님"이라는 고백에는 그들의 생명을 걸어야 했습니다. 왜냐하면, 초대교회 성도들은 "예수님은 나의 주님"이라는 고백은 예수님만이 주님이시며 예수님 외에는 어떤 주님도 없다는 것을 전제로 하는 고백으로 알았기 때문입니다. 그러므로 그들에게 "예수님은 나의 주님"이라는 고백은 "시저는 더 이상 내 주가 아니다"라는 고백을 전제로 한 신앙고백이었습니다. 이 고백에 그들은 자신과 가족들의 생명을 걸었습니다. 이것이 초대교회 성도들의 신앙고백이었습니다. 초대교회로 돌아가는 것은 초대교회의 모양과 형태로 돌아가는 것이 아닙니다. 이 신앙 고백으로 돌아가자는 의미여야 합니다. "예수님은 나의 그리스도시오, 예수님은 나의 주님"이라는 고백에 생명을 거는 교회로 돌아가자는 것입니다. 이런 의미를 안다면 한국교회는 초대교회로 돌아가야 한다는 말을 함부로 하지 못합니다.

사도 요한의 제자 폴리캅과 수많은 초대교회 성도들은 목숨을 걸고 시저는 주가 아니요 예수님만이 주님이라고 고백하며 순교하였습니다. 일제 강점기에도 주기철 목사 최봉석 목사 등 수많은 믿음의 선배들도 "예수로 살고, 예수로 죽자!"라는 기상으로 생명을 걸고 신사참배를 거부하며 순교하였습니다.

우리도 겸허하고 진솔하게 물어보아야 할 것입니다.
"예수님은 그리스도, 예수님만이 나의 주님"
이 고백에 내 인생을 걸었는가?

(2) 초대교회의 신앙의 자세

초대교회의 신앙의 본질은 "예수님은 그리시도시요, 예수님은 나의 주님"이라는 고백이라고 했습니다. 초대교회 성도들은 이 신앙고백에 목숨을 걸었습니다. 그만큼 그들은 예수님이 어떤 분이신지, 예수님은 무엇을 하셨는지를 잘 알았으며 그들의 고백은 그만큼 진실하였다는 것을 말합니다. 우리가 초대교회로 돌아가자는 것은 이 신앙의 본질로 돌아가자는 것이어야 합니다.

이런 초대교인들의 신앙은 세 가지의 중요한 신앙의 자세를 가지게 하였습니다. 현대 교회들도 이런 신앙의 자세를 회복하게 되면 예수님의 교회가 세상으로부터 조롱당하지 않을 것입니다. 미움과 핍박은 받을지언정 조롱거리는 되지 말아야 합니다. 예수님을 바로 알고 믿는 자는 적어도 다음의 세 가지 신앙의 자세를 갖출 것입니다. 초대교회의 세 가지 신앙의 자세가 우리 각자의 삶에서 배어났으면 좋겠습니다. 이것이 진정한 부흥입니다.

1) 첫째 신앙의 자세: "이제부터 나는 예수님의 것이 되었습니다"라는 자세입니다. 예수님의 것이 된 자는 철저하게 예수님의 것이어야 합니다. 집도 자동차도 자녀도 내 이름으로 등록이 된 내 소유이지만 나는 예수님의 것이라면 내 이름으로 등록된 집도 자동차도 내 자녀도 그리고 내 몸까지 다 예수님의 것입니다. 다만, 이 모든 것을 예수님의 뜻을 위해 사용하라고 내게 맡겨주신 것일 뿐입니다.

내가 예수님의 것이면 예수님은 나의 인생의 주인이십니다. 예수님이 나의 주인이시며 나는 예수님의 것이라면 나는 예수님의 노예입니다. 예수님은 내 인생 전부를 소유하시는 분이라면 나는 예수님의 종입니다.

오늘날 이 주종의 관계가 뒤집힌 신앙의 자세들을 자주 보는 시대가 되어가고 있습니다. 겉으로는 예수님은 나의 주님이라고 고백하고 기도도 하지만 막상 삶의 현실로 돌아가면 내가 주인 행세를 하고 마치 예수님은 나의 요구나 들어주는 종의 역할을 하는 존재처럼 대우하는 자세입니다. 병이 나면 내 병이나 고쳐 주는 존재, 문제가 발생하면 문제나 해결해 주는 해결사와 같은 존재, 사업 잘되게 해 주는 존재, 자식 좋은 대학가게 해 주어야 하는 존재, 어려운 문제를 해결해 주는 존재로 여기고 주님이라고 부르며 기도도 하지만 막상 예수님을 위해 살라고 하면 부담스럽다고 하는 자세를 말합니다.

   종은 주인의 뜻을 위해 삽니다. 종은 주인을 기쁘게 하려고 수고합니다. 종의 할 일은 모든 일을 주인 위해 일하는 것입니다. 교인들과 교회들이 예수님은 나의 주인이요 나는 오직 예수님의 소유된 종이요 노예라는 자세만 회복해도 한국 교회는 엄청난 변화가 일어날 것입니다. 이런 부흥이 일어나야 합니다. 그래야, 예수님의 교회가 살아날 것입니다.

   2) 둘째 신앙의 자세: "이제부터 나는 예수님만을 위해 사는 자가 되었습니다"라는 자세입니다. 예수님의 것이 된 사람은 철저하게 예수님만을 위해 사는 자가 되어야 합니다. 이렇게 사는 것이 부담스럽게 여겨집니까? 그렇다면, 당신은 예수님을 잘 모르는 분입니다. 한 나라의 대통령이 뽑아서 일을 시켜도 영광스럽게 여기고, 한 나라의 장관이 되어도 이름이 알려지는 영예를 누립니다. 예수님은 하나님의 아들이시지 않습니까? 말씀만으로 이 우주를 창조하신 분이십니다. 죽음의 권세를 깨뜨리신 분이십니다. 없어질 이 세상 나라가 아닌

영원한 천국, 메시아 왕국을 다스리는 왕 중의 왕이십니다. 그런 분을 위해 사는 자가 되는 것은 세상의 어떤 영광보다 더 귀한 것입니다. 그러므로 예수님 위해 산다는 것은 피조물로 태어난 인간으로서 이 세상에 사는 동안에 가질 수 있는 가장 위대한 영광이요 가장 빛나는 명예이며 가장 신나는 자랑입니다. 초대교회 성도들은 예수님 위해 사는 것을 기쁨으로 여겼고 감격적으로 살았습니다.

3) 셋째 신앙의 자세: "이제부터 나는 예수님께 내 생명을 드린 자가 되었습니다"라는 자세입니다. 저는 이 내용을 한동안 자신 있게 가르치지 못했습니다. 누가 가슴에 총을 들이대고 예수 믿으면 쏜다고 하면 자신 있습니다. 그런 경험을 해 본 적이 있기 때문입니다. 선교지에서 국경 수비대에게 잡혀서 총부리를 경험한 적이 있었습니다. 총을 든 군인이 다가올 때는 겁이 났으나 막상 총부리를 눈앞에서 보았을 때는 두려움은 사라지고 기죽지 않고 큰소리를 칠 수 있었습니다. 성령께서 주시는 용기였습니다. 그리고 총은 방아쇠 한 번 당기면 끝나니까 그 순간만 이기면 됩니다.

그러나 순교자들의 처참하고 고통스러운 죽음을 생각하면 자신이 없었기 때문입니다. 일제 강점기에 어느 목사님은 감옥에서 열 손톱 열 발톱이 다 빠지도록 대나무 바늘로 찔리면서도 예수를 부인하라는 고문을 이기고 믿음을 지켰습니다. 만약 그런 상황에서는 믿음을 지킬 수 없을 것 같은 비참함이 저를 괴롭게 만들었습니다. 누가 이 질문을 한 것도 아닌 데도 혼자서 이 난제를 끌어안고 새벽마다 기도하며 몸부림치며 괴로워했었습니다. 그러던 어느 새벽에 제 마음에 감동이 일어나며 이런 깨달음을 주시는 마음의 음성이 들렸습니다.

"이 목사야, 너는 순교의 믿음이 있어서 너를 목사로 세운 줄 아느냐?"

얼마나 놀랐는지 모릅니다.

"아 그렇구나. 주님은 내 믿음의 꼴과 수준이 순교자의 믿음에 이르지 못한 줄 아시고 자유로운 땅, 자유로운 시절에 마음껏 예수님 위해 생명 걸고 살도록 하셨구나. 이것이 믿음 약한 나에게 베푸신 주님의 은혜로구나."

깨닫고 울었습니다. 그리고 제 스스로 물었습니다.

"그러면 이제 어떻게 살 것인가?"

예수님만이 나의 주님이라고 고백해도 총부리 들이대지 않는 땅에서 살고 있으니 담대하게 예수님만이 나의 주님이라고 고백하며 살 것입니다. 나는 예수님만 위해서 살겠다고 큰소리쳐도 손톱을 대나무 바늘로 찌르지 않는 시대에 살고 있으니 담대하게 예수님 위해 살 것입니다. 예수님께 내 생명 드렸다고 증언하여도 감옥에 가두지 않는 자유로운 나라에 살고 있으니 죽을 때까지 예수님 위해 살다가 죽으면 됩니다.

나의 예수님!
내 심장에 마지막 피 방울이 돌기까지 예수님 위해 살겠습니다.
내 가슴에 마지막 숨결 쉬기까지 예수님을 증거하며 살겠습니다.
내 육신에 마지막 힘이 다하도록 예수님을 경배하며 살겠습니다.
내 주님!

초대교회 성도들의 신앙고백의 본질과 신앙생활의 자세가 나와 우리의 것이 되게 하소서!

지금도 세계 곳곳에 예수님 이름을 배반하지 아니하고 온갖 박해를 받으며 믿음을 지키는 성도들은 자랑스럽습니다. 고난 중에도 초대교회 성도들이 가졌던 신앙을 지키는 그들을 위해 기도하지 않을 수 없습니다.

3. 초대교회의 신앙의 본질에서 찾는 교회의 본질

초대교회 성도들의 신앙고백의 본질은 "예수님은 그리스도, 예수님은 나의 주님"이라고 했습니다. 그분들의 신앙의 자세 세 가지는 다음과 같다고 했습니다.

첫째 이제부터 나는 예수님에게 속한 자가 되었습니다.
둘째 이제부터 나는 예수님만을 위하여 사는 자가 되었습니다.
셋째 이제부터 나는 예수님에게 내 생명을 드렸습니다.

이렇게 예수님을 위해서 살다가 죽을 일이 생기면 어떻게 하면 됩니까? 예수님을 위해 물불 가리지 않고 열심히 살다가 암과 같은 병이 생겨서 죽을 일이 생기면 어떻게 하면 됩니까? 이 질문에 그리스도인들이 당황하는 것을 자주 보았습니다.
예수님 위해서 열심히 살다가 죽을 일이 생기면 어떻게 하면 됩니까? 답은 간단합니다. 죽으면 됩니다. 죽을 일을 당하여서 죽지 않으려고 발버둥친다면 불쌍한 그리스도인이 되고 맙니다. 예수님을 위해서 열심히 살았는데 죽을 일 생기면 걱정하거나 두려워할 것은 전혀 없습니다. 예수님이 죽으라고 하시면 죽으면 됩니다. 그렇게 죽으면 예수님이 주님 나라로 데려가실 것이니 두려울 것 없습니다. 남은 가족들도 주님이 책임져 주실 것이니 그것도 염려거리가 아닙니다.

예수님 위해서 열심히 사업하다가 망할 일이 생기면 어떻게 하면 됩니까? 망하면 됩니다. 주인이신 예수님께서 종에게 "너 잠시 망하고 있으라"라고 하면 망하지 않으려고 할 것 없습니다. 망하고 있으면 됩니다. 이럼 신실한 종의 뒷일은 주님께서 책임져 주십니다. 그러므로

예수님 위해 열심히 살다가 죽을 일 생겨서 죽으라고 하시면 죽으면 되지.
예수님 위해 열심히 사업하다가 망할 일 생겨서 망하라 하시면 망하면 되지.
예수님 위해 열심히 살다가 죽을 일이 생겼는데 살라고 하시면 살면 되지.

이렇게 생사를 초월하는 이런 신앙은 힘이 있습니다. 이 책의 내용을 중심으로 제작한 "예수님의 사람들"을 공부를 하신 분 중에는 죽음을 맞아서 힘 있게 고백하는 것을 자주 보았습니다. 간암으로 투병하던 형제에게 죽음을 준비했느냐고 물었더니 형제가 대답했습니다.

"목사님, 염려하지 마십시오. 주님이 부르시면 언제든지 부름 받을 준비 되어 있습니다."

폐암으로 투병하는 자매에게 죽음을 준비하라고 권면 했더니 대답했습니다.

"목사님, 준비 벌써 했습니다. 목사님이 가르쳐 주신 대로 언제든지 준비되어 있습니다."

제법 크게 사업하던 형제가 "목사님, 죽을 일이 생기면 죽으면 되지!'라는 것은 받아들이겠는데 '망할 일이 생기면 망하면 되지!'라는 것은 받아들이기 어렵습니다"라고 하던 형제에게 정말 망할 일이 생겼더니 예수님 위해 하던 사업이니 망하라고 하시면 망하겠다고 하고 부끄럽지 않고 깨끗하게 사업을 정리하였습니다. 그리고 그 형제가 말씀과 기도에 열심을 내었습니다. 주님은 몇 달 후 그 형제에게 새로운 길을 열어주셨습니다. 이런 담대한 믿음들을 가진 형제 · 자매들을 보고 예수님을 믿는 진정한 믿음의 힘을 수없이 확인했습니다. 그러면서 저는 이 내용을 가르칠 때마다 늘 스스로 되물어보는 질문이 있었습니다.

"너는 큰소리치며 가르치지만 네게 이런 일이 일어나면 네 가르친 대로 하겠느냐?"라는 것이었습니다.

그러던 어느 날 제 믿음의 진위를 가늠하는 큰 사건이 제게도 발생하였습니다. 2009년 11월이었습니다. 왼쪽 어깨 근육 경련이 계속 되어서 의사의 권유로 MRI를 찍었습니다. 며칠 후 저는 신경외과의사의 진료실에서 컴퓨터 화면 두 개를 놓고 의사와 함께 제 머릿속을 찍은 MRI 영상들을 보고 있었습니다. 그 의사는 영상들을 여러 각도로 보여주며 말했습니다.

"오른쪽 뇌에 종양이 자라고 있습니다."

이미 탁구공만 한 크기였습니다. 악성인지 양성인지 알 수 없지만, 수술해야겠다고 했습니다. 저는 그때까지 건강을 자랑하였습니다. 예수님을 위해 살려면 건강해야 하겠다는 생각으로 교수로 활동하던 라투노대학교의 체육관에서 매일 운동을 하면서 체력을 다듬었습니다. 덕택에 체육관에서 역기를 들면 젊은 미국학생들보다 더 많이 들 수 있었고 뛰어도 더 잘 뛰었습니다. 산을 타도 교회의 어떤 청년들보다 더 잘 올랐습니다. 암과 같은 것은 저와는 상관없는 줄 알았습니다. 암, 항암치료, 방사선 치료 같은 단어들은 저에게는 해당하지 않는 줄 알았습니다. 더군다나 뇌종양? 뇌수술? 이런 일이 제게 일어날 줄은 상상도 하지 않았습니다. 그러나 그 일이 어느 순간 제게 일어난 사건이 되었습니다.

의사가 화면에 선을 그어가며 제 뇌에 종양이 자라고 있다는 무서운 소식을 들으면서 "아, 나도 이 병으로 죽을 수 있겠구나!" 생각하였습니다. 그러면서 곧 생각했습니다.

"주님이 죽으라 하시면 죽어야지. 지금까지 부족하고 허물도 컸지만 나름대로 온 정성을 쏟았으니 나도 내가 가르쳐 온 대로 이제 주님이 죽으라 하시면 죽겠습니다."

그러면서 한 가지 깨달은 것이 있었습니다. "그동안 가르쳐 왔던 예수님을 향한 나의 믿음이 진짜구나!"라고 확인한 것이었습니다. 그 순간 감사와 평안이 제 마음 가득히 채우면서 큰 기쁨이 솟아나기 시작했습니다.

만약 의사가 제 생명이 3개월 또는 6개월 남았다고 진단하면 수술하고 구차한 모양으로 살기보다 그대로 살다가 죽겠다는 마음으로 수술하지 않으면 얼마나 살게 될 거냐고 물었습니다. 의사는 남들에게 짐이 되어 살 것이라고 하기에 다른 사람에게 짐 되어 살다가 죽어서는 안 되겠다는 마음에 수술하기로 하고 2009년 12월 7일 월요일을 수술 날로 잡았습니다.

수술 전날인 12월 6일 주일날 병원으로 가기 전에 미국 교회에 9시 예배를 참석하였습니다. 제법 큰 교회였습니다. 빈자리를 찾아서 앉고 보니 제 주위에는 정신이 옳지 않은 사람들이 앉아있었습니다. 그 큰 예배당에 하필이면 정신병원에서 단체로 환우들을 데리고 와서 예배드리는 자리에 함께 앉은 것이었습니다. 그 사람들은 예배에 관심이 없었습니다. 강단에서 찬양하던지 설교를 하던지 상관하지 않고 이상한 행동들만 반복하고 있었습니다. 어떤 남자는 주먹을 쥐고 옆 자리에 앉아있던 여자를 쥐어박는 흉내를 반복하고 옆자리 여자는 아무런 보호반응도 하지 않고 그 사람 주먹만 쳐다보고 있었습니다. 더 소름끼쳤던 일은 저보다 세 줄 앞에 앉아있던 한 중년 남자는 아예 상체를 돌리고 저를 계속해서 빤히 쳐다보고 있었습니다. 기분이 나쁘도록 음산한 경험이었습니다. 그러다가 이런 생각이 들었습니다.

"왜 하필이면 내일 뇌수술 하는 날인 데 이런 자리에 앉게 되었는가 생각하며 혹 하나님께서 하실 말씀이 있으신가?"

문득 불길한 생각 하나가 스쳐갔습니다.

"너 내일 뇌수술하고 나면 이 사람들처럼 될 것이니 준비하라."

소름끼치는 생각이었습니다. 상상도 하고 싶지 않은 일이었습니다. 목사가 뇌수술하고 나서 몸은 멀쩡해져도 예수님을 기억하지 못하고 횡설수설하게 되면 내 꼴도 문제지만 예수님의 이름이 얼마나 욕될 것인가 생각하니 견딜 수 없었습니다. 다음 날 아침 일찍 병원에 들어가야 하므로 그날 수술하는 병원이 있는 휴스턴으로 가서 병원에 딸린 호텔에 들어갔습니다. 잠자리에 들기 전에 가족들 모르게 이런 기도를 드렸습니다.

"주님, 내일 수술 중에 무슨 일이 일어나도 좋습니다. 한 가지 기도만 들어주시기 바랍니다. 수술 후에 예수님을 기억하게 해 주십시오."

장장 여덟 시간에 가까운 대수술이었습니다. 수술을 집도한 의사 Dr. Amy Heinberger가 긴 수술을 마친 후 아내에게 뇌종양Glioblastoma, GBM 4기말기에 악성Very aggressive이었고 매우 강한 급성Fast growing이었다고 설명하면서 종이 한 장 두께로 뇌의 영구손상을 피했다고 하였습니다.

수술 후에 회복실에서 회복하기 시작하면서 정신이 들자 제일 먼저 시도한 것은 예수님을 기억하는지 확인해보는 것이었습니다. 할렐루야, 예수님을 말짱하게 기억할 수 있었습니다.

얼마나 감사한 일인가! 그날 그 은혜를 지금도 감사하며 살아가고 있습니다. 뇌종양 판정을 받고, 수술을 하고, 항암치료와 방사선 치료를 받고, 후유증으로 한동안 왼편을 전혀 움직이지 못하였으며, 지금도 회복하는 중이지만 한 번도, 단 한 번도, 우울증에 빠지거나 하나님을 원망하는 마음을 가지거나 낙심해 본 적이 없습니다.

무서운 뇌수술을 하고 나서도 여전히 예수님을 기억하고, 성경을 읽을 수 있고, 예수님의 은혜를 더 깊이 알아 갈 수 있고, 지금도 여전히 예수님을 설교할 수 있고, 성경공부를 통해 예수님을 가르치며 선포할 수 있으니 감사할 뿐입니다. 매일 매일 감격으로 살고 있습니다. 왜냐하면, 내가 믿는 예수님은 내 안에서 실체이심을 확인하였기 때문입니다.

내 안에 있는 모든 것아!
내 안에 실체이신 내 주 예수님을 찬양하라!

지금까지 살펴본 내용에서 이제 교회의 본질을 정리하겠습니다. 교회의 본질이 무엇인지 바르게 정리되어야 우리 교회가 바르게 세워지고 있는지 아니면 잘못되어 가고 있는지 알 수 있습니다. 교회의 본질은

예수님은 그리스도시오 예수님은 나의 주님이라는 고백으로 예수님의 것이 되어, 예수님을 위해 살고, 예수님께 생명 드린 사람들이 교회입니다.

교회는 건물이 아닙니다. 교회는 장소도 아닙니다. 교회는 교단도 아닙니다. 교회는 모임도 아닙니다. 바로 예수님의 사람들이 교회입

니다. 건물과 장소를 교회라고 부르는 것은 편의와 습관으로 부르는 것이지 사실은 성경적인 의미의 교회는 아닙니다. 교회는 믿는 사람들의 모임도 아닙니다. 모일 때만 교회이며 흩어지면 교회 아니지 않습니다. 교회는 회중도 아닙니다. 회중이라면 집단이라는 조직으로 정의될 수 있기 때문입니다. 교회는 회중도 아니며 조직도 아닙니다. 진정한 예수님의 사람들, "**예수님은 그리스도시오 예수님만이 나의 주님이라는 고백으로 예수님의 것이 되어, 예수님을 위해 살고 예수님께 생명 드린 예수님의 사람들**" 자체가 교회입니다.

자유로운 사회에서 함께 모여서 찬양하고 예배드리는 자들도 교회이지만 북한 땅과 같이 예수님의 교회를 인정하지 않고 성도들을 핍박하는 환경에서 땅굴을 파고 혼자서 예배드리는 그 한 사람도 예수님의 교회입니다.

오늘날 예수님의 교회라고 할 때 이런 예수님의 사람들이 진정한 교회라는 교회의 본질이 살아나야 한국교회는 소망이 있습니다. 초대교회 신앙의 본질이 되살아나야 합니다. 초대교회의 성도들이 가졌던 신앙의 자세가 회복되어야 합니다. 그래야, 교회가 예수님이 주인이 되시는 교회로 거듭나게 될 것입니다. 그래야, 교회 내에서 목사와 교인들 사이에 권력 다툼으로 세상의 손가락질을 받는 일이 없어질 것입니다. 그래야, 목사들 때문에 교회 망한다는 소리 대신 목사들을 존경하는 시대로 회복될 것입니다. 그래야, 장로들이 사기를 더 많이 친다는 조롱이 사라질 것입니다. 그래야, 기독교는 위선자들만 가득 차 있다는 비난 대신 예수님을 드러내는 교회로 변할 것입니다.

지금까지 우리는 일곱 가지의 본질을 공부하였습니다.

서론에서 성경의 핵심과 본질
제1부 "예수님의 은혜에 녹아 사는 사람들"에서 복음의 본질
제2부 "예수님의 사랑에 젖어 사는 사람들"에서 믿음의 본질
제3부 "예수님의 심장으로 채워 사는 사람들"에서 신앙생활의 본질
제4부 "예수님의 보혈에 잠겨 사는 사람들"에서 구원의 본질
제5부 "예수님의 사명에 불타오른 사람들"에서 제자도의 본질
제6부 "예수님의 사람들, 하나님 역사의 현장"에서 교회의 본질

그러면 예수님의 교회에 속한 성도는 어떤 자들입니까? 예수님의 교회의 성도는

첫째 예수님의 은혜에 녹아 사는 사람들,
둘째 예수님의 사랑에 젖어 사는 사람들,
셋째 예수님의 심장으로 채워 사는 사람들,
넷째 예수님의 보혈에 잠겨 사는 사람들,
다섯째 예수님의 사명에 불타오른 사람들

이런 성도들이 교회입니다. 이런 교회는 말하지 않아도 하나님이 역사 하시는 하나님 역사의 현장이 될 것입니다. 그러므로 교회는 이런 사람들을 길러내는 일을 해야 합니다. 목사 말 잘 듣는 교인이 아닙니다. 헌금 많이 내는 교인이 아닙니다. 봉사 잘하는 교인도 아닙니

다. 일 잘하는 교인도 아닙니다. 예수님의 사람들입니다.

로마서 14장 8절에 바울의 고백입니다. "우리가 살아도 주를 위하여 살고 죽어도 주를 위하여 죽나니 그러므로 사나 죽으나 우리가 주의 것이로다." 예수님으로 살고 예수님으로 죽을 사람들, 예수님에게 일생 내놓은 사람들이 참 교인입니다.

"예수님은 그리스도시오 예수님만이 나의 주님이라는 고백으로 예수님의 것이 되어, 예수님을 위해 살고 예수님께 생명 드린 사람들"

이런 자들이 모인 교회에서는 사람의 주장이 앞설 수가 없습니다. 의견이 다르다고 주먹질하지 못합니다. 이익을 챙기려고 교회의 분쟁을 세상 법정으로 끌고 갈 수 없습니다. 목사라고 왕처럼 군림할 수 없습니다. 교회 성장과 부흥이라는 명목을 앞세워서 교인 쟁탈전을 벌이지 아니합니다. 교인들이 주인 행세하며 목사를 고용하였다가 쫓아내는 일을 저지르지 못합니다. 교회 건축을 하면서 세상 방법을 사용하며 돈 내놓으라고 위협하지 못합니다. 건축하다가 도망친 장로는 벌 받는다는 식의 설교는 있을 수 없습니다. 교회 밖에서도 전할 수 있는 메시지로 강단을 도배질할 수 없습니다.

오직 예수님을 앞세우고 오직 예수님의 뜻을 따르며 오직 예수님의 기뻐하시는 일을 할 것입니다. 예수님보다 앞서지도 않을 것이며 예수님의 뜻이 아닌 길은 신속히 버리며 예수님께서 싫어하시는 것을 싫어할 것입니다.

이런 교인들이 모인 교회라고 문제가 없을 수는 없습니다. 인간들이 모인 교회는 완벽할 수는 없습니다. 그러나 이런 교회는 문제가 발생하여도 예수님이 기뻐하시는 방향으로 문제를 풀어나갈 줄 아는 교회가 될 것입니다. 예수님이 중심 된 교회로 성장할 수밖에 없습니다.

오늘 사람들이 관심을 기울이는 교회는 단시간에 많은 사람이 모이는 교회들입니다. 설교 잘하는 목사가 담임하는 교회입니다. 목회자들은 인기 설교자나 프로그램이 독특하거나 매력적인 사역들 때문에 사람 많이 모이는 교회들에 관심을 기울입니다. 많은 사람이 모이는 비결이 무엇인지 배우려고 합니다. 큰 교회가 마치 교회의 본질을 다 소유한 것으로 여깁니다. 그렇다고 작은 교회가 바른 교회라고 하지 못합니다. 교회의 크기가 교회의 본질을 드러내는 것은 아닙니다. 유명한 설교자가 담임한다고 해서 좋은 교회이고 무명의 설교자가 담임한다고 해서 덜 좋은 교회라고 보아서는 안 됩니다. 교회의 본질이 살아있는 교회이어야 합니다.

교회의 크기가 크든 작든지 담임 목사가 유명하든지 무명하든지 프로그램이 독특하든지 아니든지 교회 건물이 아름답든지 낡았든지 상관없습니다. 예수님을 진정한 주님으로 믿고 섬기며 사랑하여서 예수님의 것이 되는 교회, 예수님만 위해 사는 교회, 예수님에게 생명을 드리는 교회가 참 교회입니다.

어떻게 이런 교회가 가능할 것인가? 교인 한 사람 한 사람이 이런 신앙 고백의 본질을 가지는 자들로 길러질 때 가능합니다. 그러므로 교회의 목표는 이런 사람들이 길러지도록 하는 것입니다. 오늘은 이런 교회가 무척이나 그리운 시대입니다.

아버지!
예수님으로 살고 예수님으로 죽는 교회들을 보게 하소서!
예수님으로 살고 예수님으로 죽는 교회들이 서게 하소서!

3. 교회의 목표와 시대적 사명

1. 목표와 비전

오늘 교회마다 비전을 세우고 비전 문구를 만들고 교인들에게 비전 문구를 외우도록 합니다. 비전 없는 교회는 망한다고 외치며 교회 비전을 정하는 것이 마치 유행처럼 교회마다 퍼져 있습니다. 그러나 충격적인 표현을 하자면 한국교회는 비전 때문에 망해가고 있다고 하겠습니다. 그 비전이 정말로 예수님께서 그 교회에 주신 비전이라면 그 비전에 생명을 걸어야 합니다. 그러나 어느 날 담임목사가 기도하던 중 감동을 하였다면서 담임목사의 개인적 목회 소망을 교회 비전으로 제시하고 교회를 몰아가는 것은 옳지 않습니다.

한국교회는 비전 때문에 망해간다는 생각이 듭니다. 한국교회는 목회자의 목회 비전에 끌려 다니느라고 본질이 살아있는 교회를 세우기가 어렵기 때문입니다.

교회의 본질이 살아있는 진정한 예수님의 교회라면 어느 교회라도 주님이 기뻐하시는 공통의 비전이 있고 공통적인 목표가 있습니다. 이것은 어느 나라 어느 교단 어느 선교지 가릴 것 없이 진정한 예수님의 교회라면 어떤 교회든지 공유해야 할 목표요 비전이 되어야 합니다. 그 목표가 무엇일까?

진정한 예수님 교회의 목표와 비전은:

첫째 예수님의 사람들을 길러내는 교회여야 합니다.

둘째 예수님의 사람들을 길러내는

    예수님의 사람들을 길러내는 교회여야 합니다.

셋째 예수님의 사람들을 길러내는

    예수님의 사람들을 길러내는

    예수님의 사람들을 길러내는 교회여야 합니다.

넷째 예수님의 사람들을 길러내는

    예수님의 사람들을 길러내는

    예수님의 사람들을 길러내는

    예수님의 사람들을 길러내는 교회여야 합니다.

다섯째 . . .

여섯째 . . .

일곱째 . . .

여덟째 . . .

아홉째 . . .

열 번째 예수님의 사람들을 길러내는

    예수님의 사람들을 길러내는

    예수님의 사람들을 길러내는

    예수님의 사람들을 길러내는

    예수님의 사람들을 길러내는

    예수님의 사람들을 길러내는

    예수님의 사람들을 길러내는

    예수님의 사람들을 길러내는

예수님의 사람들을 길러내는
예수님의 사람들을 길러내는 교회여야 합니다.

　이것은 무엇을 의미하는지 설명하겠습니다. 한 사람을 전도하는 점수가 백 점이 만점이라고 하십시다. A라는 내가 B라는 한 형제를 전도하고 잘 도와서 성숙한 예수님의 사람으로 길러내었다 할 때, 나는 몇 점으로 평가받겠습니까? 우선 50점을 받습니다. 나머지 50점은 평가 중입니다. 나머지 50점은 언제 받는 것입니까? 내가 양육한 B 형제가 또 다른 C라는 형제를 전도하였는데 보니 잘 양육하여서 성숙한 그리스도인으로 자라게 할 때 남은 50점 중에 반을 추가로 받아서 75점이 됩니다. 그런데 내가 양육한 B 형제가 전도하여 양육한 C 형제가 또 다른 사람 D이라는 형제를 전도하고 양육하여서 성숙한 예수님의 사람으로 길러내는 것을 확인할 때 나머지 25점을 추가해서 백 점을 받는 것입니다. 이제는 내가 양육한 B 형제는 어디를 가도 예수님의 사람을 잘 길러내는 준비가 되었다는 것을 보여주었기 때문입니다. 그러나 이때 B 형제가 받은 전도 점수는 75점입니다. C 형제가 길러낸 D 형제가 길러낸 형제가 성숙한 그리스도인이 되는 것을 보아야 나머지 점수를 받는 것입니다.

　이 일은 절대 쉽지 않습니다. 그러나 반드시 이루어야 할 목표입니다. 그렇지 않으면 예수님의 복음은 교회 안에서만 머물게 될 것이며 예수님에게는 슬픈 사건이 될 것입니다. 예수님의 교회는 이런 제자들을 길러내어서 교회 밖으로 나가서 예수님의 사람들을 길러낼 사람들을 길러내도록 사방으로 보내야 합니다.

이런 예수님의 사람들을 길러내는 것이 예수님의 교회의 공통 목표이며 예수님의 사람들을 길러내는 예수님의 사람들을 길러내는 것이 예수님의 교회의 공통 비전입니다. 이 목표와 비전은 세대와 세대를 통하여 이어가야 합니다. 사람과 사람을 통하여 이어가야 합니다. 교회와 교회를 통하여 이어가야 할 공통의 목표와 비전입니다. 각 교회의 목표와 비전은 이 본질적이며 공통된 목표와 비전을 이루기 위한 목표와 비전이어야 합니다.

예수님의 33년의 생애를 보내시며 이 세상에 남겨두신 것은 열두 제자뿐이었습니다. 큰 교회를 남기지 않았습니다. 단단한 교단을 남기지 않았습니다. 열두 제자들뿐이었습니다. 예수님은 3년 동안 하신 일은 그들과 함께 먹고 자며 그들과 함께 다니시며 가르치셨습니다. 이 세월은 긴 시간이었습니다. 누가 자기 인생의 3년을 몽땅 떼어내어서 다른 사람과 함께 살면 일주일에 7일 동안 하루에 24시간을 꼬박 함께 지내며 살아줄 수 있겠습니까? 하나님의 아들이신 예수님은 하나님의 자리를 비우시고 세상에 오셔서 열두 제자들과 그런 시간을 가지시며 예수님 자신에 대하여 가르치시며 보여주시고 알려주셨습니다.

예수님의 제자를 길러내는 일은 그만큼 쉽지 않은 일입니다. 그러나 이것이 교회가 해야 할, 주력을 기울여야 할 일입니다. 그렇게 길러진 사람들이 세상 곳곳에서 삶과 직업의 현장에서 예수님의 사람들을 길러내는 사명을 감당할 수 있는 것입니다.

교회는 사람입니다. 예수님의 교회 안에는 일보다 사람이 더 중요합니다. 가르치는 자는 예수님을 가르치며 예수님의 사람을 길러내는 일을 해야 합니다. 설교자는 끊임없이 예수님을 설교하며 목회자는 열심히 예수님의 사람을 길러내야 합니다.

이런 교회, 이런 사람들이 하나님 역사의 현장입니다.

예수님이시어!
예수님의 사람들을 길러내는 교회들이 일어나게 하소서!
예수님의 사람들을 길러내는
예수님의 사람들을 길러내는 교회들이 일어나게 하소서!
예수님의 사람들을 길러내는
예수님의 사람들을 길러내는
예수님의 사람들을 길러내는 교회들이 일어나게 하소서!

2. 시대적 사명

교회 역사를 여러 가지 특성에 의해서 구분할 수 있겠습니다. 1990년대 말쯤에 사역자 콘퍼런스에서 어느 강사가 개신교 교회 역사를 잘 정리하여 주었습니다. 그분의 정리한 개신교 교회 역사를 간단하게 정리하면 다음과 같습니다.

첫째 투쟁의 시기가 있었습니다. 초대교회는 신앙을 지키려고 투쟁했던 시대였습니다.

둘째 화해의 시기가 있었습니다. 초대교회 이후 콘스탄틴 황제가 기독교를 국교로 선언한 이후 교회와 세상이 화해하였던 시기였습니다.

셋째 타협의 시기가 있었습니다. 교회가 세상과 화해를 하였으면 세상에 영향을 끼쳐야 하는데 거꾸로 세상과 타협하면서 세상의 영향을 받으면서 타락해 버렸던 시기가 중세 교회 역사였습니다.

넷째 분리의 시기가 있었습니다. 타락해 버린 교회를 보고 진정한 교회는 이럴 수 없다고 일어난 운동이 종교개혁 운동이었습니다. 종교개혁 운동 이후로 교회가 타락해버린 중세의 교회와 분리한 운동 시기였습니다.

이렇게 정리를 마친 강사는 20세기까지 분리의 시대가 정리된다고 하면서 다가오는 21세기에는 다시 투쟁의 시기로 돌아가야 할 것이라고 강력하게 설명하였습니다. 물론 그런 설명에 일리가 있으나 21세기가 요구하는 교회는 투쟁하는 교회가 아닙니다. 침투하는 교회입니다. 예수님에 대하여 강하게 마음을 닫고 교회를 외면하는 21세기 심장 속으로 침투해 들어가서 그들의 심장에 예수님의 생명의 불길을 댕기는 교회, 침투하는 교회가 되어야 합니다. 예전에는 예수님과 교회에 대해서 잘 몰라서 믿지 않았다면 21세기 사람들은 예수님과 교회에 대하여 알면서엉터리로 알면서 아는 것처럼 여겨서 속이 상할 때도 잦지만도 예수님을 거부하는 시대입니다. 심장 수술을 하는 선한 의사처럼, 예수님을 향하여 굳어져만 가는 저들의 심장 속으로 침투해 들어가서 저들의 심령에 예수님의 생명의 불길을 붙여주어야 저들이 영생의 구원을 얻고 진정한 생명을 얻지 않겠습니까? 그래서 21세기가 요구하는 교회는 침투하는 교회이며 이 시대는 침투하는 시대입니다.

이런 사명을 잘 감당하려면 21세기를 제대로 이해하는 것이 필요합니다. 21세기 특징을 다음의 몇 가지로 정리할 수 있을 것입니다.

첫째 진실과 비非진실이 혼합된 시대입니다. 진실과 비 진실이 너무 많이 섞여 있어서 진짜와 가짜를 구별하기 어려운 시대입니다.

예를 들면 어느 마을에 밤새 돌아가는 기계공장 소리에 시달려서 불면증에 걸린 사람이 의사를 찾았습니다. 의사가 제안하기를 그 공장이 얼마나 잘 되면 매일 밤새도록 돌아가겠느냐며 그 회사의 주식을 사보라고 권하였습니다. 그 사람은 정말 그 회사의 주식을 샀습니다. 그날 이후로 이 사람의 기계공장소음 때문에 생긴 불면증은 사라졌다고 합니다. 오히려 공장소리가 들리지 않는 밤에 잠을 자지 못하는 일이 생길 정도였습니다. 이유는 공장소리가 밤새도록 들리는 밤에는 주식 올라갈 기쁨에 자장가처럼 들렸기 때문입니다. 더 돌려라, 더 돌아가라고 하면서 잠이 드는 것입니다. 이 이야기는 어느 판매 학습 강사가 예를 들면서 생각의 전환을 일으켜서 유능한 세일즈맨이 되라는 것이었습니다. 기발한 생각의 전환으로 찾은 매력적인 해결방법인 것으로 보이지만 이 일화에는 진실과 비 진실이 혼합되어 있습니다. 진실은 이 사람의 불면증은 해결되었지만 비진실은 동네 공장의 소음 문제는 그대로 남아 있다는 사실입니다. 만약 이 공장이 문을 닫으면 이 사람의 문제는 더 심각한 수준이 될 것은 말할 여지가 없을 것입니다. 이런 진실과 비 진실이 혼합된 논리와 사상들이 현대인들을 스스로 인식하지 못하는 사이에 혼란으로 몰아갑니다.

이런 경향이 우리를 도전하고 있습니다. 샹카Sri Ravi Shankar라는 뉴에이지 운동가의 말을 인용합니다.

"예수는 유일한 길이다. 예수는 사랑이다. 예수는 많은 이름을 가졌다. 그는 부처이고, 그는 크리쉬나인도의 신들 중의 하나이며, 그리고 그는 당신이다. 당신의 이름은 예수에게 속해 있다. 당신은 정말로 당신의 이름이 당신의 것으로 생각하는가? 예수는 하나님의 아들이다. 그는 하나님에게 속한 것을 상속 받았다. 당신은 하나님에게 속한 것을 상속 받았는가? 그러면 당신은 예수에게 속한 자이다. 그렇지 아니한가? 당신은 무엇이라고 하겠는가?"2)

요가난다Paramahansa Yogananda 라는 뉴에이지 운동가도 이런 말을 했습니다.

"당신의 종교는 당신 안에 감싸는 당신의 생각이나 신앙이 아니라, 당신의 마음을 엮는 빛의 겉옷이다. 그런 포장 뒤에 있는 당신이 누구인지 발견하라, 그러면 예수가 누구인지, 부처와 크리쉬나가 누구인지 발견하게 될 것이다."3)

이 사람이 말하는 예수는 우리가 믿는 예수님이 아닙니다. 성경의 진리와 자신들의 교리를 교묘하게 섞어서 진짜인 것처럼 만든 가짜 예수입니다. 그러나 이런 논리에 속아서 많은 사람이 예수님을 여러

길 중의 하나로 인식하게 합니다. 정신을 차리지 않으면 이런 혼란의 물결에 휘말려서 예수님의 유일성을 알리기가 점점 어려워질 것입니다.

둘째는 과학과 비과학이 타협하는 시대입니다. 비과학적인 요소들을 과학적인 요소들과 타협하여서 마치 과학적으로 증명된 것처럼 인식되는 시대입니다. 과학의 도약을 통하여 비과학적인 것을 증명된 것처럼 대중에게 부각시키는 일은 상술은 말할 것도 없으며 영적인 영역까지 사용되면서 혼란을 넘어서 기만의 수준까지 가는 시대입니다.

예를 들면 어느 대학교 심리학 교수가 텔레비전 생방송에서 최면술을 시범하는 것을 본 적이 있었습니다. 청중 중에 자원자를 찾았습니다. 중년 여성이 무대로 올라와서 의자에 앉았습니다. 곧 이 여인은 교수의 최면에 빠져듭니다. 교수는 최면 중에 빠진 여인과 어머니에 대해 대화를 하는 중에 최면에 빠진 여인이 흐느껴 울기 시작합니다. 교수가 이유를 물으니 여인은 자기 어머니가 절벽에 떨어져 죽는 것을 보았다는 것입니다. 흐느낌이 격렬해지자 교수는 여인의 최면을 풀어 줍니다. 정신이 돌아온 상태에서 어머니가 살아계시는지 물었습니다. 여인은 아무 일도 모르는 듯이 안양에 어머니가 살아계신다고 대답합니다. 교수는 여인에게 허락을 받고 안양의 어머니에게 직접 전화를 걸었습니다. 전화를 통하여 건강하게 지내시는 어머니의 목소리를 청중들이 다 들었습니다. 그 전화를 끊고 나서 교수는 제 귀를 의심할 만한 발언을 하는 것을 들었습니다.

"여러분, 이분이 최면 중에 보았던 어머니는 이분의 전생의 어머니였습니다. 지금 어머니는 이생의 어머니입니다. 그러므로 전생은 존재합니다."

이 교수의 말에 청중들은 우레와 같은 박수를 보냈습니다.

이 교수는 참으로 교묘한 과학의 도약으로 증명되지 않은 사실을 증명된 것처럼 제시하였던 것입니다. 이 여인이 최면 중에 절벽에서 떨어진 어머니를 언급한 것도 사실입니다. 현재 어머니가 생존해 있는 것도 사실이었습니다. 다 인증된 사실들입니다. 여기까지는 문제없습니다. 그다음 단계로 넘어가면서 과학적으로 증명되지 않은 사실을 마치 과학적으로 증명된 진실인 것처럼 청중들을 기만한 것입니다. 설명하면 이 두 가지 사실이 증명되기는 하였어도 이 두 가지 사실은 여인이 최면 중에 보았던 어머니가 전생의 어머니라는 결론을 내릴 수 있는 과학적 근거는 되지 못합니다. 과연 여인이 최면 중에 언급한 그 어머니가 전생의 어머니인지 아닌지는 별개의 주제로 증명해야 했습니다. 최면 중에 보는 것이 전생의 실체라는 것도 증명하지 않았으면서도 불구하고 전생의 존재를 결론지은 것은 과학의 도약을 통한 기만적인 결론이었습니다. 청중 중에 이런 사실을 인식한 사람이 몇이나 되었을지 의문스러웠던 생방송이었습니다.

셋째, 이성과 감성이 자리바꿈해버린 시대입니다. 20세기 중반에 태어난 세대만 하여도 젊은 시절에 술잔을 기울이며 철학을 논하였습니다. 철학자들의 책을 한 권쯤은 읽고 철학자들의 사상을 이성과 논리로 따져보기도 하였습니다. 허무주의가 무엇이며 실존 철학을 논하였습니다. 그러나 21세기에 이르러서는 그런 젊은이들 만나기가 쉽지 않은 시대로 변하였습니다. 사람들은 이성으로 판단하기보다는 감성으로 판단하는 시대가 되었습니다. 마음에 들지 않으면 아무리 좋은 사람이라도 싫고 감정에 거슬리면 아무리 좋은 일이라도 거부하는 시대입니다. 아무리 무서운 죄를 저지른 사람이라도 얼굴이 짱(!)이면 그 사람이 포승줄에 묶여서 끌려가면서 썼던 모자도 안경도 멋있게 보인다고 불티나게 팔리는 시대입니다.

영적인 거인들을 만나면 평생 기억할 교훈을 배울 때가 있습니다. 1990년대 말에 존 스토트John Stott 목사님과 식사를 함께할 기회가 있었습니다. 식사를 함께하며 배움의 기회를 삼고 몇 가지 질문을 했있습니다. 그중에 하나가 21세기에 관한 것이었습니다. "목사님, 이제 21세기가 다가오고 있는데 제가 판단하기에는 21세기 특징은 첫째 진실과 비진실의 혼합이며, 둘째는 과학과 비과학의 타협이며, 셋째는 이성과 감성이 자리바꿈하는 것입니다"라고 한 후에 의견을 물었습니다. 제 말을 들던 스토트 목사님은 식사를 하다말고 저를 한참 바라보시더니 이렇게 말했습니다. "젊은 형제여, 형제의 말에 200% 동의하네. 내가 하나만 더하겠네. 선과 악이 뒤바뀌는 시대가 될 걸세."

그 대화 이후에 21세기의 특징을 한 가지 더하게 되었습니다.

넷째, 옳고 그름이 뒤바뀌는 시대입니다. 선이 악으로 여겨지고 악으로 알던 것이 선으로 뒤바뀌는 시대가 21세기와 뒤이어 오는 세기들이 될 것입니다. 동성애는 죄라고 말하면 별 저항감 없이 받아들여졌으나 지금은 동성애자를 합법적인 결혼으로 인정하라고 소리치는 시대입니다. 이런 현상을 이미 이사야는 예언했습니다.

악을 선하다 하며 선을 악하다 하며 흑암으로 광명을 삼으며 광명으로 흑암을 삼으며 단 것으로 쓴 것을 삼는 자들은 화 있을진저사 5:20

이런 일은 예전에도 있었고 지금까지 있었으며 앞으로도 이어 갈 것입니다. 그러나 21세기의 다섯 번째 특징이 이 모든 것을 더 악화시키는 영향력을 가집니다.

다섯째, 이런 네 가지의 현상들이 가속하는 시대입니다. 무서운 사실은 앞서 언급한 네 가지의 현상들이 무서운 속도로 퍼져 나가는 시대에 우리가 살고 있다는 것입니다. 라비 제커라이어스Ravi Zacharias는 대중매체의 문제점을 다음 세 가지의 표현으로 제기하였습니다.

첫째 유해적 유도Problematic Induction: 문제를 일으키는 것으로 사람들을 유도하는 성향을 의미합니다.

둘째 파괴적 기만Devastating Seduction: 대중매체가 파괴적인 것을 당연한 것으로 만드는 기만적 성향을 의미합니다.

셋째 필연적 감가Inevitable Reduction: 감가는 가치의 감소를 의미합니다. 대중매체가 인간의 가치를 축소하는 필연적인 결과를 가져온다는 것을 의미합니다. 21세기 특징들을 가속하도록 자극하는 현장에는 어김없이 컴퓨터와 대중매개체가 도구로 사용됩니다.4)

이런 혼란의 시대에서 예수님의 교회가 중요하게 여기고 풀어야 할 숙제가 있습니다.

앞에서 언급한 스토트 목사님과 식사 중의 대화에서 제가 마지막 질문을 하였습니다.
"21세기 예수님의 교회들의 가장 중요한 숙제가 무엇이라고 생각하십니까?"
스토트 목사는 생각하는 시간도 가지지 않고 또렷하게 대답했습니다. 그것은 그분도 평소에 이미 생각해 보았던 질문이며 그 질문에 대한 답을 찾아놓았다는 것을 의미합니다.
"예수 그리스도의 유일성The Uniqueness of Jesus Christ"
간단한 그러나 엄중한 대답이었습니다.

그렇습니다. 비진실과 진실이 혼합되어 진실인 것처럼 행세하고 비과학적인 것을 과학적인 요소를 섞어서 과학적인 것처럼 제시하고 이성보다 감성에 호소하면서 악을 선이라 하고 선을 악으로 만들어 가는 21세기에서는 예수님의 유일성은 엄청난 도전을 받게 될 것입니다. 이미 그 도전은 이제 겨우 21세기 문턱에 들어섰음에도 엄청난 세력으로 밀어붙이고 있습니다.

이런 혼란의 시대에 우리의 시대적 사명이 무엇이며 우리는 어떤 자세로 세상에 임해야 할 것인지를 분명하게 인식해야 합니다. 몇 가지로 제안합니다.

첫째, 신앙의 본질을 회복해야 합니다. 우리는 성경의 본질, 복음의 본질, 믿음의 본질, 신앙생활의 본질, 구원의 본질, 제자도의 본질, 교회의 본질, 일곱 가지의 본질을 공부했습니다. 이런 본질들을 배웠으면 본질이 본질 되도록 회복해야 합니다. 본질은 당연한 것 아닌가? 라는 식으로 본질은 뒷전이 되고 본질 아닌 것을 본질보다 더 강조함으로써 헛된 사상과 이단이 자리 잡을 공간을 열어주는 역할을 하게 됩니다. 본질을 먼저 본질 되게 하여야 합니다. 그러므로 본질은 죽을 때까지 붙잡아야 합니다. 본질을 잃어버리면 본질 아닌 것들이 본질 행세를 하게 됩니다. 본질을 본질 되게 하는 운동이 일어나야 합니다.

우리의 신앙의 본질은 철저하게 예수님에서 찾아야 합니다. 예수님의 정체성과 예수님의 행하신 일과 예수님의 가르치심에서 신앙의 본질을 명확하게 회복해야 합니다. 그래서 예수님만이 인생의 유일한 길이라는 것을 알려줄 수 있어야 합니다.

둘째, 신앙의 본질로 살아야 합니다. 본질을 아무리 외쳐도 본질을 따라 살지 않으면 본질을 희석시킬 뿐만 아니라 본질이 농락당하게 됩니다. 우리 신앙의 본질은 예수님이십니다. 예수님의 사람이라고 하는 자들이 본질을 외면하면 본질만 농락당하는 것이 아니라 본질의 본질이신 예수님이 농락당하십니다. 또한, 본질대로 살지는 않으면서 본질을 정죄하는 무기로 삼게 되면 예수님의 교회는 심각한 상처를 받게 될 것입니다. 예수님을 신앙의 본질로 삼고 본질대로 살면서 본질을 생활화하여야 합니다.

감성과 지성과 인성과 영성으로 신앙의 본질을 생활화할 때 세상은, 예수님의 사람들을 핍박하면서도 예수님의 사람들의 삶을 통하여 예수님이 참 구원주시며 유일한 주님이심을, 보고 알게 될 것입니다. 감성의 시대에 예수님의 사람들의 전인격적인 삶만이 불신자들을 설득하는 마음의 문을 열게 할 것이기 때문입니다. 그래서 예수님만이 인간의 유일한 진리라고 선포할 수 있어야 합니다.

셋째, 세상을 알아야 합니다. 세상을 모르고는 예수님의 복음을 전하기가 점점 어려워져 갑니다. 세상을 안다는 것은 세상 영혼들을 사랑하는 것이 동기가 되어야 합니다. 그래야, 그들의 근본 문제부터 풀어나가도록 도울 수 있는 것입니다. 세상을 알았으면 세상을 앞질러 가야 합니다. 이 일을 위해서는 전문적인 연구와 협조가 교회 간에 있어야 할 것입니다. 세상은 세상 사람들의 마음을 차지하려고 무섭도록 철저한 실력을 갖춘 전문가들을 길러내지 않습니까? 우리는 세대의 아들들보다 더 지혜롭게 대처하려고 전문사역자들을 길러내야 할 것입니다. 그래서 세상에 예수님을 유일한 구주로 설득력 있게 전하며 세상 영혼들을 예수님께 인도하는 일에 세상보다 앞서가야 합니다. 그래서 예수님은 인간의 유일한 생명이라고 가르쳐야 합니다.

넷째, 전인격으로 예수님을 믿어야 합니다. 반만 믿고 마는 것은 예수님을 모독할 뿐만 아니라 세상이 예수님을 우습게 보게 하는 역할을 하게 됩니다. 예수님을 믿는다고 하면서 적당하게 교회 출석하고 대충대충 교회 일에 참여하면서 세상 사람들과 똑같이 술도 마셔가며 세상노래도 부르며 담배연기를 뿜어대면 세상으로부터는 환영을 받겠지만, 예수님의 이름은 모욕을 당하게 하고 예수님을 슬프게 만듭니다. 세상 사람들은 돌아서면 이런 사람들이 믿는 예수님을 우습게 여기고 그런 사람들을 조롱합니다.

우리는 예수님을 참으로 나의 구주, 나의 주님, 나의 왕, 나의 하나님으로 믿는다면 나는 그런 거룩한 삶을 살 수 없다는 나약한 마음을 버리십시오. 이것은 사단의 거짓말입니다. 우리는 할 수 있습니다. 예수님의 사람다운 삶을 살겠다고 선포하십시오. 그리고 시도하십시오. 실패하겠지요. 그러면 주인이신 예수님께 실패했다고 보고 하십시오. 그리고 다시 시작할 것을 선언하십시오. 이것이 우리가 성결한 삶을 살 수 있는 비결입니다. 절대 사단의 나약하게 만들고, 타협하게 하며, 정당화시키게 하며, 합리화하게 하는 정신을 거부하고 다시 시작하십시오. 전인격으로 예수님을 믿는 삶을 지금 시작하십시오. 성령님께서 신비한 능력과 역사 하심으로 도와주십니다. 그래서 예수님은 인간의 유일한 구주이심을 보여 줄 수 있어야 합니다.

다섯째, 세상을 사랑해야 합니다. 성육신의 정신이 살아나야 합니다. 사명자의 삶을 살 것을 주저하지 말고 용맹스럽게 뛰어들어야 합니다. 안일한 자리를 박차고 일어나서 예수님의 용사로서 일어나야 합니다. 그래서 예수님은 인간의 유일한 목자이심을 느끼게 할 수 있어야 합니다.

여섯째, 성령 충만한 삶을 살아야 합니다. 지성과 감성을 동반한 삶으로 예수님이 참이심을 보여야 합니다. 세상은 진리를 전하는 것만으로 설득하기 어려운 시대에 이미 접어들었습니다. 지성으로 세상보다 앞서가서 세상 사람들의 인정을 받아야 할 뿐만 아니라 감성적으로 세상 사람들에게 우리의 진실함을 드러낼 수 있도록 우리의 열정이 세상 사람들의 눈과 귀만으로 보이고 들려주는 것이 아니라 그들의 가슴으로 느낄 수 있도록 해야 합니다. 성령께서 우리를 독점하시고 다스리시고 사용하셔서 우리의 마음과 가슴이 예수님만으로 뜨겁게 해 주시기를 기도하므로 성령 충만한 삶을 살 것입니다. 그래서 예수님은 인간의 유일한 보호자이심을 믿도록 할 수 있어야 합니다.

다음은 성 패트릭의 방패기도로 알려진 기도 중 일부입니다.

나와 함께 하신 그리스도, Christ be with me,
내 앞에 그리스도, Christ in the front,
내 뒤에 그리스도, Christ in the rear,
내 안에 그리스도, Christ within me,
내 아래 그리스도, Christ below me,

내 위에 그리스도, Christ above me,

내 오른편에 그리스도, Christ at my right hand,

내 왼편에 그리스도, Christ at my left,

. . .

나를 생각하는 모든 이의 가슴에 그리스도,

    Christ in the heart of every man who thinks of me,

내게 말하는 모든 이의 입 안에 그리스도,

    Christ in the mouth of every man who speaks to me,

나를 보는 모든 이의 눈 안에 그리스도,

    Christ in every eye that sees me,

나를 듣는 모든 이의 귀 안에 그리스도.

    Christ in every ear that hears me.

예수님 빠진 교인은 성도 아닙니다.
예수님 빠진 신학은 신학 아닙니다.
예수님 빠진 목사는 목사 아닙니다.
예수님 빠진 설교는 설교 아닙니다.
예수님 빠진 예배는 예배 아닙니다.
예수님 빠진 교회는 교회 아닙니다.
예수님 빠진 "나"는 "나" 아닙니다.

예수님 중심되지 않는 성도는 좋은 성도 아닙니다.
예수님 중심되지 않는 신학은 좋은 신학 아닙니다.
예수님 중심되지 않는 목사는 좋은 목사 아닙니다.
예수님 중심되지 않는 설교는 좋은 설교 아닙니다.
예수님 중심되지 않는 예배는 좋은 예배 아닙니다.
예수님 중심되지 않는 교회는 좋은 교회 아닙니다.
예수님 중심되지 않는 "나"는 좋은 "나" 아닙니다.

예수님 중심된 성도는 좋은 성도입니다.
예수님 중심된 신학은 좋은 신학입니다.
예수님 중심된 목사는 좋은 목사입니다.
예수님 중심된 설교는 좋은 설교입니다.
예수님 중심된 예배는 좋은 예배입니다.
예수님 중심된 교회는 좋은 교회입니다.
예수님 중심된 "나"는 좋은 "나"입니다.

⟨후주:참고문헌⟩

제2부
1) "일사각오 주기철 목사" 김린서 저작 전집 제5권, 신망애사, 1973, pp.160-162 ⟨1938년 9월 3일 발행⟩
2) 앞의 책, p.169 ⟨1938년 9월 3일 발행⟩
3) *Tyndale NT Commentary: Luke*, p.163
4) *Studies in Luke's Gospel*, Convention Press 1967, IVP 1988, p.63

제3부
1) "70 교회의 아버지 최봉석", 김린서 저작전집 제5권, 신망애사, 1973, p.26, 신앙생활지 1933년 5월호
2) "너희 염려를 다 주께 맡겨라", 김린서 저작전집 제6권, pp.323, 신앙생활지 1956년 3-4월호
3) "眞理의 生活", 김린서 저작 전집 6권, 신망애사, 1973, p.63, 신앙생활지 1940년 10월호

제4부
1) *Keep in the Step with the Holy Spirit*, 2nd ed., James I. Paker, Baker Books, 2005, p.192
2) *The Spirit of God*, G. Campbell Morgan, Henry E. Walter LTD, Worthing, 1953, p.200
3) "사랑의 전도자 고찬익 장로", 김린서 저작 전집 제5권, 신망애사, 1973, pp.32-38, 신앙생활지 1933년 10월호

제5부

1) 『히브리서주석』, 존 오웬/지상우 역, 도서출판 엠마오, 1997, p.289
2) 『한국교회 순교자 기념 사업회』, 순교신서 3권 제1집 P.175
3) *The Death of Death in the Death of Christ*, John Owen, The Banner of Truth, Carlisle, Pennsylvania, 1959

제6부

1) *Encyclopedia of 7700 Illustration*, Paul L. Tan, Assurance Publishers, Rockville, Maryland, 1979, #5325, P.1208
2) 앞의 책, #7365, P.1611
3) 『선교사 열전 *From Jerusalem to Iraian Java*』, 터커(Ruth A. Tucker), 크리스찬 다이제스트, 1996년 중판 p.193
4) 앞의 책, p.31-34
5) 앞의 책, p.33
6) "너희 염려를 다 주께 맡겨라", 김린서 저작전집 제6권, 신망애사, 1973, pp.326-327, 신앙생활지 1956년 3-4월호

제7부

1) "일사각오 주기철 목사", 김린서 저작전집 제5권, 신망애사, 1973, p.170, 신앙생활지 1958년 9월 3일 발행
2) *Why Jesus*, Ravi Zacharias, FaithWords, NY, 2012, p.31
3) 앞의 책, p.123
4) *Mind Games In a World of Image*, Ravi Zacharias, rzim.com, Just Thinking Broadcast, May, 2011,